Clavaire ELANGA

Dieu est-il logique?

xulon
PRESS

Copyright © 2012 by Clavaire Elanga

Dieu est-il Logique ?
by Clavaire Elanga

Printed in the United States of America

ISBN 9781625091758

All rights reserved solely by the author. The author guarantees all contents are original and do not infringe upon the legal rights of any other person or work. No part of this book may be reproduced in any form without the permission of the author. The views expressed in this book are not necessarily those of the publisher.

Unless otherwise indicated, Bible quotations are taken from the King James version of the Bible.

A NOTE TO READERS

The translating of this manuscript from French to English is an ongoing project. If you have any questions regarding the stories or the text of this book while reading, please contact the author at his email address provided at the last page.

www.xulonpress.com

Clavaire ELANGA

Dieu est-il logique?

Cet ouvrage existe aussi sous les versions anglaise et espagnole.
  - Version anglaise : " Is God Logical ? "
  - Version espagnole : " Es Dios Lógico ?"

Tous les passages bibliques usités dans cet ouvrage sont tires de la Sainte Bible, version Louis Second

Xulon Press

TABLE DES MATIERES

PREFACE 5
INTRODUCTION 8
CHAPITRE PREMIER 15
   "La Crainte De L'eternel Est Le Commencement De La Sagesse" 15
   L'ECHEC ET LA CONTRARIETE 15
   L'ETRE INCONTOURNABLE 20
   LA MORT OU DEFAITE DE L'HOMME 28
CHAPITRE II 35
   "Les voies de l'Eternel ne sont pas nos voies" 35
   LES VOIES DE L'ETERNEL 35
   LES PRESCRIPTIONS DIVINES 46
   LE TEMPS D'ATTENTE 55
   D'AUTRES PEUVENT, MAIS TOI TU NE PEUX PAS 64
   LE BON BERGER 66
CHAPITRE III 71
   Pour comprendre les choses de Dieu il faut l'Esprit de Dieu 71
   LES TROIS CLASSES D'HOMMES 73
   LE CHEMIN SOLITAIRE 75
   CHERCHEZ ET VOUS TROUVEREZ 87
   SPIRITISME OU SPIRITUALITE 91
   DANGEREUSES EXPERIENCES 102
CHAPITRE IV 107
   Pour connaitre Dieu, il faut s'approcher de Lui 107
   LA SCIENCE ET LE HASARD 107
   DIEU : ETRE SUPREME, LOI IMPERSONNELLE OU PRINCIPE ? 124
   Y A-T-IL UNE VIE APRES LA MORT ? 138

LE MONDE, OBJET D'UNE CREATION OU D'UNE EVOLUTION ?	151
QUELQUES RESULTATS SCIENTIFIQUES	162
LA PUISSANCE DE DIEU, PREUVE DE SA PRESENCE	170
CHAPITRE V	174
Dieu est dans sa parole	174
LA FOI QUI SAUVE	176
LE TEST	185
RESULTAT DU TEST	189
OÙ SE TROUVE LA DEMEURE DE DIEU ?	195
CHAPITRE VI	208
"Tout est possible a celui qui croit."	208
JESUS EST-IL LA SEULE VOIE ?	210
L'HOMME EST-IL LIBRE ?	228
LES HOMMES NAISSENT–ILS EGAUX ?	233
L'HOMME PEUT-IL ETRE PARFAIT ?	242
LE MYSTERE DE LA FOI	260
ET MON JUSTE VIVRA PAR LA FOI	277
REFERENCES BIBLIOGRAPHIQUES	**283**

PREFACE

Les hommes passent de plus en plus de temps à discuter ; qu'il s'agisse du sport, de la politique, de l'autre sexe.... Ils y dépensent assez d'arguments et de réserves énergétiques, chacun y allant de son expérience et de son habileté, à la maison, au bureau, dans l'atelier, à bord du métro ou au cours d'une réunion. Très souvent ils s'épuisent dans ces discussions, s'énervent, se blessent et bien rarement font triompher la vérité, surtout lorsque le thème porte sur Dieu, comme c'est le cas dans l'ouvrage dont vous entamez la lecture.

Qu'est-ce qui justifie le fait que les discussions concernant l'Etre Suprême se soldent habituellement par l'échec, malgré la bonne foi ou la sincérité dont se prévalent les divers protagonistes ? Pourquoi se séparent-ils souvent en ''queue de poisson'' ? Parce qu'il n'y a pas que des arguments en présence, mais aussi des hommes, pour ne pas dire des esprits, derrière ces arguments. Ainsi le débat n'est plus seulement un échange d'idées constructives, mais une lutte entre deux puissances.

Dans cette optique, le mérite de Clavaire Elanga est d'avoir réussi à analyser froidement les différentes thèses en présence, d'avoir su se mettre dans la peau de chaque penseur, qu'il s'agisse de Nietzsche, Einstein, Voltaire, Cheik Anta Diop, Darwin, Lénine ou Karl Marx pour exprimer et défendre son point de vue ; une objectivité qui frise quelquefois le blasphème. Cette méthode nous vaut de belles démonstrations ; car maniant avec dextérité l'art de la rhétorique et, à grand renfort d'érudition, l'auteur nous amène, mieux nous contraint, par la beauté du style, à explorer maints courants de pensée qui appellent quelques observations de notre part.

Quoique l'homme ait pu réaliser à notre époque bien des merveilles, sa nature n'a pas changé. Les vices qui étaient à la mode au temps de Lot, tiennent encore le haut du pavé à notre époque, mais sous des noms différents. En dépit des découvertes scientifiques qui dépassent aujourd'hui l'imagination la plus fertile et, nonobstant la somme des connaissances amassées dans nos bibliothèques comme dans nos cerveaux et qui éclipsent presque totalement les quelques lumières du monde ancien, jamais l'on a enregistré autant de suicides, de meurtres, de scandales qu'à notre ère. Les mass-médias témoignent des scènes d'horreur qui se déroulent sur les cinq continents, qu'en extirpant Dieu de notre société, de notre famille et de notre propre vie et en suivant des fables habilement conçues par les grands penseurs de la civilisation occidentale, nous n'avons pas obtenu de meilleurs résultats.

Nous risquons donc de nous perdre en conjectures, si nous n'envisageons que la cohérence des arguments avancés par les uns et les autres, sans méditer sur les inévitables retombées de telles assertions. Epiloguer sur la pertinence des théories philosophiques ressassées dans cet ouvrage serait mal poser le problème, car l'on reconnaît l'arbre par son fruit (Matthieu 7, 15-20). Et c'est en ce sens que les divers témoignages fournis par l'auteur valent leur pesant d'or. Car à toute parole l'on peut opposer une autre. Mais quand on passe à la pratique, pour regarder concrètement la vie de chaque interlocuteur, ce que ces conceptions ont produit, l'on découvre combien ces ''logiciens'' manquent la paix du cœur. Les scènes vécues par l'auteur, serait-ce incidemment au cours de ses voyages sont édifiantes à ce sujet. Que peuvent les théories philosophiques, aussi rationnelles soient-elles, devant la détresse d'un adulte que tourmente le remords de l'échec, ou d'un jeune homme que ronge l'angoisse du futur inconnu, ou encore devant le chagrin d'une mère qui pleure son enfant ? La sagesse nous invite à fuir les vains discoureurs et à nous approcher de celui qui a vaincu la mort : Jésus-Christ.

Notre génération souffre de déséquilibre ; elle s'est hypertrophiée matériellement et atrophié spirituellement, ceci tenant des conceptions philosophiques qui prônent l'absurdité de la vie, l'inexistence ou l'utopie de l'au-delà, et la mort de Dieu. L'auteur lance un défi aux sages de notre temps et à ceux de tous les âges, à l'homme cultivé et au raisonneur d'ici-bas, qui croit tout savoir sans connaître Dieu. Il engage son discours en usant d'un genre littéraire qui est presque tabou dans l'apologétique chrétienne, j'ai nommé l'essai.

Cette scène que l'on pourrait à la limite qualifier d'inopportune, voire banale au début, se révèle par la suite être un bon tremplin permettant de mieux appréhender les chapitres suivants, où l'on retrouve des exposés savamment dosés pour faire ressortir toutes les objections possibles, mais aussi des témoignages de ce que l'auteur a vécu personnellement, sans omettre ce test révélateur du 5e chapitre. En clair ce livre qui vous semble au départ théorique, voire abstrait, se montre comme ayant une prise directe sur la pratique quotidienne de chaque lecteur potentiel. Cette heureuse synthèse fait ressortir nettement le but de l'auteur, qui n'est pas tant soit peu de montrer aux incroyants qu'ils ont tort, mais surtout de les aider à découvrir d'eux mêmes la vérité. Permettez-moi de clamer haut et fort : ''assez de cette comédie, cessez de masquer votre réelle condition, celle de votre âme !''

Le vœu de notre cœur et notre prière à Dieu, est que le divin horloger se serve de ces lignes pour vous parler individuellement pendant que vous parcourez ce livre.

Arsène Tapah (Pasteur)

INTRODUCTION

La nuit était déjà tombée, les volets tirés. Dehors il faisait un froid de canard; il était environ dix-neuf heures et c'était un soir d'hiver. Le décor de la pièce était singulier et l'atmosphère sereine. Cosinus (de son vrai nom Zéphirin Briochet, célèbre mathématicien français du XVIIe siècle) se trouvait seul au salon, les deux pieds trempés dans une bassine d'eau tiède, en retrait de toute attention. Ses mains allaient mécaniquement du fond du récipient à ses maigres mollets. Il était imperturbable, les yeux rivés sur ses pensées. Tout d'un coup, il se réveilla de sa léthargie et se mit à appeler sa fille de chambre. "Scholastique, ma fille ; toi qui n'as pas d'idées préconçues, veux-tu bien me dire, pour l'amour du ciel, combien j'ai de pieds" ? "Mais, Sir Briochet, répondit-elle dans toute sa candeur, vous en avez bien deux, comme tout le monde". "Mais voyons, répliqua-t-il avec hargne, c'est inadmissible ; explique moi tout cela" !

De grâce, n'allons pas jusqu'à croire que Cosinus, illustre théoricien de son état, ignorât le nombre exact de ses membres inférieurs. Oui, pouvait-il répondre à lui même, tout être humain se tient d'ordinaire sur deux pieds ; mais pour la circonstance, il n'en était pas certain. Attendait-il réellement qu'il lui fût donné une explication ? Le mal n'était pas dans ce champ ; il seyait de remonter à l'origine de son tracas pour déceler la raison pour laquelle il n'arrivait pas à apprécier le nombre de pieds qu'il avait... Cosinus prenait un bain de pieds, aussi les avait-il tous les deux plongés dans la bassine. Quand il a fini de laver un, il l'essuyait puis le remettait dans l'eau par inadvertance et recommençait à laver l'autre. Et interminablement sa toilette se poursuivait, jusqu'à ce qu'il en fût las. Chaque fois qu'il avait fini d'essuyer un pied et qu'il s'apprêtait à le placer à côté, il se laissait distraire par ses pensées, car il était absorbé par une méditation. Comment, se disait-il, Galilée qui requit ostensiblement moins d'éducation que lui, a-t-il pu découvrir tant de choses, alors qu'il ne parvenait pas, sommité intellectuelle de sa trempe, à mettre ne serait-ce qu'un peu d'équilibre dans ses piètres formules algébriques ? Considérer de notoires les découvertes de Galilée dans les sciences de l'espace, ce serait lui concéder une inavouable déférence, et de là son infériorité à lui même quant à sa valeur intrinsèque. Ce qu'il ne pouvait admettre.

Il est évident que les faits, de nature intéressent tout individu. L'être humain s'approche des phénomènes armé d'une merveilleuse attention. *« Penser, estime Alain, c'est dire non. Non à quoi ? Au monde, au tyran, au prêcheur »* (Mantoy, 1969 : 40). En fait l'intérêt que l'homme a à nier les faits sous-tend-t-il la non existence de ceux-ci ? L'homme peut certes trouver une consolation dans cette liberté qu'il a de disposer de sa réflexion, dans la latitude qu'il requiert de pouvoir dire non aux phénomènes devant lesquels bute sa réflexion, aux vérités qui se dressent devant sa raison. Mais est-ce donc sécurisant d'avoir tout nié infailliblement, d'avoir tout remis en question, si l'on n'a pas abouti à une position extrême de totale négation, situation encore réversible elle aussi, puisque devant être remise en cause. Bah, pouvait jeter Cosinus, autant ne pas y réfléchir pour ne pas m'enfermer dans une geôle de remords, de me rendre coupable de n'avoir jamais pu rien réaliser de véritablement éminent.

Beaucoup de personnes ne raisonnent-elles pas de cette manière devant certaines réalités de la vie, vis-à-vis de la morale, des Saintes Ecritures ? La triste réalité est que maintes personnes aujourd'hui fuient la Parole de Dieu parce qu'elles sentent à travers elle leur culpabilité, sachant qu'en l'écoutant elle leur rappellerait leurs transgressions, les mettant ainsi devant un dessein inconfortable, puisqu'elle les plierait à certaines obligations. Alors, l'on s'en détourne, parce qu'on redoute le jugement de Dieu, le tribunal de la conscience. De telles gens pensent qu'il vaut mieux rester dans l'ignorance afin de pouvoir se justifier au jour du grand procès. Ce refoulement n'est bien plus qu'une échappatoire, une forme de rempart vis-à-vis de la conscience et par rapport à la loi divine. Laquelle des attitudes saurait-elle me garantir une véritable immunité, de me dérober sans cesse de la question ou bien m'y approcher stoïquement pour mieux en cerner les contours et rester autant que possible à l'abri du tribunal de Dieu ?

C'est déjà un mauvais départ, faut-il le reconnaître, que le refus de comparaître ; car pour refuser il faut qu'on l'ait constaté, et c'est le moyen le plus infaillible de le faire exister à l'extrême. Le fuir, c'est le reconnaître, c'est en faire le principal mobile de tous nos actes. L'idée de connaître la parole de Dieu en profondeur n'est pas mauvaise en soi ; elle est même excellente ; cependant elle a toujours éveillé en moi une certaine appréhension : des dogmes à accepter, des obligations à assumer. La vie n'étant pas déjà facile sur terre, j'ai souvent répugné à priori tout ce qui est susceptible d'alourdir davantage l'existence de l'homme. Dans un autre sens je me suis souvent dit qu'il n'est de traité, de science ou de vérité qui ne puisse admettre de critique. La parole de Dieu ne présenterait-elle pas aussi quelques insuffisances ? Ne sont-ce pas, après tout, des choses écrites par des hommes, donc passibles d'erreurs ?

Les prouesses scientifiques ont considérablement augmenté notre connaissance des choses. Nous pouvons aisément nous prononcer dans des domaines tels que la cybernétique, l'astrophysique, la neuropsychiatrie, la biochimie ou la parapsychologie ; mais bien des questions continuent d'alimenter nos réflexions : d'où vient ceci – comment cela a-t-il été établi – quel en sera le terme ? L'homme, cet inconnu, d'où vient-il, où va-t-il ? Nous arrivons au monde dotés de facultés, de traits héréditaires, mais aussi tout différents de caractère, d'humeurs et d'inclinations, fussions-nous de mêmes parents. Les chocs émotionnels de l'enfance continuent d'exister sourdement dans l'individu adulte. L'on éprouve parfois de l'affection ou de la désaffection vis-à-vis du prochain sans pouvoir se l'expliquer. La pensée crée des ondes électromagnétiques et peut de la sorte agir sur la matière, sur soi-même ou sur autrui. La parole est une charge énergétique, et les idées deviennent des choses. L'on vient au monde déterminé ou automate, pour exécuter ce à quoi la providence nous a préparés. L'on parle de transfert de notre vie antérieure. Le cosmos agit sur l'individu. Bien plus nous naissons sous l'influence d'un astre. Dix millions d'êtres humains devant un stimulus présentent autant de réactions que leur nombre ; et chacun porte son empreinte digitale. Il serait intéressant de savoir si les mêmes causes produisent les mêmes effets, dans l'homme comme dans le monde matériel. L'homme s'endort puis se met à rêver, avec prise sur le quotidien. L'univers parallèle est-il une réalité ou une illusion ? L'au-delà ne le serait-il pas ? Les choses existent-elles telles qu'elles se présentent à nous, ou bien c'est notre pensée qui leur donne une forme ? Y a-t-il des lois au monde, s'y trouve-t-il quelque velléité logique ?

Dieu, cet être imaginaire qu'on dit transcendant au monde, Créateur de tout ce qui existe, le principe des vérités logiques, des lois de la nature, la source suprême et la garantie des valeurs morales. Présenté d'ordinaire comme une personne, l'être parfait, tout-puissant et très bon. Nous voudrions bien croire qu'il existe au-dessus des choses visibles, un être d'une gigantesque puissance qui préside aux destinées de tout l'univers. Il est cependant une chose que nous ne saurions admettre, c'est tous ces qualificatifs dont on lui fait attribut : bon Dieu, le juste, le parfait, le miséricordieux, le tout-puissant. Beaucoup l'ont sans doute pensé avant nous ; Dieu est-il tout-puissant et injuste, ou alors impuissant et bon. Autrement, sur quel critère se baserait-il pour donner aux uns et refuser aux autres ? Qu'aurait payé le fils de Bill Gates, de Koffi Annan, ou du Sultan de Brunei, pour naître dans un univers si avancé, et quel crime aurait commis le pauvre handicapé qui naît en cul-de-jatte pour connaître un sort si rude ? Il est curieux de réaliser que ce Dieu omniscient et omnipotent ait pu laisser l'homme dans le jardin d'Eden, sans prévoir que celui-ci lui désobéirait en mangeant le fruit défendu. Ou bien le grand Dieu a dû être surpris par l'homme, qui s'était livré à des investigations pendant que le boss dormait. A son réveil l'homme s'était déjà emparé du fruit de la connaissance du bien et du mal et avait même déjà découvert la supercherie. Que redoutait-il donc en faisant de ce fruit, que lui-même avait déjà dû goûter, un tabou pour Adam et Eve. Craignait-il que l'homme ne devienne aussi intelligent que lui, au point de se rendre compte de ses erreurs, de sa vulnérabilité ? Toutes ces inégalités sociales n'illustrent-elles pas là quelques imperfections de la création divine ? Ne pouvait-il pas occire le diable tentateur pour protéger l'homme, ou tout simplement ôter l'arbre destructeur ? A croire que toutes ses créatures aient pu lui résister, de Lucifer à l'homme, jusqu'au simple arbre. Il dut livrer jusqu'à son fils Jésus-Christ pour récupérer la situation, sans succès, le pauvre ! Il y a un fait plus irritant, c'est la souffrance que subissent ces larbins qui ont cru devoir se soumettre à lui ; ils triment, comme nous, pour gagner leur vie, nonobstant leur sainteté et leurs incantations quotidiennes, alors qu'il devrait pouvoir leur assurer ne serait-ce que de la subsistance.

Cela désarçonne de voir des gens se donner tant de mal pour nous faire admettre que Dieu mérite la palme d'or de toutes les vertus, lui qui manque des qualités les plus singulières. Il commence par se choisir un peuple qu'il dit le sien, parmi ceux que lui-même a créés, aux ressources inégales. Il se permet tout de même de nous demander de ne pas être racistes. Il est si pédant et il nous recommande d'être modestes, d'être humbles, quelle malignité ! Allez lire la Bible qu'on dit sa parole ; toujours en train d'intimider l'homme, nous invitant à le reconnaître comme Créateur (on dirait qu'il ne le fût pas en réalité), qu'on le prie, n'est-ce pas là du sadisme ? En outre, il nous fait venir au monde sans nous consulter, pour savoir de quelle manière nous voulions naître, nous impose de surcroît une existence, nous dote des facultés multiples, après il nous demande de prier, de nous efforcer à changer notre nature, quelle tyrannie ! Dieu n'est-il pas semblable à ce bourreau qui vous flanque un coup de pied aux fesses et qui vous demande de lui dire merci ? Puisqu'il nous a fait comme il lui a plu, rien ne sert de prier, il fera de nous à la fin ce qu'il voudra ; laissons le aller jusqu'au bout de sa logique.

Cet immense réquisitoire et ce grand échafaudage interrogatif ne représentent-ils pas en quelque sorte vos spéculations ? Ce sont des questions récurrentes qui se sont posées et qui ne manquerons pas de continuer à se poser. Elles caractérisent la marche désespérée de l'homme vers l'absolu. Combien se sont-ils aujourd'hui éloignés de la grâce du Très haut, sans qu'ils soient foncièrement enclins au mal, mais parce qu'ils auraient, dans une approche rationnelle, tenté en vain de s'expliquer les œuvres de Dieu. N'y étant pas parvenus ils se sont rebiffés et sont tombés dans la déchéance. D'autres encore ont été animés de justice et de probité, mais abusés, ils ont renoncé à faire du bien.

Notre démarche n'est pas d'ouvrir d'un coup de baguette magique l'intelligence de l'homme à la connaissance du mystère divin ; autrement il faudrait nous élever au rang de Dieu, ce qui serait une grande prétention, eu égard à notre nature. Disons tout de suite que nos prétentions documentaires sont modestes tout comme nos références académiques. Elles sont cependant à la dimension de nos besoins. Il est important de réaliser que dans les sciences physiques, les chercheurs évoluent d'ordinaire sous l'appui des réalisations de leurs prédécesseurs, l'expérimentation tenant ici sa place de choix. Quelques-uns pourtant aussi agissent sous le coup de soudains éclairs de pensée. Appelez cela l'intuition. En conséquence, il n'est pas nécessaire d'être savant. Newton, Einstein, Schrödinger, Heisenberg et le reste ; tous ont émergé sous l'impulsion de l'intuition, de la providence, et donc par des moyens peu orthodoxes, c'est-à-dire ne répondant pas aux exigences épistémologiques. Beaucoup pourront par exemple nous en vouloir de n'avoir pas adopté la démarche expérimentale (reconnue scientifique), d'autres souligneront l'obsolescence de certaines techniques de pensée usitées. Ces reproches sont sans doute fondés. Nous savons que nous avons laissé dans l'ombre nombre de questions, de théories, de faits importants, qui auraient pu agrémenter le débat et persuader les sceptiques. Mais nous avons jugé utile de nous limiter aux aspects majeurs qui ont marqué le temps et l'espace et susceptibles de mettre en relief les vérités enterrées dans l'inconscient collectif. Sans doute, de nombreux lecteurs éprouveront-ils d'emblée des réticences à l'égard de notre méthode, qu'ils trouveront profane, mais notre souhait est que chacun réserve son jugement jusqu'au moment où il aura saisi le sens et la portée exacte de notre démarche. Nous ne nous proposons pas d'expliquer de façon cartésienne tous les faits théologiques tabous. Il nous a cependant paru important sinon inévitable de contribuer à l'éveil des esprits, c'est-à-dire d'aider nos semblables au moyen de notre expérience et à la lumière des Ecritures, à aborder sur une base plus objective, les grandes questions existentielles. Nous avons la pleine conviction que si l'homme connaissait sa destinée, il s'élèverait vers la spiritualité, atteindrait facilement le but que lui a tracé le Créateur et connaîtrait une vie heureuse. Car à l'évidence, Dieu a sans doute une logique, qui n'est pas nécessairement la nôtre, mais à laquelle la nôtre doit se plier. N'est-il pas de notre intérêt d'investiguer à propos afin de gérer en bonne intelligence toutes les occurrences et bénéficier au besoin de ses faveurs ? Peut-on comprendre Dieu, que faire pour accéder à sa raison ?

CHAPITRE PREMIER

"La crainte de l'Eternel est le commencement de la sagesse"

De tous les êtres animés, l'homme est le plus fin, le plus avisé ; et c'est au niveau de sa prodigieuse intelligence que s'établit sa supériorité par rapport à l'animal. Ainsi pour subvenir à ses besoins vitaux, pour trouver solution à ses problèmes, l'homme fait usage de sa faculté d'observation, d'analyse, de raisonnement, d'expérimentation. L'on se sert des faits objectifs, qui tombent sous les sens, mais également des faits subjectifs, invisibles parfois à la vie physique de l'homme, mais perçus par les hommes spirituels. D'ores et déjà l'homme, malgré sa large éducation et sa haute intelligence, arrive souvent à être arrêté dans son élan par de redoutables forces indicibles qui, sur tout individu, exercent un ascendant, le conduisant inexorablement vers un dessein inattendu. Cette force, d'aucuns l'ont stimulée à une puissance due à l'influence magnétique des astres ; d'autres ont accusé l'hérédité, cette destinée qui les a durement condamnés ; les traditionalistes ont cru y voir une enfreinte aux lois ancestrales et préceptes coutumiers. Les métaphysiciens ont évoqué les lois du cosmos ou du karma. Les chrétiens y voient la main de Dieu.

L'ECHEC ET LA CONTRARIETE

L'homme serait formé de la matière et de l'esprit. Perçu comme tel, il dispose d'importants atouts physiques innés, mais également d'une force mentale inexprimable. L'aspiration secrète de beaucoup d'humains est de croître, de développer toutes les virtualités de leur être et de se voir un jour situé au degré le plus haut de leurs aptitudes. Mais pour y parvenir il faut déjà justifier d'une large ouverture sur soi-même, sur son entourage et sur l'univers. L'individu, animé par l'orgueil de sa raison et le dynamisme de sa morphologie, conçoit des projets, les adapte aux circonstances puis les met, sans ne se douter de rien, à exécution. A sa grande surprise et le plus souvent, il se retrouve face à un obstacle survenant in-extrémis. Il ne peut plus réaliser son projet. Alors il prend du recul et commence à réfléchir.

L'on n'est ambitieux, l'on n'est courageux que tant qu'il n'y a pas l'adversité. Dès lors qu'on se trouve devant une herse, l'on commence à réfléchir ; l'on devient réaliste et la sagesse naît. L'homme prend ainsi conscience de ses faiblesses, de ses carences lorsqu'il se trouve devant un géant, une force incontournable. C'est à ce moment qu'il commence à réviser sa démarche, ses aspirations, ses convictions.

Nous disons qu'il est difficile de croire en Dieu tant qu'on n'a pas rencontré de véritables difficultés. T'a-t-on jamais accusé injustement ? Aucune trame n'a jamais été aussi passionnante que la situation d'injustice, lorsque sans fondement de fait, toute une population se prenne à porter à ta charge de nombreux outrages pour des fautes que tu n'as pas commises. Tu as la pleine conviction de n'avoir jamais fait ce dont ils t'accusent, et même d'avoir plutôt consenti d'importants sacrifices pour la cause dont ils se prévalent le droit du salut et qu'un simple examen attentif des faits leur ferait découvrir la vérité. Mais ta cause est entendue, l'on est jugé coupable à contumace. Au moment où l'on s'apprête à accomplir l'un des plus grandes hérésies, à l'heure où l'onde de choc touche son paroxysme, la tentation immédiate sera d'appeler l'intervention d'un être plus grand, plus juste et capable de mettre en exergue la vérité. Alors un propos avancé à l'endroit du Très-Haut venant du tréfonds de l'être aura plus de poids et plus de puissance que mille incantations dites à temps normal dans un monastère.

C'est assez amusant de savoir que Lénine, que nous regardons comme le père de l'athéisme, après être devenu Premier Ministre de l'ex Union Soviétique, priait quand les choses tournaient mal. La quasi totalité des spiritualistes sont des personnes qui ont eu un choc émotionnel dans la vie ; et il n'est pas étonnant si Nietzsche déclare que ce sont les esclaves, les vaincus de la vie qui ont inventé l'au-delà pour compenser leur misère. C'est une voie de fait. Certains événements exercent une grande influence dans notre vie, un si grand désordre que même nos caractères et nos convictions les plus indécrottables finissent par basculer. Il n'est pas rare de voir un homme céder un intérêt qu'il a défendu des années durant devant une situation. C'est lorsque l'homme est poussé au dernier retranchement, quand il est acculé par une succession de faits que s'impose à lui le choix, franchissant de ce fait le mur de l'orgueil, du rationalisme et du scepticisme. Mon, ami F. Ndouga disait : *"Tous ceux qui viennent au Seigneur sans avoir connu la souffrance ressortent toujours, pour aller souffrir, puis reviennent"*. La souffrance est une école de sagesse, et c'est le moyen favori au travers duquel Dieu appelle les gens à lui, et peu sont ceux qui comprennent ce langage. Les navigants le savent mieux que quiconque ; lorsque le bateau est en péril et que la mort s'avère imminente, l'on commence par se débarrasser des bagages, convaincu que la vie coûte mille fois plus chère que tous les biens ; combien plus notre âme.

Je m'entretenais un jour avec un officier d'armée, pilote de l'air. A la question de savoir s'il ne lui arrivait pas fréquemment de penser à la mort, il me dit : La mort et le pilotage, c'est deux choses tout à fait éloignées et qu'il ne faudrait pas chercher à lier. Le fait de me retrouver dans l'espace ou de traîner derrière moi des vies humaines ne me fait pas tout de suite penser à la mort. Et si la sécurité signifie rester sur le sol, vous conviendrez avec moi que nul n'accepterait allez dans les airs. Le pilotage est une science ; et comme toute science il s'apprend. Quand on la maîtrise bien et que

Dieu est-il logique ?

l'on a un bon appareil, l'on doit pouvoir s'en sortir toujours. Vous ne savez peut-être pas que de même que vous avez vos routes aménagées sur la terre, tracées avec des panneaux de signalisation, nous aussi en haut, avons des formes de routes tracées, avec des balises. De plus la sécurité aérienne est si bien assurée, rien à voir avec toutes vos visites techniques et vos précautions d'usage. A la question de savoir ce qu'il pensait de l'après mort, il me fit savoir que la mort pour lui ne signifiait rien d'autre que l'arrêt de la vie, la fin de toute existence : "Je ne me crois pas chrétien comme ceux qui pratiquent la religion ; je ne saurais donc affirmer l'existence d'une autre vie. Tout scientifique que je suis, j'ai l'esprit critique". Bravo ! Alors je lui demandai d'imaginer que son appareil le lâche en plein vol. Cette fois l'assurance n'était plus totale : il faut d'abord noter me dit-il, que nous sommes généralement à deux ou à trois et nous réussissons presque toujours à trouver la solution. Pour être honnête je dois dire que j'ai eu déjà à traverser des moments difficiles. Le décollage est généralement un moment déterminant, ensuite l'on reste pendant quelque temps en contact avec la base, des voix vous parviennent de la tour de contrôle pour s'assurer que tout va bien, jusqu'à une certaine distance, puis tout se rompt et l'on n'a plus devant soi que l'espace béant et le vrombissement de l'appareil. A ce moment il faut rester fidèle aux recommandations techniques, aux consignes, c'est-à-dire faire confiance à la science. Ce qui m'est arrivé ce jour-là était étrange ; le système semblait brouillé, toutes les manœuvres ne donnaient absolument rien. Plus de contact avec le sol. Derrière moi sept cents vies humaines en embarcation ; des blancs, des noirs, des asiatiques. Je les imaginais chefs de familles, cadres diplomatiques, évêques, hommes d'Etats ou artistes. Leur destin se trouvait entre mes mains. Devant moi un tableau de bord qui ne fonctionnait plus. Je me trouvais à grande altitude, au-dessus d'un océan à près de treize milles kilomètres de mon pays. Mon compagnon tournait vers moi un regard de désespoir ; l'hôtesse attendait mes instructions, l'air inquiet. Je me savais intelligent et je me rappelais n'avoir négligé aucune prescription [...] Une sorte de frisson s'empara de moi ; je ne puis dire que c'était de la peur. Je n'avais pas peur et ne tenais pas à vivre, mais pourquoi fallait-il que j'échoue ? Pourquoi faut-il fatalement que l'homme échoue malgré ses aptitudes ? Y aurait-il, me demandais-je, d'autres paramètres qui échapperaient à l'intelligence humaine et qui détermineraient nos échecs et nos succès ? Pour la première fois je dus penser à Dieu...

L'on entend souvent dire : Viens dans ma religion, quitte telle secte. Quelle superficialité ! De telles personnes, le pensons-nous, n'ont jamais connu Dieu. Elles appartiennent sans doute à une congrégation religieuse, mais n'ont jamais connu ce que c'est qu'une idéologie encore moins la foi. Les sentiments ne se recommandent pas. On ne peut pas dire à une personne dotée d'une âme et d'une conscience ; aime telle chose, n'aime pas telle autre. De plus la foi ne vient pas de la raison. Elle ne se choisit pas comme l'on choisirait une filière scientifique ou un métier. Cela s'impose, parce que sous-tendu de facteurs supra sensoriels et paranormaux. La vérité est coercitive, que dis-je irrésistible. Disons que c'est une expérience individuelle que l'homme entretient avec son Créateur à travers le cœur, ceci dérivant bien loin des simples critères d'affection sentimentale ou d'intérêts matériels. D'ailleurs il a été prouvé que chaque fois que l'on fonde ses croyances sur des bases aussi artificielles que celles précitées, les chances de réussite sont moindres. Tant qu'on raisonne encore, il est impossible d'accéder à la connaissance des choses de Dieu. Mais il est nécessaire de passer par là ; c'est la voie obligatoire, jusqu'au moment où tout finit par nous échapper et que nous reconnaissions au bout du compte que nous ne pouvons plus rien, notre intelligence étant limitée. La foi suppose bien aussi l'acceptation de ce que d'aucuns s'accordent à désigner par dogmes, ce qui échappe à toute démonstration scientifique. Tout ne peut pas être démontré.

Les magistrats de Jésus-Christ ainsi que les soldats au milieu de qui se trouvait un chef militaire (centenier) assez éveillé d'esprit, observaient attentivement tout ce qui se passait. L'un des brigands crucifiés avec Jésus le narguait pendant que l'autre se repentait. Jésus lui a promis le paradis, sans maudire l'autre. On lui a servi du vinaigre en lieu et place de l'eau ; on lui a transpercé les côtes par une lance grossière ; on a retiré ses vêtements ; on lui a donné des soufflets, du fouet, des crachats, des injures. En récompense il a réuni toutes les petites forces qui lui restaient pour demander à Dieu de pardonner ces hommes cruels. Finalement il s'est écrié : "Père, pourquoi m'as-tu abandonné ?" Alors qu'il aurait dû l'accuser de haute trahison. Aussitôt qu'il a expiré, la puissance cosmique s'est déchaînée, toutes les forces de l'univers se sont mises en branle pour témoigner que le Seigneur de toutes choses, le Maître de l'univers vient d'expirer. Dès cet instant le voile du temple s'est déchiré en deux, les ténèbres sont tombées, la terre a tremblé, les corps des saints ont surgi des sépulcres, un grand orage s'est abattu... Alors le centenier et tous ceux qui assistaient à ce spectacle ont dû reconnaître : "assurément, cet homme était Fils de Dieu". Il était pourtant chef militaire et rangé parmi ceux qui étaient chargés de mettre à mort Jésus, un héros en somme. Il a dû se compromettre devant les faits ; la crainte s'est emparée de lui. Imaginez combien il a dû se sentir malheureux d'avoir été associé au plus grand drame de l'histoire, à savoir le meurtre d'un juste. Ne sommes-nous pas tous les jours confrontés à ce genre de spectacles. Et que vaut toute la raison du monde devant une telle réalité ?

L'ETRE INCONTOURNABLE

Vous vous trouvez dans une île avec un homme qui domine sur vous. C'est un caïd, un rustre que vous ne pouvez affronter. Il est si puissant que vous ne pouvez le frapper ni à l'arme blanche, ni à l'arme à feu. Le comble, ce géant va jusqu'à lire dans vos pensées ; il est avisé sur toutes vos intentions avant même qu'elles n'émergent. Toute mauvaise intention est pour vous l'objet d'une vive rétorsion. Votre bourreau n'est pas nécessairement cohérent, encore moins juste. D'ailleurs, gare à vous si vous tentez de statuer sur sa façon d'agir, il vous frappe davantage. C'est un belliqueux qui n'admet aucun contredit, aucun dialogue. Il n'a de logique que sienne. Vous ne pouvez pas vous mesurer à lui, parce qu'il est plus fort. Vous ne pouvez pas le fuir, parce que vous habitez une île déserte où il n'y a aux abords ni chaloupe, ni canoë pour pouvoir vous évader. Personne dans ce monde ne peut vous délivrer de son emprise, parce que tous le redoutent. Vous voulez manger de votre propre nourriture, vous devez vous prosterner devant lui. Tous vos désirs sont subordonnés à sa volonté, et ce n'est qu'au prix de votre soumission que vous pouvez trouver du répit.

Quelle serait la meilleure attitude face à cette situation, vous révolter contre ce dictateur et marcher en téméraire au devant de lui (même si vous avez la certitude qu'il vous écrasera), ou bien vous soumettre en attendant que le sort en décide autrement ?

Si réellement cet homme est si fort, que l'on ait essayé de l'affronter sans suite et que l'on ne peut le fuir, eh bien il serait plus sage d'éviter le choc. On ne se bat pas pour échouer. Ce serait de la stupidité que d'engager une bataille dont on connaît d'avance l'issue néfaste. C'est de cette manière que l'être humain peut d'abord, dans une certaine mesure, apprendre à connaître Dieu, comme étant une force incontournable qui pèse sur lui et à laquelle il ne peut se soustraire, qui qu'il soit et où qu'il se trouve. Puisqu'il s'agit du Créateur du ciel et de la terre, celui qui décide de notre destin, rien ne sert de lui résister. Plus l'on s'oppose à lui, davantage l'on s'éloigne de sa grâce. Tout blasphème, tout propos déplacé peut faire l'objet d'un malheur durable, et nul ne saurait lui demander : que fais-tu là ? Il n'existe aucune charte des droits de l'homme au-dessus de Dieu qui lui rappelle qu'il en a abusé.

Une question me fut adressée un jour par un étudiant en médecine : Pourquoi Dieu laisse-t-il que l'on abuse de moi, que l'on mette un innocent en prison, alors qu'il aurait pu prouver son innocence ? Il est évident qu'il posait cette question parce qu'il était loin de comprendre que pour devenir spirituel, il faut avoir été victime d'une injustice, témoin d'une situation d'horreur ou impliqué dans une tragédie, quitte à sentir sa paix troublée, du trouble à la réflexion et de la réflexion à la méditation. Un contemporain disait : L'on reconnaît un grand homme dans les grandes humiliations. Les causes de nos frustrations sont parfois si éloignées que toute la réflexion humaine n'en saurait saisir. Dieu nous abandonne parfois dans certaines situations pour nous porter à la réflexion, pour nous amener à le chercher, à vouloir rétablir la justice ; et s'y mettant, l'on remonte à sa vie passée très souvent truffée de bavures et de frasques de tous genres. Nous avons tous d'ambitieux projets et pas souvent très sains. Parfois une difficulté nous arrête net, afin de nous faire comprendre que c'est Dieu qui est le Maître de la vie. Nous sommes alors orientés ou désorientés selon que nous nous trouvons ou non dans Son juste prospectif. Et ce que nous appelons facilement injustice peut être un cheminement prévu et savamment programmé par des lois très profondes, mais qui échappent à notre raison. L'affliction produit la persévérance. Dieu peut intentionnellement nous laisser dans une situation précaire pour nous obliger à prier, à persévérer, à grandir sur le plan spirituel, à nous rapprocher de Lui, à nous sentir dépendant de Lui. Machiavel disait dans Le Prince que les choses que nous craignons beaucoup sont celles que nous respectons. Il explique : *« Est-il mieux d'être aime que d'être craint ou le contraire ? Il est beaucoup plus sure d'être craint qu'aime, quand on doit manquer de l'une des deux »* (Machiavel, 2003 :124).Dieu semble machiavélique, mais c'est à lui qu'appartient la souveraineté absolue. Parfois après un long temps d'épreuve, il peut décider de nous restaurer, au point de susciter la jalousie de ceux-là mêmes qui se moquaient de nous.

Beaucoup d'hommes et particulièrement les jeunes, s'associent souvent aux moqueurs pour blasphémer le nom de l'Eternel, ne sachant pas qu'ils sont en train d'appeler sur eux le malheur. Et lorsqu'arrive la difficulté, ils se demandent d'où elle vient, ce qu'ils ont fait à la nature pour souffrir ainsi. De telles personnes ne savent pas que Dieu est redoutable dans sa colère, et qu'il vaut mieux être son allié que de l'avoir comme adversaire. Si les hommes savaient que les maladies et les autres difficultés de la vie proviennent parfois des simples paroles qu'ils auraient proférées à l'encontre de la Parole de Dieu, de la rébellion qu'ils auraient fait montre vis-à-vis du Tout-puissant. Nombreux disent se foutre de

Dieu, qu'il n'existe pas. Ce sont là des propos qui ne se disent que dans la foule pendant qu'on se trouve au bistrot avec des amis. L'on gagne vite la sympathie des gens quand on parle mal de Dieu, le plus souvent pour amuser la galerie. Mais quand survient un malheur, l'on commence à regretter d'avoir dit tant de choses insensées. Alors on commence à implorer sa grâce, son secours. On pleure, on gémit, on songe à la prière. Au demeurant c'est lorsque l'homme est couché sur le lit de maladie qu'il croît en l'existence de Dieu, quand il lui faut solliciter son aide. Il est pourtant des situations dans ce monde où l'homme est appelé à devenir sérieux ; quand il est face à la douleur et que personne ne puisse lui porter secours. A ce moment l'homme perd l'appétit, tout le dégoûte ; rien à ses yeux n'a plus d'importance. Toutes les ovations offertes à son honneur, tous les trophées glanés auxquels il était si attaché, les conquêtes dans les boîtes de nuit, ses brillants succès dans les salles de conférence, toutes les attentions dont il a été l'objet, tout cela devient chimères. La seule préoccupation à ce moment reste l'éternité. La mort même n'effraie plus, puisqu'elle est déjà certaine et même désirée. Le seul souci à ce moment reste l'au-delà, ce qu'il y a après la mort. Alors vient le remords, on commence à revivre tout le mal que l'on a dit de Dieu, le comportement désinvolte qu'on a affiché pendant le sermon. L'on se souvient avoir houspillé les prédicateurs de l'Evangile, jeté dehors ceux qui voulaient nous annoncer la Parole de Dieu, ou persécuté sa femme qui voulait se convertir à Jésus.

L'homme qui se veut sage, qui voudrait connaître Dieu, doit d'abord apprendre à le craindre. La Parole de Dieu déclare : *« La crainte de Dieu est le commencement de la sagesse ; tous ceux qui l'observent ont une raison saine»* (Psaume 111, 10). Tant que l'homme ne craint pas l'Eternel, il est comme un enfant et pas du tout loin de l'animal. Prenez un bébé qui trotte et placez le non loin d'une flamme vivante. Vous vous apercevrez qu'il est naturellement attiré par la flamme de la lampe ou de la bougie qu'il assimile à une jolie fleur, à quelque chose de beau qui danse. A peine porte-t-il sa main dessus qu'il recule précipitamment, parce que le feu l'a brûlé. Il commence à redouter ''la fleur'' qui lui paraissait inoffensive au début. Jamais plus il n'y touchera, parce qu'il a vu le danger. Cet enfant devient ainsi sage ; car la crainte, la peur et l'interrogation, ce sont les premières manifestations de la sagesse. C'est par la peur que l'on acquiert de la prudence. La crainte des représailles crée la méthode. Ainsi quiconque veut acquérir de la sagesse, celui qui veut connaître le mystère de Dieu, doit avant tout le tenir pour un être redoutable. Que nul ne s'y méprenne, Dieu est un feu dévorant. Qu'il nous paraisse juste ou non, puisque c'est lui qui décide de notre sort, il vaut mieux se soumettre ; car c'est une chose terrible que de tomber entre les mains de Dieu. Ce n'est pas à nous de le juger et qui sait, si soumis ainsi nous ne découvrirons pas une de ses faiblesses et bénéficierons-nous de sa grâce. Lisons attentivement ces deux textes :

1°) Esaïe 45, 5-9 :

> *C'est afin que l'on sache, du soleil levant au soleil couchant, que hors de moi il n'y a point de Dieu : je suis l'Eternel, et il n'y en a point d'autre. Je forme la lumière, et je crée les ténèbres, je donne la prospérité, et je crée l'adversité ; moi l'Eternel je fais toutes ces choses [...] malheur à qui conteste avec son créateur ! Vase parmi les vases de terre ! L'argile dit-elle à celui qui la façonne : que fais-tu ?*

2°) Romains 9, 19-22 :

> *Tu me diras : pourquoi blâmes-tu encore ? Car qui est-ce qui résiste à sa volonté ? O homme, toi plutôt, qui es-tu pour contester avec Dieu ? Le vase d'argile dira-t-il à celui qui l'a formé : pourquoi m'as-tu fait ainsi ? Le potier n'est-il pas maître de l'argile, pour faire avec la même masse un vase d'honneur et un vase d'usage vil ? Et que dire, si Dieu, voulant montrer sa colère et faire connaître sa puissance, a supporté avec une grande patience des vases de colère formés pour la perdition...*

L'homme doit se souvenir que chaque fois qu'il s'irritera contre l'Eternel et qu'il le taxera d'injuste, de despote, le malheur sera à ses trousses, ses difficultés croîtront. C'est bien de la témérité (et cela semble légitime) que de statuer sur les actions de Dieu. Mais tout cela à quel prix ! Beaucoup résistent à Dieu jusqu'au suicide ; ils défendent désespérément leur Moi jusqu'à la fosse ; alors qu'il leur aurait suffi de s'abaisser un tout petit peu pour être sauvés. *"Dieu résiste aux orgueilleux, mais il fait grâce aux humbles"* (Jacques 4,6).

Faites un tour dans la rue ; vous vous apercevrez que ce sont le plus souvent les personnes les plus tourmentées dans la vie qui blasphèment davantage. Au dehors ce sont des gens bien assis et qui paraissent jouir de tous les avantages de la nature, des hommes qui de prime à bord vous paraissent heureux (le comble c'est qu'ils vous l'affirment eux-mêmes) qui sont les mieux rangés pour combattre la Parole de Dieu. Ils vous donnent l'impression de satisfaction, jamais d'échec, jamais avoir rencontré de difficultés ; plus rien à apprendre puisqu'ils affirment tout connaître et tout posséder. Allez donc guetter derrière cette vie harmonieusement bâtie ; vous pourrez vous rendre compte que ce sont en réalité des personnes pleines d'infirmités, des misérables dont l'existence est mutilée de déboires. En public ils passent pour des individus avisés, de petits sages qui lisent dans votre pensée, des érudits qui comprennent tout avant que vous n'avanciez un seul propos. Ils vous donnent l'impression que ce sont les naïfs et les indigents qui ont besoin de l'Evangile et qu'eux, ne sont pas de cet acabit. Cependant rentrés chez eux, ils changent de mine et deviennent tout figés. Ils retrouvent leur misère et, secrètement se donnent à relire tout ce qu'ils ont rejeté dans la journée pendant qu'ils se rinçaient la glotte avec leurs amis. Ils revoient leur condition et pleurent à chaudes larmes. C'est ce genre d'irresponsables qui empêchent les esprits faibles de croire en Dieu.

Aussi jamais homme, quelque grand et opulent fut-il, n'a su justifier d'aucun avantage lui permettant de réfuter les Saintes Ecritures. D'aucuns souffrent d'ignorance, l'absence d'un rang social influent. Le seul fait de ne pas avoir de référence dans la vie constitue pour beaucoup de personnes une grande infirmité. L'on a beau avoir des richesses, des amis hauts placés, de la progéniture, tant qu'on ne peut justifier de certaines références académiques, on demeure petit et par conséquent méprisé dans la société. L'on a beau être éloquent, soigné dans sa tenue, convaincant dans ses propos et cohérent dans les actions, l'on est toujours moins écouté parce que n'ayant pas de références. A force même d'argumenter pour se frayer une place dans la société, l'on finit par se rendre ridicule. Permettons-nous de l'avancer, un homme sans diplômes est un être incomplet et malheureux. Et Molière nous le décrit bien à travers le personnage de M. Jourdain, qui voudrait passer pour un homme de qualités mais qui souffre d'ignorance. Au lieu donc que l'individu sente sa misère et qu'il pleure son infirmité devant Dieu, il préfère se joindre aux détracteurs de la Parole de Dieu ; ainsi il pérennise sa souffrance.

La stérilité, l'incapacité à procréer est également une infirmité et l'objet de tristesse chez la plupart d'hommes et de femmes. S'il faut considérer l'enfant comme un bouquet de fleurs dans un foyer, ce serait manquer de sincérité pour un couple qui n'a pas d'enfants de s'estimer heureux. En fait c'est un véritable drame que d'être stérile. Vous avez beau avoir des biens, un bel emploi, vous n'êtes pas bien meilleur que le plus abject de vos serviteurs ; puisqu'ils ont cette joie de pouvoir s'amuser avec leurs gosses. On vous respecte tant qu'on ignore que vous êtes stérile ; à peine votre secret dévoilé, l'on n'hésite plus à se tenir les côtes de rire sur votre passage, tant et si bien que même vos enfants adoptifs savent bien que vous n'êtes pas leur véritable mère ou père, et un jour ils vous le feront savoir. La virilité d'un homme stérile est toujours mise en cause, de même qu'il reste honteux pour une femme de passer trois ou cinq ans dans un foyer sans enfant. Elle a beau s'efforcer de plaire à son mari, jamais elle ne sera l'égale de celle qui accouche. Elle a beau être rentable à la famille, savoir gérer, avoir des diplômes, de l'attrait physique, tout cela ne saurait faire un héritier. La bible dit : *« La femme sera néanmoins sauvée en devenant mère, si elle persévère avec modestie dans la foi, dans la charité et dans la sainteté »* (1 Timothée 2, 15). En somme une femme qui ne fait pas d'enfants est une pauvre femme. Ne sait-on pas que c'est Dieu qui jette la stérilité et qui est en mesure de l'ôter ? L'homme a tout de même le courage de rejeter la Parole de Dieu, avec toute cette misère !

Beaucoup de personnes traînent une maladie honteuse, un mal permanent qui les ronge. Il y en a qui boitent, d'autres portent des verres, certains toussent, d'autres se plaignent de leur laideur physique. Ce sont des personnes alitées qui ne peuvent jouir du bonheur comme tout le reste des humains. Pendant que leurs semblables se réjouissent, ils geignent. Des hommes économisent pour investir, mais eux, ils travaillent pour payer leur santé. Parfois ils se retrouvent seuls dans la vie, et souvent incapables même d'exprimer ce qu'ils ressentent ; les affres de la solitude. Tentez donc d'aller les trouver dans leur état grotesque pour leur parler de Dieu ; vous serez vite éconduits ; ils rejetteront tout net ce que vous voudrez dire, vous rappelant qu'ils ont déjà une religion et par conséquent ne plus avoir besoin d'aucun autre Evangile, sans se douter le moindre qu'ils sont en train de briser là la perche qui leur avait été tendue par le Seigneur pour leur délivrance.

Les hommes ont tendance à multiplier à volonté les arguments en faveur de la thèse qu'ils soutiennent. Je n'ai pas la prétention de me tenir dans la meilleure voie, mais je crois qu'il y a suffisamment d'indices pour le laisser supposer, et qu'il est plus que jamais nécessaire pour l'homme d'adopter une attitude de déférence, de crainte et d'humilité par rapport à tout ce qui concerne Dieu. En fait les motifs ne manquent pas. *« Chaque individu, disait Michela Mouko, a un problème qui dans le secret de la nuit, lui arrache des larmes profondes ».* Si ce n'est sa santé, c'est l'échec de ses enfants, sa situation professionnelle, ses relations sentimentales. Tu peux bien avoir des références académiques, un foyer, un poste ministériel, des legs considérables, et Dieu t'empêche de jouir de tout cela par une infirmité. Si les habitants de la terre se donnaient la peine d'observer les choses, ils s'apercevraient que le hasard (que certains désignent par chance ou malchance) n'existe pas. Rien n'est laissé au hasard dans la nature, et ce que l'on croit trop facilement être ses caprices sont des faits pensés et motivés par des lois très profondes. La bible déclare : « *Qui dira qu'une chose arrive, sans que le Seigneur l'ait ordonné ? N'est-ce pas de la volonté du Très-Haut que viennent les maux et les biens ?* » (Lamentations 3, 37-38). Lorsque l'angoisse, engendrée par la liberté même de l'homme, quitte le plan des idées, des sensations légères, pour devenir une réalité existentielle, manifeste ; elle crée chez ceux que l'on considère aujourd'hui comme sages, de façon lente et calme, mais avec plus d'acuité que jamais, un sentiment qui monte du fond de leur liberté : celui qu'ils ne disposent pas d'eux-mêmes, qu'ils sont dépendants d'un être plus élevé: Dieu.

LA MORT OU DEFAITE DE L'HOMME

La naissance est gaie et la mort triste. L'on se réjouit d'ordinaire lorsqu'un enfant naît, à quelques exceptions près. Nous n'ignorons pas l'atmosphère d'hilarité qui a souvent régné dans les salles d'accouchement à cause de la joie spontanée que provoque le nourrisson dès son premier cri. A la morgue par contre et au cimetière, tout le monde pleure. L'homme manifeste par là un besoin inconscient de la vie éternelle, c'est pour cette raison qu'il pleure, lorsqu'il perd cette chose précieuse qu'est la vie. Et nul n'est exempt de cette petite faiblesse, même ceux qui n'ont connu que la misère sur la terre. Ils ont besoin de vivre, de vivre... éternellement, en dépit de leurs convictions idéologiques.

Nombre d'individus ont la conviction que l'on prendra soin de leur âme après la mort, alors qu'ils ne se sont pas occupés d'elle pendant leur vie terrestre. Lorsqu'ils sentent cette échéance imminente ils donnent des recommandations à leurs membres de famille sur la manière dont devront se dérouler leurs obsèques en mettant un point d'honneur sur la cérémonie religieuse. Au cours de celle-ci, il sera tout à fait convenable que l'on évoque les grandes questions habituelles telles que : Dieu, l'éternité, le pardon des péchés, la miséricorde de Dieu, la grâce, le purgatoire, la vie éternelle. Malheureusement cette belle prédication se fait lorsque le défunt est déjà parti et qu'il ne peut plus par conséquent se repentir. Quant à ceux qui sont venus l'accompagner jusqu'à la tombe, pourquoi raisonneraient-ils autrement que le faisait jadis leur ami disparu ? Ceci se faisant à grand renfort d'hilarité, ce d'autant plus qu'ils sont vivants, l'au-delà ne les concernant pas encore. La Parole de Dieu, c'est l'affaire des morts, se dit-on habituellement ; nous nous en inquiéterons quand ce sera notre tour. D'ailleurs nous avons des amis prêtres et pasteurs et des membres de famille très pieux qui ne manqueront pas de prier pour notre âme. Accompagnons l'ami qui part, c'en est fini pour lui. Quand notre jour arrivera, dans dix ou quinze ans, nous pourrons y réfléchir. Et les éditeurs de <u>La Bonne Semence</u> nous font observer ce pamphlet qu'on lit d'ordinaire pour les faire-part mortuaires : ''Priez pour lui'' ou ''priez pour son âme'' C'est une illusion, car si celui qu'on enterre n'a pas accepté le salut par grâce pendant le temps de sa vie, il ne lui sera plus donné l'occasion de le faire dans l'au-delà. L'Evangile n'est donc pas pour les morts, mais pour les vivants, comme vous et moi qui lisons ces passages.

C'était une nuit sinistre, un soir de deuil. Je venais de perdre mon ami Alain, a qui j'étais si attache. Deux jours avant sa mort, je suis allé lui rendre visite à domicile. Il était allongé tout maigre sur le lit. A côté de lui se trouvait couché un nourrisson (sa femme venait d'accoucher). Malgré son mal, il trouvait tout de même le temps de jouer avec le nourrisson ; on aurait dit que cet enfant représentât tout ce qu'il avait de précieux dans la vie. Questionné au sujet de sa maladie, il me renvoya que ce n'était rien, qu'il souffrait d'anémie, d'où la grande fatigue. De fait il ne jugeait pas nécessaire de consulter un médecin. Le lendemain on m'apprit que son mal s'était aggravé et qu'il avait dû se faire transporter à l'hôpital. J'allai encore le visiter, cette fois-ci au standing de l'hôpital. Je me fis l'obligation de lui acheter un produit contre l'anémie, mais il ne put le prendre. Nous passâmes la soirée à causer ; jamais malade n'a été aussi détendu. Je lui jetai cette boutade qu'à sa mort j'hériterai de ses chaussures en peau de daim.

Dieu est-il logique ?

Il me répondit qu'il m'avertirait un mois avant sa mort et qu'il me fallait encore patienter une vingtaine d'années au moins. Nous prîmes le parti d'en rire. Contre toute attente on m'apprit le lendemain dans l'après-midi qu'il avait rendu l'âme.

La nuit était profonde. Le corps gisait au milieu de la salle. De part et d'autres se trouvaient des membres de famille, des collègues de service et quelques amis. Tout autour du lit sur lequel on avait posé le corps se trouvait allumées des chandelles. Le corps avait été lavé, formolisé et enveloppé dans un linceul blanc. Sur la cour étaient déployés des groupes de personnes pour la plupart des collègues de service, quelques passants curieux arrêtés pour la circonstance. Tous étaient occupés à de menus commentaires. Les femmes qui jadis pleuraient s'étaient tues. Elles se retiraient furtivement, l'une après l'autre. Il était environ une heure du matin. Plus qu'une heure et la place restât vide. Dehors des courants d'air froids balayaient la cour, et chacun se vautrait délicatement sous son manteau. Dans les airs, une mélodie spirituelle très pathétique exhalait son harmonie. De temps en temps, je me levais pour aller retourner la cassette dans le lecteur et rentrais m'asseoir sur le bidon qui gisait dans un coin de la cour. De là j'avais la vue à l'intérieur de la pièce. Mon regard passait du corps enveloppé dans les draps blancs à la fine flamme qui dansait au-dessus des bougies. Vers trois heures du matin tout le monde était endormi ; seule la musique restait en veille. Les paroles étaient saisissantes.

Au revoir, au revoir, au revoir

Dieu soit avec toi jusqu'au revoir

Je me pris à réfléchir pendant que la musique passait ; je me posais la question de savoir pourquoi Dieu avait-il plié l'homme à une si grande douleur, d'avoir à se séparer à un moment de la vie. Je revoyais Alain allongé sur le lit de malade, jouant avec son gosse. Il fallait beaucoup d'imagination pour croire qu'il avait dû se trouver obligé d'abandonner dans la nature ce nouveau-né, et sa femme, et son bel emploi, et toutes ses relations. Je regardais son corps couché de façon grotesque, la bouche entrouverte. Il m'était

Chapitre Premier "La crainte de l'Eternel est le commencement ...

difficile d'admettre que je n'allais plus avoir à causer avec lui, que tout était bel et bien terminé entre lui et ce monde. Lui au moins, me disais-je, avait déjà eu le privilège de découvrir ce qu'il y a après la mort, si tant est qu'il y ait une vie. J'ignorais si j'allais le revoir lorsque je m'y rendrai aussi, ou bien alors tout était désespérément rompu entre nous. Mon regard se porta à l'endroit où était couchée son épouse. Elle dormait du sommeil du juste, et cela me parut inhumain de sa part. Elle roupillait alors que son mari était en train de passer peut-être les moments les plus difficiles de sa vie. Il était en train de passer du monde des vivants à l'abîme ; c'était effroyable. Bientôt elle mettra les habits de veuve, et après se trouvera un autre mari... et puis voilà Alain oublié ! Je m'aperçus à cet instant que les gouttes de larmes perlaient à mes yeux.

Pourquoi l'homme vient-il dans le monde ? A quoi aura donc servi tout ce théâtre de la vie sur terre, son passage ici-bas ? Demain matin des élèves passeront pour se rendre à l'école ; peu après ils trouveront un emploi, se marieront et feront des enfants. Bientôt des personnes adultes. Ils auront construit des maisons, écrit des livres, et avant même d'avoir vieilli, ils laisseront tout cela et le même scénario recommencera pour les autres générations. Une nouvelle pièce musicale éveilla mon attention :

Sentinelle vigilante

Qu'en est-il donc de la nuit ?

Dis à l'âme somnolente

Que déjà le matin luit

Sentinelle, sois au poste jour et nuit.

Déjà le matin luit, déjà le matin lui. A l'évidence si le matin devait luire pour nous faire passer d'un jour à l'autre, ce n'était assurément pas la même chose pour le pauvre Alain. Le matin du grand jour luit. Ce grand jour ne pouvait être pour lui que le jour du jugement, le jour où chaque habitant de la terre devra rendre compte de sa vie au Créateur Suprême. C'est le jour où tous les secrets seront révélés, où chacun de nous connaîtra jusqu'où lui auront porté ses œuvres.

Je repassai au peigne fin la vie d'Alain. Que de blasphèmes s'il vous plaît ! J'avais encore en réminiscence ce jeune homme qui nous avait proposé l'Evangile quelques semaines avant. Il était pourtant convainquant et paraissait réellement avoir donné sa vie au Seigneur. Nous avions, Alain et moi, trouvé bon de l'envoyer promener. Voilà que deux semaines seulement l'un d'entre nous ne vivait plus. Je m'approchai délicatement du lit où il était couché ; je le secouai ; sans réponse. Son corps avait raidi, la bouche entrouverte, les paupières bien fermées. Je me disais qu'Alain ne pouvait pas partir comme ça, sans me révéler quelque chose. Je brûlais du désir de communiquer avec lui hélas ! En fait c'était une attitude que je ne pouvais justifier, un geste de désespoir. Mes pensées me transportèrent encore vers les milieux que nous fréquentions ensemble ; des boîtes de nuit, des ''circuits''... Je revis toutes les filles, que de gloire arrachées à cause de sa prestance (car il était du corps de la magistrature, beau parleur et suffisamment cultivé). Il bénéficiait de l'estime de ses supérieurs. Il avait beaucoup d'amis. Tout le monde l'aimait au quartier, et beaucoup se plaisaient à l'écouter, le consultaient pour leurs problèmes. A croire que j'allais désormais me retrouver dans tous ces milieux sans lui. Il devait beaucoup manquer aux gens du quartier qui s'étaient habitués à ses taquineries. Alors je dus accepter ce qu'un texte de la bible dit :

> *Toute chair est comme l'herbe. Et tout son éclat comme la fleur des champs. L'herbe sèche, la fleur tombe... quand le vent de l'Eternel souffle dessus. Mais la parole de notre Dieu demeure éternellement* (Esaïe 4, 6-8).

Voilà que tout d'Alain s'était écroulé en un jour. A quoi aura donc servi son séjour sur la terre ? Il était donc certain que le sort avait choisi Alain. Mais pourquoi lui et en ce moment exactement ? C'aurait bien pu être moi. Peut-être avait-il en ce moment besoin de ma compagnie dans ce sinistre vestibule que constitue l'effroyable voyage vers l'inconnu. S'aventurer dans l'absolu tout seul, dans le monde du silence où gisent nos pères, l'univers des esprits où sont terrés nos aïeux, le grand mystère. Il ne verrait plus le jour, plus de chants d'oiseaux, fini le train-train quotidien, plus d'éclats de voix au balcon avec ses amis, plus de sifflotement dans la douche. La maison serait froide, le salon connaîtra la moisissure, les dossiers restés sur sa table au tribunal seraient suspendus ; le mauvais jour était réellement arrivé, tel que stipulent les Saintes Ecritures. Lisons Ecclésiastes 12, 3-9 :

> *Mais souviens-toi de ton Créateur pendant les jours de ta jeunesse, avant que les jours mauvais n'arrivent et que les années s'approchent où tu diras : je n'y prends point de plaisir ; avant que s'obscurcissent le soleil et la lumière, la lune et les étoiles, et que les nuages reviennent après la pluie, temps où les gardiens de la maison tremblent, où les hommes forts se courbent, où celles qui moulent s'arrêtent parce qu'elles sont diminuées, où ceux qui regardent par les fenêtres sont obscurcis, où les deux battants de la porte se ferment sur la rue, quand s'abaisse le bruit de la meule, où l'on se lève au chant de l'oiseau, où s'affaiblissent toutes les filles du chant, où l'amandier fleurit, où la sauterelle devient pesante, et où la câpre n'a plus d'effet, car l'homme s'en va vers sa demeure éternelle, et les pleures parcourent les rues, avant que le cordon d'argent se détache, que le vase d'or se brise, que le seau se rompe sur la source, et que la roue se casse sur la citerne ; avant que la poussière retourne à la terre, comme elle y était, et que l'esprit retourne à Dieu qui l'a donné.*

"La crainte de l'Eternel est le commencement de la sagesse".

CHAPITRE II

"Les voies de l'Eternel ne sont pas nos voies"

Après la lecture du précédent chapitre, il vous vient certainement dans la tête une multitude de questions auxquelles vous brûlez du désir de trouver des réponses. Nous vous convions à suivre cette histoire qui n'est pas une fabulation et que nous nous sommes permis de rabâcher, et qui en fait, est l'expérience d'un contemporain.

LES VOIES DE L'ETERNEL

Il était moine et avait déjà passé beaucoup de temps dans le service sacerdotal. Son esprit l'amena, un soir où il était en pleine méditation, à se poser des questions sur la sagesse de Dieu et sa justice. Il se demandait de quel tempérament le Créateur suprême pouvait-il être pénétré, d'avoir à supporter tant d'injustices auprès de lui sans intervenir. Toute la terre, pour le moine, paraissait comme une sorte de jungle. Les plus forts dominent sur les faibles. Ceux qui ravissent et commettent des meurtres, les fratricides et les conflits mondiaux, tout cela sous le regard indifférent de Dieu. Alors le moine se révolta contre Dieu ; il se repentit d'avoir servi des décennies durant, un être illogique et impitoyable. Il se résolut alors de se retrancher en brousse dans les montagnes, où il serait à l'abri de toutes ces horreurs. Ainsi dans la nuit, alors qu'il était livré à un profond sommeil, il lui vint un songe.

Dans le songe, il se voyait en train d'effectuer un voyage en compagnie d'un vieil homme. Le vieil homme et lui avaient déjà marché le long de la journée, sous un soleil accablant quand ils arrivent, à la tombée de la nuit, dans un village. Ils demandent de l'hospitalité à un homme qui les reçoit avec enthousiasme. Entrez dans ma demeure, leur dit-il ; prenez une douche et mangez à votre faim. Je suis heureux de vous accueillir chez moi. Il leur apprend ensuite qu'il se trouve dans une profonde joie, parce qu'il avait eu, ce matin-là. La réconciliation avec un de ses voisins avec qui il ne s'était jamais entendu. Ils avaient eu maintes altercations, mais ce matin, leur disait-il, il était venu solliciter une réconciliation et lui avait offert à cet effet une coupe en or. Il la leur présenta. Elle valait bien le prix d'une réconciliation sincère, car elle était en or massif. Le moine et son compagnon devaient, dès l'aurore, quitter cette maison pour continuer leur voyage. En chemin le moine s'aperçut que son compagnon avait pris soin de voler la coupe en or de leur hôte en partant ; ce qui le bouleversa considérablement. Questionné, le vieil homme se contenta de lâcher : *ça ce sont les voies de l'Eternel*. Ils reprirent néanmoins la route. Ils marchèrent de la même façon jusqu'au crépuscule. Voulant demander à un homme, qui habitait d'ailleurs seul dans la région, la faveur de passer la nuit chez lui, Ils se furent repousser à partir du portail. Ils eurent beau supplier, sans succès. Alors ils lui demandèrent de leur offrir ne serait-ce qu'un gobelet d'eau à boire afin de continuer leur chemin. En réaction il détacha son chien qu'il mit à leurs trousses. Avant de s'éloigner, le vieil homme qui était avec le moine sortit la coupe en or qu'il avait soustraite à leur premier hôte et la tendit à l'individu en disant : Tu nous refuses de l'hospitalité ; moi, je te fais tout de même cadeau de cette coupe en or ; elle te servira certainement. Il la prit tout interloqué, mais il insista néanmoins qu'ils s'en aillent. Le moine s'écria indigné : dis-donc, tu es finalement illogique, comment peux-tu voler la coupe à celui qui s'est montré agréable à nous pour venir l'offrir à ce rustre ? La réponse du vieillard fut simple : *Ça ce sont les voies de l'Eternel*.

C'était le troisième jour. Les deux compagnons s'étaient déjà épuisés à la marche et la nuit tombait. Ils trouvèrent à tout hasard un taudis en paille habité par un chasseur. Il était d'une pauvreté inqualifiable et vivait en ermite. Il leur permit d'entrer chez lui et leur offrit un bon repas (ils n'en demandaient pas mieux). Avant de

Chapitre II *"Les voies de l'Eternel ne sont pas nos voies"*

se coucher il leur fit cette recommandation : Je vais souvent à la chasse dès le premier chant du coq. Au moment de partir, prenez soin de me fermer la porte. Il leur céda son propre lit, que dis-je son grabat et leur fît de surcroît une belle provision de viande pour la route. Curieusement au moment de vider les lieux, le compagnon du moine craqua les allumettes et mit du feu sur la paille. Une fois de plus le moine s'offusqua : *Ça ce sont les voies de l'Eternel,* se fit-il encore répondre.

Le quatrième jour arriva ; toujours la même marche, la même fatigue, la même hospitalité sollicitée. Cette fois ce fût un adulte d'une quarantaine qui les reçut. Il avait un garçonnet très mignon qu'il leur présenta comme son unique fils. La nuit fut paisible et ils dormirent comme des loirs. Au lever, leur hôte leur confia son jeune fils afin qu'il puisse leur servir de guide jusqu'à la grande route où se trouvait un pont (car ils devaient emprunter un raccourci par la forêt.) il leur recommanda de veiller à ce que le gosse rentre convenablement, après qu'il leur aura conduits au niveau du pont. Arrivés à la grande rivière, le vieil homme tordit le cou à l'enfant puis le précipita dans l'eau. Il répondit au moine comme d'habitude, que c'était là les voies de l'Eternel. Cette fois le moine ne put contenir son émotion ; il l'étreignit et le força à lui fournir de véritables explications. Alors le vieil homme se mit à parler :

Si j'ai volé la coupe en or de notre premier hôte, c'était justement pour lui sauver la vie, parce qu'il nous a bien reçus. C'est un homme qui a un bon cœur. Son voisin par contre est un personnage cynique qui n'en veut qu'à sa vie. La preuve, cette coupe qu'il était venu lui offrir comme symbole de réconciliation était empoisonnée. Il savait que lorsque son voisin, notre bienfaiteur, boira dedans, il mourra. La réconciliation n'était pas sincère. Je lui ai sauvé la vie en lui volant la coupe.

Le deuxième individu qui a refusé de nous recevoir est un râpeux. Il a déjà fait du mal à beaucoup de personnes par le passé. Qui plus est, c'est un meurtrier qui méritait déjà d'être châtié ; c'est pour cette raison que je lui ai offert la coupe, que je savais empoisonnée. Il s'empressera de boire dedans et, au moment même où je parle il a expiré.

Quant au vieux chasseur à qui j'ai brûlé le toit ; eh bien c'est un homme d'une pauvreté extrême ; il n'a aucune chance de sortir de sa misère, nonobstant les efforts qu'il consent pour joindre les deux bouts. Cependant il est animé de philanthropie générosité. En mettant du feu à son taudis, j'ai prévu que rentré de la chasse, il trouverait sa maison incendiée. Certes il se lamentera mais il se trouvera dans l'obligation de creuser le sol pour se bâtir une autre maison. Il y découvrira un trésor, car il y a à côté de cette case, un gisement de pierres précieuses. Il pourra ainsi mettre à profit ce trésor et il s'enrichira. Il sera un homme heureux, pour nous avoir aidés, en dépit de son indigence.

Pour ce qui est du sexagénaire à qui j'ai tué le fils ; il se trouve que ce garçon qu'il adorait tant avec pour ambition de faire de lui un homme, devait être un bandit de grand chemin. J'ai vu son avenir et me suis-je rendu compte qu'il devait commettre des crimes horribles, des sacrilèges dans la région. Il devait aller jusqu'à égorger son père et connaîtrait un long temps d'emprisonnement. Il m'a paru bon de lui supprimer la vie, avant qu'il n'ait eu l'occasion de réaliser tous ces forfaits. J'ai de cette façon, sauvé la vie à cet homme et à plusieurs familles. Quant au garçon même, il est mort sans avoir péché ; donc il va au paradis. Toi qui juges Dieu, termina le vieil homme, sache que c'est ainsi que sont ses voies. Aussitôt achevées, ces paroles, il se transforma en un ange puis s'envola, laissant le moine abasourdi. Ce dernier était encore dans l'étonnement quand il se réveilla.

Cette histoire nous permet de comprendre que la sagesse de l'homme est inférieure à celle de Dieu. Nous le croyons souvent mal se conduire alors qu'il est en train de poser un acte de bienfaisance d'une valeur sublime. L'homme de la nature que nous sommes, trouve toujours dans les œuvres de l'Eternel beaucoup de non-sens, de la folie à l'état pur. Que pense le grand Dieu à son

Chapitre II **"*Les voies de l'Eternel ne sont pas nos voies*"**

tour sur notre façon d'agir ? Bien évidemment c'est de la démence, et la bible nous le confirme dans 1 Corinthiens 3, 19 *« Car la sagesse de ce monde est folie devant Dieu »*. Remarquez que le vieil homme ôte la coupe à un juste pour l'offrir à un méchant, mais quelle en est la finalité ? De même ceux qui font du bien, ceux qui vivent pieusement en Jésus-Christ sont-ils souvent éprouvés par les difficultés ; et l'homme de dire : Dieu est injuste ; Il laisse souffrir les justes et donne la prospérité aux méchants. Dieu n'est pas insensé comme nous tendons souvent à le croire. C'est plutôt nous qui sommes aveugles ; nous ne sommes pas souvent à hauteur d'expliquer ses actions. Lisons Ezéchiel 18, 25 :

> *Vous dites : la voie du seigneur n'est pas droite. Ecoutez donc, maison d'Israël ! Est-ce ma voie qui n'est pas droite ? Ne sont-ce pas plutôt vos voies qui ne sont pas droites ?*

Les théologiens se sont bien efforcés de mettre en relief le sens positif de certains tableaux illustrés par la Bible ; mais il n'est pas toujours aisé d'expliquer les actions de Dieu. Sinon, comment comprendre la parabole des ouvriers loués à différentes heures (Matthieu 20,1). Que l'on veuille nous faire admettre que cet employeur radin a bien agi en attribuant une égale rémunération aux trois groupes d'ouvriers, ceux qui avaient travaillé toute la journée comme ceux qui sont venus à la dernière heure ! Qui plus est, il commence par les derniers, n'est-ce pas là le comble de l'arbitraire ? Seulement on ne nous dit pas tout ce qu'ont fait les ouvriers de la matinée, toutes les techniques de fraude auxquelles ils se sont livrés pour se faire recruter les premiers et avec quel esprit ils avaient travaillé. Mais Dieu le savait, représenté ici par le fermier. Il savait également avec quelle gratitude les derniers ouvriers avaient accueilli leur embauche. Peut-être avaient-ils été payés non pas au *prorata tempori,* mais plutôt sur la base de leur probité morale ou leurs motivations intrapsychiques. Dieu voit ce que nous cachons et les mobiles qui animent nos actes les plus spectaculaires, et Il nous rétribue en conséquence ; pas nécessairement comme nous attendons. L'on pourrait bien aller au-delà des simples raisons philosophiques pour préciser que nous avons tous droit à la vie éternelle, matérialisée ici par les trois deniers que devaient recevoir les ouvriers. Ceux qui se convertissent à Christ deux jours avant leur mort ont autant droit à la vie éternelle que nous qui avons combattu depuis plusieurs années. C'est une règle logique tant dans sa proportion que dans son intérêt. De plus, en venant sur terre, nous n'avons pas la même feuille de route. Dieu ne nous juge pas avec les autres, mais sur ce qu'il nous a confié individuellement, serait-ce incidemment au cours de nos expériences quotidiennes. Il est dommage que plusieurs se prennent à regarder les autres. Tout le monde autour de vous n'a pas eu le privilège de parcourir l'ouvrage que vous êtes en train de lire. Dieu tiendra sans doute compte de cette lecture.

Il est également pénible de réaliser que Dieu laisse mourir Jacques, disciple et apôtre du Seigneur, par la main du Roi Hérode. Lorsqu'arrive le tour de l'apôtre Pierre, il le délivre de la prison (Actes 12, 1). Décidément les mêmes causes ne produisent pas les mêmes effets chez Dieu. Ironie de sort, le même Pierre trouvera la mort quelque temps après, comme si Dieu avait finalement échoué. Pour quelle raison laisse-t-il nourrir Jacques pour sauver Pierre ; ne faudrait-il pas qu'il rende compte de ses actions ? Pour répondre à ces questions qui sont sans doute fondées, il faudrait au préalable savoir si Jacques et Pierre avaient la même mission. En outre, faut-il le rappeler, Jacques était le frère de Jésus sur le plan génétique, autrement ne l'aurait-on pas fait peser sur lui les récriminations d'injustice et de discrimination ? Il commence par lui-même, en se donnant la mort sur la croix, ensuite ses plus proches puis enfin nous autres qui avons intentionnellement choisi de le suivre. N'est-il pas logique que si le sort du chrétien est d'être traité comme son maître, l'on aille graduellement du sommet à la base ou inversement ? Mais nos laboratoires des sciences sociales et leurs outils d'investigation ne semblent pas efficients pour mesurer le degré de pertinence de la logique divine, justement parce qu'elle échappe à la manipulation expérimentale ; ce qui ne lui enlève pas cependant son caractère scientifique. Voici notre réponse ; la science de Dieu se manifeste dans l'Esprit, Dieu étant avant tout

Chapitre II *"Les voies de l'Eternel ne sont pas nos voies"*

logique et science, tel illustré dans la caricature ci-dessous. Bien entendu, c'est un isomorphisme.

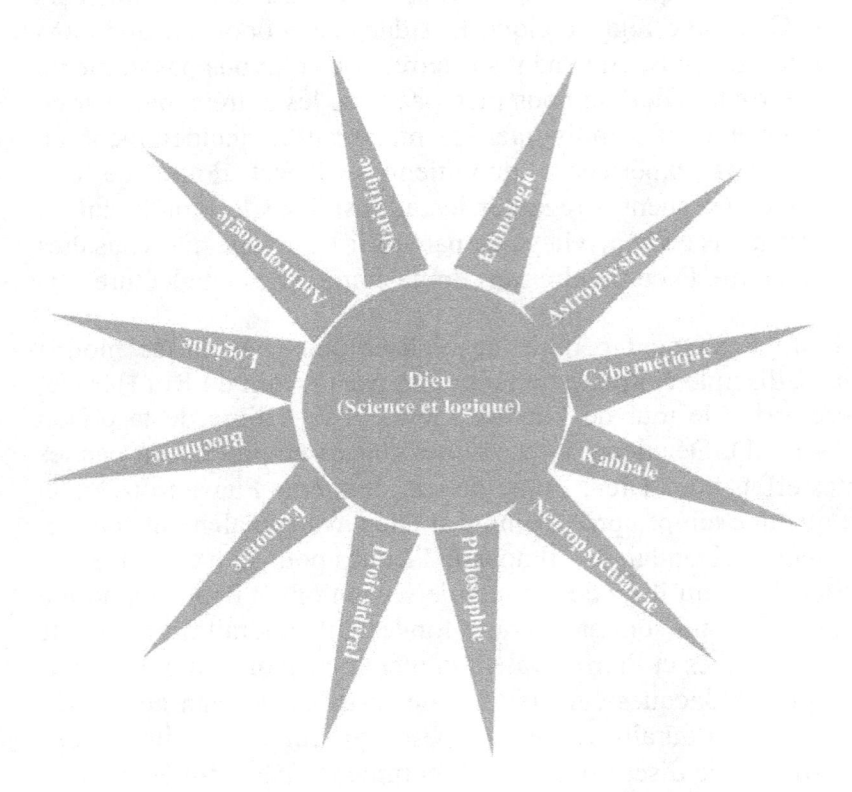

[Schéma en forme de soleil avec au centre : « Dieu (Science et logique) » et, sur les rayons : Statistique, Ethnologie, Astrophysique, Cybernétique, Kabbale, Neuropsychiatrie, Philosophie, Droit idéal, Économie, Biochimie, Logique, Anthropologie]

Il est clair qu'à mesure que notre connaissance grandira, nous appréhenderons plus exactement certains phénomènes jusqu'ici qualifiés à tort d'irrationnels ou de paranormaux. Alors nous deviendrons des hommes spirituels et nous interrogerons les faits, non plus avec les cinq sens anatomiques, mais également avec l'éclairage des écritures Saintes. Le vrai savant se s'arrête pas à la dimension matérielle de la vie, il va au-delà, parce qu'il est à l'image de Dieu.

La logique humaine est différente de celle de Dieu, qui dérive de la vérité. Cela est sans équivoque. L'une est rationnelle et s'appuie sur la cohérence des faits et l'expérience, l'autre est pertinente et s'appuie sur la justice c'est à dire à l'état des choses telles qu'elles sont réellement. Nous voudrions mieux dire qu'il n'y a qu'une seule logique, celle que Dieu reconnaît comme telle. Dieu n'est pas logique mais c'est lui la logique elle-même et autour de laquelle gravitent toutes nos techniques de pensée. De même Dieu n'est pas scientifique, mais la science elle-même. Et lorsque l'homme aura conquis toute la science, il atteindra Dieu. Dilthey, jetant les bases de ce qu'on a appelé psychologie de la conscience disait : On comprend la vie de l'âme, on ne l'explique pas. Pour les sciences humaines, expliquait-il la réalité spirituelle nous est immédiatement accessible grâce à l'expérience intérieure. Son principe est simple : Nous expliquons la nature, nous comprenons la vie de l'âme. Ceci s'entend que l'on ne peut expliquer que l'objet qui est extérieur à nous. Cette philosophie prononce le divorce entre les sciences naturelles (dites exactes) et les sciences humaines (dites abstraites). Uzza voulait soutenir l'arche de l'Eternel que faisaient pencher les bœufs, afin qu'elle ne tombe pas. C'était une bonne action à la lecture de l'intelligence humaine. Dieu l'a frappé de mort, parce qu'il n'était pas digne, malgré sa sollicitude (lire 1 Chronique 13, 10). C'est cela la logique de Dieu. Pilate et Hérode trouvaient Jésus innocent (Luc 23). Ils avaient raison selon la jurisprudence humaine. Mais par rapport à la loi de l'esprit (qui est vérité) il était coupable, plus coupable que Barabas, parce qu'il avait pris sur lui de porter les péchés de l'humanité. Il fallait donc pour lui un châtiment à la dimension de sa prétention : la peine capitale. Ce n'était donc pas sur un juste qu'on frappait ou qu'on crachait, mais un adultère, un despote, un ivrogne, un meurtrier... tel que nous le sommes aujourd'hui. Il ne pouvait se justifier parce qu'il connaissait ''ce qu'il avait fait'', et c'est pour cette raison qu'il gardait le silence devant toutes les accusations portées contre lui. Dieu seul connaît les causes premières de toute chose. On emmena un jour devant Jésus un homme aveugle de naissance (Jean 9, 1-11). Alors pour l'éprouver, on lui fit cette question : qui a péché, cet homme qui est né aveugle ou ses parents ? Ils savaient que la doctrine de Jésus postulait que ce sont les péchés qui sont à l'origine de tous nos désagréments. C'était assez

Chapitre II *"Les voies de l'Eternel ne sont pas nos voies"*

embarrassant. Alors Jésus leur répondit que cet homme était né aveugle non par ce que ses parents avaient péché, encore moins lui-même, mais afin que les œuvres de Dieu soient manifestées en lui. Ceci s'entend qu'il est des situations que l'homme ne peut pas expliquer et que Dieu a intentionnellement laissées telles pour manifester sa gloire. Il s'en saisit parfois pour faire des miracles. Dans tous les coins de la terre, il existe des mystères devant lesquels l'intelligence humaine se trouve entièrement désarmée. Nous pouvons citer la colline Ngock-Lintumba en région bassa au Cameroun, où l'on trouve des traces des pieds géants de trois mètres gravés sur un rocher, comme si un être humain d'une gigantesque taille s'y était tenu pendant que la pierre était sous forme de pâte, comme sur la boue. Le triangle des Bermudes dans l'océan pacifique ; une zone maritime sinistre qui avale tous les bateaux qui s'y aventurent. Ni les oiseaux ni les avions ne survolent cet espace qui continue à constituer un mystère pour tous les physiciens. L'Himalaya, chaîne montagneuse desservant l'Inde et l'Asie du Nord et au sommet de laquelle se trouve un cratère de trente mètres de diamètre sans fond. Tout ce qui tente de survoler ce cratère est englouti comme aimanté dans un trou béant. Les objets qui y tombent ne laissent échapper aucun bruit ; ils y descendent définitivement. Ainsi disait Jésus, il fallait que la gloire de Dieu soit manifestée à travers cet aveugle né. Et il continua en ces termes : *« il faut que je fasse, tandis qu'il est jour, les œuvres de celui qui m'a envoyé ; la nuit vient, où personne ne peut travailler »*. Après avoir ainsi parlé il a guéri l'aveugle, montrant de la sorte qu'il était la lumière sinon la science parfaite. Il est à relever que toutes nos frasques et nos succès ne peuvent pas trouver leur explication dans la seule vie présente. La science cherche à vaincre les obstacles naturels, à briser les barrières érigées par la providence en rendant possible ce qui ne le devait pas. Disons pour être clair que l'ambition secrète des recherches scientifiques est de parvenir à ébranler les lois naturelles, le processus de développement des êtres. Et pour y parvenir elle établit les rapports entre les objets en les abordant de l'extérieur et ne s'intéresse ainsi qu'aux choses matérielles, aux phénomènes physiques, négligeant tout ce qui tente de s'écarter de cette norme.

Nous le constatons à notre regret, que les causes des phénomènes sont parfois, sinon toujours, plus lointaines que l'on ne l'imagine. Ce n'est pas assez de dire que tous les enfants qui sont nés des rapports adultérins sont exposés à beaucoup plus de situations inexplicables par la seule faute de leurs géniteurs. Ils réussissent rarement dans tout ce qu'ils entreprennent malgré toute leur détermination. C'est pour cette raison qu'il est important de montrer de la retenue devant la souffrance des autres, de ne pas vite tenir pour abrutis ceux qui échouent. Et ce ne sont pas les meilleurs qui réussissent. Le sage saura ainsi accepter la contrariété avec soumission, endurer la souffrance en gardant la foi, sachant bien qu'il lui faut expier les fautes de ses parents par la sanctification, les bonnes œuvres et la justice.

Dans le livre de 1 Rois au chapitre 11, nous voyons Salomon qui hérite la royauté à cause des bonnes actions de son père David à qui Dieu avait promis d'élever la postérité. Dieu avait promis à David que ce serait son fils Salomon qui lui bâtirait une maison. C'est donc par une forme de prédestination que Salomon reçut tout ce qu'il eut de son vivant et qu'il fit de lui un grand roi dont la réputation s'étendit sur tous les pays voisins. Au cours de sa vie, Salomon dut abandonner l'Eternel pour bâtir des hauts lieux à d'autres divinités, aux idoles des peuples de qui il avait pris ses multiples femmes. Dieu pour le châtier, commença à lui susciter des ennemis partout. Mais aussi il décida de retirer la royauté à sa descendance, à son fils pour ne lui en laisser qu'une seule tribu.

> *Je n'ôterai pas de sa main tout le royaume, car je le maintiendrai prince tout le temps de sa vie, à cause de David, mon serviteur, que j'ai choisi et qui a observé mes commandements et mes lois. Mais j'ôterai le royaume de la main de son fils, et je t'en donnerai dix tribus. Je laisserai une tribu à son fils, afin que David mon serviteur ait toujours une lampe devant moi à Jérusalem, la ville que j'ai choisie pour y mettre mon nom* (1 Rois 11, 34-36).

Ceci s'entend que ce fils de Salomon vient au monde déjà condamné à échouer, quel que soit le comportement qu'il aura. Et ceux qui jugent à l'apparence diront : C'est un bon à rien. Son père

Chapitre II "Les voies de l'Eternel ne sont pas nos voies"

fut un grand homme, mais lui n'a pas pu conserver la royauté malgré tout l'héritage à lui légué par son père. Voyez, les peuples environnants ont réussi à lui arracher la quasi-totalité du royaume, ce qui n'aurait pas pu se passer du vivant de son brave père. Devant tous ces commentaires désobligeants, il ne manquera pas de parler à Dieu, de prier. Mais cela changera-t-il bien grand-chose ? Si pressé ainsi, Dieu venait alors à exaucer sa prière pour lui restituer les territoires arrachés par l'ennemi, il se serait remis en cause, et ce qu'il avait parlé ne se serait pas accompli. Il se ferait menteur ; il ne serait plus Dieu. Alors pour faire droit à sa cause, l'Eternel Dieu peut alors accorder au fils de Salomon d'autres bénédictions, en élevant par exemple son fils et non lui-même.

Dieu est grand et sage, mais sa grandeur et sa sagesse nous échappent. Laissons que notre logique soit pliée à celle de Dieu. En agissant ainsi nous verrons le succès sur notre chemin. Nous convenons tous que pour exiger de l'individu une obéissance absolue, il faut au préalable prouver l'infaillibilité de celui à qui l'on doit cette obéissance. C'est là un objet philosophique. Si donc nous acceptons qu'en toutes choses Dieu agit mieux que nous (et cela parce qu'il se trouve être plus avisé sur les choses avenir comme présentes) il est donc de notre intérêt de laisser faire sa volonté, quand bien même celle-ci nous paraîtrait insupportable de prime abord ; car nous en connaissons l'issue : c'est notre bonheur, notre épanouissement. Dieu a formulé pour nous, rappelons-nous des projets de paix, des projets de bonheur et non de malheur. Il y a des choses auxquelles nous n'accéderons jamais malgré la témérité de nos investigations, Dieu nous les ayant cachées. Mais à ceux qui sont humbles et attentifs, le Seigneur peut se révéler à une certaine dimension. Lisons ce passage : « *Les choses cachées sont à l'Eternel, notre Dieu ; les choses révélées sont à nous et à nos enfants à perpétuité* » (Deutéronome 29, 29). La science de Dieu, le disions-nous, se manifeste dans l'Esprit. « *Le vent souffle ou il veut, et tu en entends le bruit ; mais tu ne sais pas d'où il vient ni où il va. Il en est ainsi de tout homme qui est né de l'Esprit* ». (Jean 3, 8). La respectabilités de l'expérience ne garantit pas un résultat rigoureusement identique, par ce qu'il y a des variables propres à la fois aux sujets agissants, que sont les êtres humains, dans toute leur subjectivité, ensuite aux circonstances, qui constituent des facteurs fluctuants susceptibles de modifier les données expérimentales. Il ne faut donc pas s'approcher des faits théologiques avec un esprit cartésien, et qui serait lui-même un obstacle épistémologique. Le constat est clair, Dieu ne nous a pas tout révélé. Cela est d'ailleurs bien mentionné dans les trois textes suivants et dont nous vous recommandons la lecture : **1°**- Ecclésiaste 8, 17 ; **2°**- Ecclésiaste 9, 1-3 ; **3°**- Actes 17, 27. Assurément, les voies de l'Eternel ne sont pas nos voies.

LES PRESCRIPTIONS DIVINES

Dieu est un tyran abruti ; du moins tout dans le macrocosme tend à le laisser supposer. Cela se relève dans la coercition et l'inadéquation de ses ordonnances, qui s'opposent subrepticement à ses propres intérêts. Cela ne justifie-t-il pas notre résistance à ses prescriptions, qui conséquemment nous rebutent ? Il est assez étrange de savoir que Dieu se donne tant de mal à nous faire admettre que ses commandements contribuent à notre bien. La vie dans la cité n'est pas déjà si facile ; il faut lutter âpre pour sa survie pour échapper à la domination des autres. Il faut travailler pour avoir du pain, alors que Dieu aurait bien pu nous le faire acquérir avec un peu plus de dignité. A imaginer qu'en plus de tout ceci le juste juge veuille encore ponctionner les quelques privilèges qui nous restent par des interdits inopportuns et contre-nature, quelle méchanceté stupide !

L'approche fonctionnaliste, nous disent les scientifiques, est le principe esthétique selon lequel la forme d'un objet doit résulter d'une adaptation parfaitement rationnelle à son usage. Spencer, Durkheim, Hempel, Malinowski, Mendel, Radcliffe-Brown, Parsons, Nagel et Merton, ont présenté chacun un model nuancé se rapportant à un certain courant scientifique. Mais dans la conception holistique du fonctionnalisme, il apparaît clairement que tout élément social est solidaire de tous les autres, l'équilibre

Chapitre II "Les voies de l'Eternel ne sont pas nos voies"

perturbé devant se rétablir, les dysfonctions être résorbées. L'organe crée la fonction, soutiennent les biologistes. Si nous avons un sexe, ceci s'entend que nous devons nous en servir. Celui qui est de forte carrure devrait naturellement en faire usage pour survivre, en dépouillant au besoin les plus faibles, à l'instar des prédateurs qui dévorent les petits animaux. L'homme doit dominer sur la femme pour autant que la providence s'y prête. Et nul ne doit entraver cet élan naturel. C'est cette conception que d'aucuns ont désignée par déterminisme génétique, qui part du postulat selon lequel, ce sont les facteurs biologiques incontournables qui font des hommes ce qu'ils sont. Pourquoi les humains refusent-ils la volonté de Dieu ? Pourquoi agissent-ils comme ils le font ? La réponse des biologistes et psychophysiologiques est simple :

> *La vie et l'activité humaines découlent nécessairement des propriétés biochimiques des cellules qui composent l'individu ; ces propriétés à leur tour sont déterminées par le patrimoine génétique possédé par chaque individu. En dernière instance tout comportement humain (et par voie de conséquence toute société humaine) est commandé par une chaîne de déterminations qui va du gène à l'individu et à la société [...] Si le Seigneur avait voulu que nous ayons tous des droits égaux, il n'aurait pas créé des hommes et des femmes distincts.* (Lewontin, Rose et Kamin, 1985 : 22).

En définitive, le destin des individus est fixé par leur constitution biologique. Ils ne sauraient donc être responsables des actes qu'ils posent, la faute étant au Créateur qui leur a doté des organes, des membres pour pouvoir pécher.

Partant de l'approche fonctionnaliste sus-évoquée, Dieu aurait donc semé en nous les gènes de notre propre désintégration. L'intelligence dont il nous a dotés nous détermine sans conteste à la réflexion, cette activité cognitive dont il aurait pu nous faire l'économie. Il va de soi que nous le trouvions illogique. De plus la théorie de l'hypertrophie fonctionnelle postule qu'un organe lésé est remplacé par un autre, un organe endommagé crée de lui-même une énergie compensatrice. Il est entendu que tous les organes sont capables de rendre plus que ce qu'ils devraient rendre en temps normal.

> *L'individu, disgracié par la nature, a été pourvu providentiellement d'un puissant sentiment d'infériorité qui le pousse vers une situation plus haute, vers la sécurité et vers la conquête, une envie sans cesse croissante d'atteindre un objectif final supérieur au sort terrestre qui lui était assigné.* (Meltzer, cité par Adler, 1954 : 70).

Adler estime qu'il n'y a pas de mouvement sans but, et ce but est toujours inaccessible ; d'où les efforts permanents de l'homme. C'est ce que Marcel Rouet désigne par instinct d'évolution ou besoin de valorisation. *« C'est l'instinct d'évolution qui incite l'homme à avancer sans cesse dans la voie du progrès. C'est cet instinct qui pousse l'individu à se dépasser, parfois pour compenser un sentiment d'infériorité »* (Rouet, 1993 : 84). Il apparaît donc dans cette perspective, que c'est cet instinct qui détermine notre versatilité et notre incapacité à rester figés aux dogmes théologiques.

Il faut souligner que malgré son habituelle prétention à la neutralité et à l'objectivité, la science a presque toujours été au service d'une idéologie. Toute investigation scientifique est généralement sous-tendue d'une idéologie, de certaines idées sociales, politiques ou culturelles préconçues. Les scientifiques ne questionnent les faits que dans le but de confirmer leurs thèses. Donnons-nous le courage d'aller jusqu'au bout de la logique scientifique. Les inégalités sociales et les inconduites humaines sont biologiquement déterminées, inévitables et immuables et que par conséquent toute tentative à y remédier par des moyens sociaux (réformes, révolutions, religions) sont contre-nature. Il est facile de constater, soulignent les déterministes, que les parents transmettent leur pouvoir social à leurs enfants (les enfants des magnats du pétrole, par exemple tendent à devenir banquiers, alors que les enfants des ouvriers des raffineries tendent à être des ouvriers). De même, la différenciation neuroendocrinologique donne aux hommes une grande propension à dominer sur les femmes, aux

Chapitre II "*Les voies de l'Eternel ne sont pas nos voies*"

blancs la supériorité sur les noirs. De ce point de vue, il est à relever que les lesbiennes ont un plus haut taux d'androgènes (hormones mâles) et un plus bas taux d'œstrogènes (hormones femelles). Les hormones déterminent à fort pourcentage nos inclinations, nos fantasmes, nos débordements). Ce raisonnement, nous nous en excusons, ne tient pas scientifiquement. L'homme et la femme sont, sur le plan anatomique, totalement différents. Leurs organes génitaux, le fonctionnement de leur organisme, semblent les préparer chacun à assumer une fonction sexuelle différente (hétérosexualité et non homosexualité). En outre le phénomène, peut-on le remarquer, est en pleine recrudescence aujourd'hui plus qu'hier ; ceci s'entend qu'il s'apprend et qu'il est justifié par des raisons sociales. Jésus était de basse classe sociale ; il n'était pas fils de pétrolier ; Adolph Hitler aussi tout comme Emmanuel Kant, et bien d'autres encore. Il n'existe donc pas une corrélation significative de statut social entre parents et enfants.

> *L'histoire de l'humanité est précisément l'histoire des victoires de la société sur la nature, des montagnes déplacées, des isthmes percés, des maladies éliminées, et même de l'adaptation de certaines espèces aux besoins humains. Cela ne s'est pas passé en accord avec les lois de la nature... La nature peut être changée* (Lewontin, Rose et Kamin, op. cit)

Nous connaissons l'histoire des sœurs Williams, Serena et sa sœur, les deux championnes mondiales de Tennis. Leur père avait assisté pour la première fois de sa vie, à un match de Tennis. Il en fut bouleversé et aima ce sport jamais connu auparavant. Alors décida-t-il que son premier fils serait joueur de Tennis, et qu'il ferait tout pour qu'il devienne un champion. Contre toute attente, ce fut plutôt deux filles. Bien que déjoué par la providence, il réalisa tout de même son projet et fournit à ses deux enfants tous les moyens nécessaires leur permettant d'accéder au panthéon. Ceci établit qu'à tout moment, l'on peut braver la nature et accéder à une situation enviable. Il faut noter que la lutte permanente de l'homme, c'est de passer de l'état de nature à l'état de culture. *"Labor omniat Vincit"*, dit un proverbe latin qui signifie "un travail persévérant vient à bout de tout obstacle". L'homme a la charge de son destin, il est en mesure par la formation et la volonté, de bouleverser le cours de son existence. On ne naît pas chauffeur, médecin, encore moins malfrat, mais on apprend à les devenir. La pédagogie et toutes les sciences liées à l'éducation sont fondées sur cette croyance à l'autodétermination.

Dieu nous a tracé des limites d'action (appelez cela commandements) afin de nous préserver des dangers. C'est donc pour notre bien. Aussi est-il écrit :

> *Que ce livre de la loi ne s'éloigne pas de ta bouche ; médite-le jour et nuit pour agir fidèlement selon tout ce qui y est écrit ; car alors que tu auras du succès dans tes entreprises, c'est alors que tu réussiras* (Josué 1, 8).

Si l'être humain pouvait comprendre que c'est pour son bien que le Seigneur lui fait observer ses commandements, il ne contesterait pas avec Dieu. Descartes (1978 : 41) écrit : « *Le pécheur est un ignorant* ». Socrate avait déjà dit : Nul n'est méchant volontairement. Ceci s'explique que le mal n'est pas voulu par lui-même ; il se produit par suite d'un raisonnement faux. « *La faute n'est qu'une erreur, une mauvaise déduction. Par exemple si je mens, c'est parce que je calcule à court terme mon intérêt qui pourtant est nuisible aux relations humaines* » (Descartes, 1978 : 41). Quand on veut faire une certaine expérience avec Dieu, le premier pas c'est la discipline. Prenez l'exemple d'un petit enfant (car nous sommes tous de petits enfants devant le Seigneur). Votre jeune fils rentre de l'école à midi. Vous, son père ; le tenez par la main et vous longez la route à pieds. Pendant que vous vous évertuez à l'occuper par de petites histoires, il jette lui, son regard à gauche et à droite. Subitement il se détache de votre main pour se diriger vers une poubelle de fortune ; il venait d'y remarquer un beignet moisi, qui avait été jeté par une ménagère. Il s'en saisit avec forte approbation. Au moment de l'introduire dans la bouche, vous intervenez. Ce beignet que tu vois, lui dites-vous, est moisi, donc décomposé. Si tu le manges tu tomberas malade, car il est rempli de micro-organismes qui infecteraient ton corps.

Chapitre II "Les voies de l'Eternel ne sont pas nos voies"

Jette-le, à la maison nous trouverons un repas bien meilleur. L'enfant devient triste et se met à se geindre. Savez-vous ce à quoi il pense dans son cœur ? Mon père est méchant ; c'est un dictateur, toujours des interdits ! Pour l'enfant ce beignet est bon puisqu'il le paraît par la vue et peut par conséquent être consommé sans inconvénient. Il pense qu'il est plus intelligent que vous et que c'est vous qui devez plutôt vous efforcer de le comprendre, de vous soumettre à sa volonté. Il ne sait pas que vous connaissez ce beignet mieux que lui et que vous savez pertinemment que lorsqu'il mangera de ce "beau beignet" il lui arrivera des difficultés. Vous avez beau vous escrimer à lui faire comprendre que ce beignet lui apportera des difficultés, jamais il ne vous croira. Savez-vous pourquoi ? il croit en sa sagesse, à son bon sens.

C'est de cette manière que l'homme se comporte vis à vis de Dieu. L'homme trouve que les commandements de Dieu n'ont été conçus que pour nuire à sa liberté. Il croit en sa sagesse. Alors que fera-t-il ? Deux choses : ou il ignore les prescriptions divines pour faire à sa tête, ou bien il obéit à moitié. Dans l'un ou l'autre cas, il aura des difficultés. Alors que fera le petit garçon après que son père lui aura interdit le beignet moisi ? Il le jettera pour l'une des raisons ci-après :

Première hypothèse : Il fait confiance à son père, sachant que celui-ci ne peut pas le tromper, lui faire de fausse promesse. Deuxième hypothèse : Il sait que son père l'aime. Alors l'enfant ne veut pas le décevoir, en raison de l'amour qu'il lui témoigne. Troisième hypothèse : Il craint son père, sachant qu'il punit avec sévérité.

D'une manière ou d'une autre s'il jette le beignet, il aura bien agi, puisqu'il sera à l'abri des représailles. Dans le cas contraire, il restera manger le beignet tandis que son père poursuivra son chemin. Que lui dira-t-il avant de partir ? Puisque tu refuses de m'écouter, sache que tu n'es plus mon fils et s'il t'arrive quelque anicroche, ne cours plus après moi. Imaginez tard dans la soirée lorsque l'enfant reviendra en criant le mal de ventre, pour venir demander à son père de le soigner. Que lui répondra-t-il ? Tu n'as qu'à te débrouiller, puisque tu t'es cru intelligent et tu as mangé le beignet que je t'avais défendu. Je ne puis compatir à ta souffrance.

L'homme se conduit de même envers Dieu. Il viole ses commandements, et quand il lui arrive des problèmes il ose encore demander à Dieu de l'aider, refusant de porter les conséquences de ses actes. Si Dieu tarde à se manifester, il le taxe de méchant, d'injuste. Il trouve que Dieu est injuste parce qu'il ne lui porte pas secours. Que fera donc l'enfant après que le père aura refusé de le soigner ? Plutôt que de demander pardon, de se repentir de sa faute, il préférera se diriger vers l'ennemi de son père pour lui demander secours. Il choisira le voisin de son père avec qui il a souvent eu des litiges. Ce dernier l'accueillera en ces termes : tu vois donc que ton père est méchant et tu comprends pourquoi j'ai souvent eu des altercations avec lui. Viens, prends ce médicament (et il lui remettra du poison en lieu et place du médicament).

Comprenons bien qui nous désignons ici par ennemi de son père ; c'est bien Satan, le diable. Quand l'homme demande à Dieu sans succès (et cela parce qu'il affiche de l'orgueil et refuse alors de s'humilier devant Dieu, de confesser son péché), alors il se dirige vers le diable, qui le recevra à bras ouverts en prétendant apporter remède à ses maux. Ainsi il s'éloignera définitivement de la grâce de Dieu. Combien se sont-il jetés aujourd'hui dans les tourments en allant consulter un médium, un exorciste ou en s'inscrivant dans une école initiatique, croyant trouver solution à leur problème.

Reconnaître ses fautes, avouer que l'on s'est trompé n'est pas un signe de faiblesse ; plutôt un acte d'héroïsme, de responsabilité. La Parole de Dieu déclare : « *Si nous nous jugions nous-mêmes, nous ne serions pas jugés* » (1 Corinthiens 11-31). Il est parfois triste de voir le diable réussir ce coup, même chez les chrétiens qui ont déjà une certaine maturité spirituelle. L'on se garde de confesser ses péchés de peur de se voir excommunié ou rabaissé. L'on peut au besoin formuler ce genre de confessions décousues où l'on ne dit pas tout à fait ce que l'on a fait. Finalement un jour l'on

Chapitre II "Les voies de l'Eternel ne sont pas nos voies"

se convainc à soi-même que Dieu a pardonné. La conscience meurt et l'on finit un jour par avoir des visions fantoches, de fausses prophéties, des songes troubles et les difficultés qui ne tarderont pas à surgir et, nous voilà dans le spiritisme ou la démence. Beaucoup pensent pouvoir trouver la vérité et la solution à leur problème dans les sciences ésotériques. La première surprise sera de voir les maîtres de ces écoles commencer par leur apprendre que la Bible est fausse sinon à compléter, que Jésus n'est pas Fils de Dieu ou qu'il n'est pas mort sur la croix, que le péché n'existe pas et que la perfection est impossible ! Finalement ils se retrouvent en train de commettre des sacrilèges avec une conscience relativement bonne. Plus tard ils perdent la raison. Ils y allaient avec beaucoup de sincérité, pour chercher la solution à leur problème.

Quant au fils qui aura prêté attention au conseil de son père, soit pour des raisons de confiance, soit par amour, soit encore par crainte du châtiment, il se laissera conduire vers la maison. Il marchera certes à contrecœur, mais arrivé à la maison ; surprise : le père ouvre le garde-manger et sort de tout ce qu'on peut imaginer d'agréable. Mon enfant, dira-t-il, régale-toi ; l'épreuve a été rude mais tu m'as fait confiance et tu ne t'es pas compromis. L'enfant ici c'est celui qui accepte se soumettre à Dieu. Bon ou méchant, il lui obéit, soutenu chaque jour par son Maître Jésus-Christ.

Se référant au texte de 1 Samuel 3, S. Siyou rappelait au cours d'un sermon que l'enfant ne peut pas voir certaines choses que le père voit, à l'exemple du petit Samuel que l'Eternel appelait mais qui, par manque d'expérience, ne comprenait pas. Il a fallu l'intervention d'Eli, son père et Serviteur de Dieu. Souvent, disait-il, nous ne comprenons pas pourquoi le Père (Dieu) nous prescrit certaines choses ; mais il faut obéir. Aujourd'hui avec la pandémie du siècle (VIH/SIDA), les hommes appréhendent mieux la notion de sainteté, d'où le slogan bien connu *"Adopter les comportements sains, à faible risque d'infection"*. Dieu voyait tout cela avant. Les gens découvrent aujourd'hui ce que Dieu voyait depuis longtemps. Lorsqu'un père dit à son enfant : ne traverse pas ce portail pour aller en route, ne sors pas de la clôture ; il ne lui dit pas tout ce qui pourrait lui arriver. Mais l'enfant, lui, ne pense qu'au châtiment que le père lui infligerait, sans plus. Un individu qui reçoit la Parole de Dieu à 15 ans pense qu'on crée une entrave à sa liberté, parce qu'on lui dit de ne pas se livrer à la volupté et à la débauche. Mais le Seigneur sait qu'à l'âge de 20 ans s'il ne prend pas garde, il sera confronté à une difficulté et pourrait tomber dans un piège, comme le traduit le paradigme ci-dessous :

Noms	Mode de vie	Conséquences à 20 ans
Garcia *(15 ans)*	- *Débauche* - *Insoumission à Dieu*	- *MST/SIDA* - *Echecs scolaires*
Cleveland *(15 ans)*	- *Sainteté* - *Fidélité à Dieu*	- *Prospérité* - *Réussite sociale*

Une femme atteinte de SIDA avait révélé au cours d'une interview que c'était l'unique fois qu'elle avait eu des rapports sexuels avec un homme après s'être abstenue pendant longtemps. Connais-tu, toi enfant de Dieu, tous les avantages du jeûne ? C'est un régulateur de glycémie, de l'obésité, de l'hypertension artérielle... La parole de Dieu, crois-moi, te préserve de beaucoup de choses dont tu n'as pas conscience. Le seul foulard que tu portes te met à l'abri de moult difficultés. Tu es loin d'imaginer ce que les ouvriers des ténèbres auraient fait de toi si tu ne priais pas à minuit. Nombre de chrétiens se sont trouvés bloqués ou confrontés à de graves difficultés tout simplement par ce qu'ils ont voulu comprendre avant d'obéir. Et lorsqu'ils ont compris, il était trop tard. Il vaudrait mieux obéir à Dieu sans comprendre pour être préservé des dangers futurs, plutôt que de désobéir parce qu'on n'a

Chapitre II "Les voies de l'Eternel ne sont pas nos voies"

pas compris, pour finalement subir les conséquences par la suite. Les conséquences du péché, surtout après avoir été averti, sont parfois irremontables. N'attends pas d'être dans le désarroi pour chercher la face de Dieu, pour chercher à te conformer après une grossesse non désirée, après l'échec à l'examen, après avoir été appréhendé par les services de maintien de l'ordre.

LE TEMPS D'ATTENTE

La bible nous permet de comprendre que tout a été fait pour un but. Notre vie à chacun de nous est pliée à un programme divinement bâti. M. Dim disait au cours d'un sermon : *« Si nous ne connaissons pas le programme de Dieu pour nous, nous pouvons effectuer deux fois le même chemin, et la deuxième fois en pleurant »*. Il y a ainsi un temps pour toute chose, nous dit l'Ecclésiaste ; un temps pour jeter et un temps pour ramasser ce qui a été jeté. Bien souvent nous voulons ramasser au moment où il faut jeter. Parmi ces temps, le moment le plus difficile à gérer c'est l'attente ; la période où tout semble traîner. C'est à ce moment que l'homme est sujet à de nombreuses sollicitations. C'est le temps où tous nos efforts sont vains et qu'il faille plutôt la prière afin de débloquer la situation. Certaines portes ne s'ouvrent que par la prière, d'autres par la patience, c'est-à-dire ni l'activité ni la prière ne peuvent rien ; il faut alors patienter. C'est à ce moment qu'opportunément le diable se présente souvent avec une fourchette de propositions, tout son plaisir étant de nous amener à passer à côté du programme de Dieu.

Le peuple de Dieu dans le désert après la traversée de la mer rouge, était conduit la nuit par la colonne de feu et le jour par la colonne de nuée. Cette colonne aujourd'hui c'est en quelque sorte le Saint-Esprit. Lorsque la colonne de feu s'arrêtait, le peuple aussi campait à l'endroit et quand elle reprenait du chemin le peuple aussi repartait. Parfois la colonne de nuée s'arrêtait pendant toute une semaine voire des mois, et les enfants d'Israël étaient obligés de séjourner à cet endroit du désert des mois durant. Et un beau jour le signal recommençait à s'annoncer du côté de la montagne : la colonne va bientôt repartir, et ils se mettaient à faire les bagages. Dieu ne leur expliquait pas pourquoi fallait-il séjourner tant de temps dans un même endroit. Dieu peut te maintenir plusieurs années dans une même situation, parfois très inconfortable. C'est à ce moment que le peuple se compromettait et créait des veaux d'or pour adorer, lorsque Moïse mettait du temps sur la montagne. Le croyant doit accepter souffrir pour attendre la volonté de Dieu. *« Toutes choses concourent au bien de ceux qui aiment Dieu, de ceux qui sont appelés selon son dessein»* (Romains 8, 28). Dr. Kouda Zeh me disait dans un entretien : *« La souffrance est une balise et non un obstacle »*. L'Eternel Dieu prenait souvent le temps de considérer ce qu'il avait fait. Etait-ce pour vérifier s'il n'y avait pas dysharmonie quelque part ou bien pour concevoir ce qu'il devait encore créer ? Disons que le temps d'attente a une place importante dans la vie. La patience, tout comme les autres fruits de l'Esprit (Galates 5) se cultivent dans l'attente. Notre mal à nous est que nous voulons toujours faire quelque chose pour résoudre nos problèmes, rationalistes comme spirituels, nous sommes tous portés à cette faiblesse. Puisque je ne puis débloquer la situation par mes efforts, alors il faut prier. Après une prière constante sans suite, l'on se décourage, l'on perd l'enthousiasme, l'on perd la foi. Certaines situations, aussi brûlantes puissent-elles paraître, arrivent à se défaire d'elles-mêmes avec le temps.

Job est un homme qui a beaucoup souffert. Alors qu'il est reconnu parfait, droit craignant Dieu et s'éloignant du mal, de terribles difficultés s'abattent sur sa personne : il perd ses biens (souffrance matérielle), ses enfants meurent (épreuve psychologique), il est cloué par une maladie humiliante (épreuve physique), ses proches le rejettent (périclitation sociale). Comment le Seigneur peut-il permettre qu'un juste souffre à tel point ? Le comble, ses amis trouvent qu'il est puni à cause de ses péchés, ils lui font des leçons de morale. Malgré tout cela, Job réussit à surmonter l'épreuve. Il n'abandonne pas la foi. Sais-tu cher lecteur attentif et chrétien en plus, que ce ne sont pas les pécheurs qui souffrent le plus dans ce monde ? Ce sont plutôt ceux qui sont sur

Chapitre II "Les voies de l'Eternel ne sont pas nos voies"

le chemin de la vie à qui le diable s'attaque le plus, dans le dessein pertinent de les décourager et empêcher à un grand nombre d'atteindre la vie éternelle. Souvent les difficultés les accompagnent dans toutes les entreprises. Parfois l'on jeûne, l'on prie pour se mettre à l'abri d'une déconfiture et tout s'accomplit inexorablement comme l'on a décrit à Dieu, de ne pas nous exposer. Et nous disons que Dieu n'a pas exaucé à notre prière. Le comble c'est que les frères dans la foi se mettent même à nous adresser des propos désobligeants, convaincus de leur supériorité. Tantôt ils nous reprochent d'avoir mal géré, de n'avoir pas été prudents, de manquer d'intelligence ; alors qu'eux-mêmes à nos lieux et place, n'auraient pas fait mieux. Rarement les enfants de Dieu ont réussi dans les affaires. Quand tu crois avoir tout organisé à merveille, un impondérable survient à la dernière minute pour tout remettre en question ; et l'on recommence à nouveau à s'humilier devant Dieu de n'avoir tout à fait pas compris sa volonté. La réalité c'est que le diable sait que nous avons réussi à confesser publiquement nos péchés et les abandonner, nous sommes sur le chemin de la vie. Alors il dit : Vous avez réussi à m'échapper ; vous aurez peut-être la vie éternelle mais vous n'aurez pas la paix dans le monde ; jamais le bonheur matériel, ni la gloire que je donne à ceux qui m'obéissent. Souvent pour accéder à certains postes, il faut faire un pacte avec Satan directement ou indirectement. Et la mode aujourd'hui consiste à devenir homosexuel, à commettre l'inceste, à boire du sang, à consommer de la chair humaine ou à conduire un être cher à la mort. Parfois certains enfants de Dieu se troublent de voir leur camarade réussir dans certains domaines. Et ils se mettent à juger Dieu, savons-nous ce que ce camarade a fait avant d'accéder à cette promotion apparente ? Il n'est pas facile d'avoir et la vie éternelle et les autres choses. Je n'empêche pas les jeunes prédicateurs de continuer à prêcher l'évangile de prospérité comme ils le veulent. Cela me semble légitime et même nécessaire à un certain moment. Mais quand on mûrit, l'on finit toujours par changer de position. Tous ceux qui témoignent le nom de Christ, qui combattent pour le salut des âmes sont davantage portés à rencontrer ce genre de difficultés. C'est légitime que le diable s'en prenne à eux, par ce qu'ils lui causent beaucoup de préjudices par leurs actions. Gare à ceux-ci si d'aventure leur nom se trouve un jour impliqué dans une affaire de faux ou de mensonge. Souvent le diable l'aggrave à l'extrême, afin de faire un scandale. Et seule la miséricorde de Dieu peut alors intervenir pour ne pas les livrer à certains désagréments. C'est pour cette raison qu'ils doivent se montrer plus prudents, ceux qui mènent le combat spirituel.

Il est des choses que nous aurions voulu avoir à un moment précis de notre existence. Elles nous auraient beaucoup été utiles ; mais Dieu nous les a éloignées. Ceci procède d'une certaine dynamique ; car la plus grande infériorité de l'homme c'est l'incapacité à prévoir ce qui arrivera demain. L'on doit espérer dans la patience. Et la patience est une attitude de soumission.

Je me trouvais en mission un jour avec mon collègue professeur de philosophie. Nous passâmes toute la soirée à discuter dans une chambre d'hôtel. Si Dieu était Tout-Puissant tel que tu le présentes, disait-il, tout autre être autour de lui et devant lui serait donc forcément impuissant et imparfait. Je répondis par l'affirmative. Alors, reprit-il, prier pour les impossibilités serait une démarche tendancieuse. C'est de la négation de Dieu tout net. Il remettait donc en question la possibilité pour le croyant de pouvoir parler à Dieu et d'obtenir un résultat. Si Dieu peut exaucer la prière que lui adresse un être humain, cela suppose qu'il est influençable et par conséquent imparfait. Et la plus grande imperfection de l'homme c'est l'incapacité à prévoir ce qui arrivera, fut-il chrétien. Je me vis obligé de lui faire comprendre que le chrétien qui est en communion avec Dieu, peut prédire ce qui va arriver. Il peut même le provoquer en parlant à Dieu et lui faire accomplir même les choses les plus inespérées. Je ne m'attendais pas, à la fin de mon propos, à faire face à une si grande épreuve. "Nous sommes en plein été, me dit-il, je te mets en défi de prier pour qu'il pleuve demain ; cela parce que je crois qu'il est impossible qu'il y ait pluie par ce temps, autrement je deviendrais immédiatement aussi chrétien". C'était éprouvant. Je sais que Dieu exauce à la prière, lui rétorquai-je, mais il ne le fait que dans un certain but et surtout

Chapitre II *"Les voies de l'Eternel ne sont pas nos voies"*

si cela cadre avec sa volonté. "La volonté de Dieu reprit-il, est-elle que le mécréant soit récupéré ?" Oui, répondis-je. "Alors reprit-il dans un ton de triomphe, si tu es chrétien parle à Dieu et il pleuvra et je deviendrai Chrétien". Ne sachant quoi dire je dus lâcher : "Dieu entend ce que tu dis et je sais qu'il est fidèle".

Le lendemain à l'heure convenue, il se mit à pleuvoir, au grand étonnement de tous. Ma joie était grande. M. Fouassouoh n'en revenait pas.

- Peux-tu m'expliquer plus clairement ce qui se passe, finit-il par lâcher. Je crains que notre amitié ne soit revue, surtout quand tu commences à te livrer à des actes de sorcellerie.

- Tu as demandé la pluie ; Dieu te l'a envoyée. Ne t'ai-je pas dit hier soir que Dieu peut tout, même faire tomber la pluie en pleine sécheresse, pour convaincre un philosophe ?

- Finalement à quel courant idéologique appartiens-tu ? Tu n'es pas empiriste, ni rationaliste, encore moins relativiste ; et pourtant pertinent. Voudrais-tu me faire croire que Dieu est influençable ?

Il ne comprenait donc pas que ce que nous demandons à Dieu, c'est ce que nous sommes incapables de réaliser. Prier c'est avant tout reconnaître son incapacité, son infériorité devant Dieu. Nous en appelons à sa miséricorde. Si Dieu est influençable, c'est à cause de sa grande miséricorde. Disons pour être clair que Dieu n'exauce aucune prière. C'est plutôt l'homme, à travers sa propre prière, qui finit par rejoindre la volonté de Dieu, qui agit, elle, comme une ligne droite ou l'aimant, et à côté de laquelle évoluent les actions des hommes. Quand on s'en éloigne, comme on éloigne la lame de l'aimant, tout nous devient difficile ; et lorsqu'on s'y approche, comme on rapproche la lame de l'aimant et qui la happe, il y a réaction. Et nous disons que nous sommes exaucés. La prière de l'homme sert donc à nous ramener à la volonté de Dieu, qui est statique. Exemple : si la volonté de Dieu est que la table soit poussée à gauche ; tant qu'on la pousse à droite ou dans toute autre direction, Dieu n'agit pas. Dès lors qu'on tente de la bouger à gauche, elle se déplace mystérieusement ; et nous disons que notre prière a porté. Nous pouvons mieux l'expliquer par le paradigme ci-dessous.

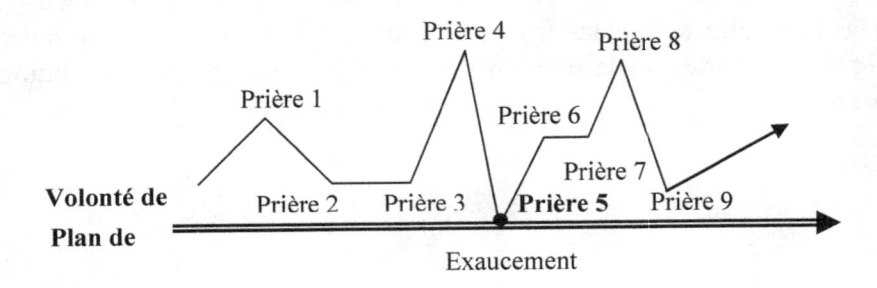

Chapitre II **"*Les voies de l'Eternel ne sont pas nos voies*"**

(schéma : Volonté de Dieu / Plan de Dieu – Exaucement ; Prière 1, Prière 2, Prière 3, Prière 4, Prière 5, Prière 6, Prière 7, Prière 8, Prière 9)

L'exaucement intervient à la 5ème séance de prière, lorsque celle-ci rejoint finalement le plan de Dieu. La prière nous permet juste d'être dans les dispositions d'exaucement, souvent lorsque nous devenons humbles.

Pour que la prière soit exaucée, il faut que la justice de Dieu soit rétablie. Le sacrifice d'Elie (1 Rois 18) avait été consumé par le feu parce qu'il avait rétabli les douze pierres, qui correspondaient aux douze tribus d'Israël. Alors il a invoqué l'Eternel le Dieu Tout-Puissant. Il était évident que Dieu intervienne. Il faut bien relever que la logique intègre la justice de Dieu, et vis versa. Nous pouvons emprunter dans le syllogisme de Socrate.

A) *Prémisse majeure* : **Tout homme est mortel**

B) *Prémisse mineure* : **Or Socrate est un homme**

C) *Conclusion* : **Donc Socrate est motel.** (Russ, 1996 : 281)

Essayons de rétablir la même démarche par rapport à la logique et à la justice de Dieu.

Premier cas de figure : *Abdoul*

A) Prémisse majeure : *Quiconque pratique la Parole de Dieu à la vie éternelle (il va au ciel)*

B) Prémisse mineure : *Abdoul a pratiqué la Parole de Dieu (n'a pas péché)*

C) Conclusion : *Donc Abdoul aura la vie éternelle (il va au ciel).* <u>*C'est logique*</u>

<u>Deuxième cas de figure</u> : *Bamseck*

A) Prémisse majeure : *Quiconque pratique la Parole de Dieu a la vie éternelle (il va au ciel)*

B) Prémisse mineure : *Bamseck n'a pas pratiqué la parole de Dieu (il a péché).*

C) Conclusion : *donc Bamseck aura la vie éternelle (il ira au ciel).* <u>*C'est illogique*</u>

Dieu n'exauce pas les pécheurs (Jean 9, 31), parce que cela ne sied pas à la démarche logique. Il faut que la justice de Dieu soit rétablie pour être exaucé après avoir péché. Il faut au préalable confesser ses péchés à Dieu et les délaisser avant de prétendre à l'exaucement. Il est écrit : « *Celui qui cache ses transgressions ne prospère point, mais celui qui les avoue et les délaisse obtient miséricorde* » (Proverbe 28, 13). De même est-il explicitement écrit : « *Vous demandez, et vous ne recevrez pas, parce que vous demandez mal, dans le but de satisfaire vos passions* » (Jacques 4, 3).

Dieu est patient et clément vis-à-vis de l'homme. Ce n'est donc pas un acte de faiblesse si Dieu au désert arrivait à se faire ramener par Moïse lorsqu'il voulait exterminer les enfants d'Israël qui avaient péché. Si tu frappes, disait Moïse, les Egyptiens qui l'apprendront diront que leur Dieu n'a pas pu les conduire jusqu'à la terre promise. Et l'Eternel Dieu revenait de sa colère. Dans le livre de 2 Chroniques 12,7, Dieu avait déjà prononce un oracle de

Chapitre II   *"Les voies de l'Eternel ne sont pas nos voies"*

malédiction contre Israël. Les chefs d'Israël entreprirent de s'humilier devant Dieu. Et lorsque l'Eternel Dieu vit qu'ils s'humiliaient, il changea sa décision puis leur porta secours.

Une situation analogue est également décrite dans 2 Chroniques 33, cette fois avec le roi Manassé. Assiégé par les nombreux ennemis et même déjà prêt d'être exécute, il implora le secours de Dieu en s'humiliant. Dieu changea la situation et le ramena à Jérusalem dans son royaume.

Une prière adressée à Dieu dans la faiblesse et avec humilité peut avoir une grande portée. Mais nous devons savoir attendre avec humilité que Dieu veuille bien faire suite à notre cause.

Plusieurs jeunes étaient réunis à Mombo pour une colonie de vacances. Le programme était connu de tous ; la journée débutait par une prière à cinq heures suivie de petits conseils d'ordre pratique ou quelques travaux manuels, puis commençaient les enseignements en salle. Un matin le Pasteur Toukea fit appeler deux congressistes (aujourd'hui Ingénieur et Médecin). Il leur dit de prendre brouette et pèle pour aller extraire le sable dans le bas-fond, non loin du camp. Ils y allèrent avec une peine évidente, pendant que les autres jeunes entraient dans la salle pour les enseignements. Ils revinrent rompus de fatigue vers midi, après avoir élevé deux morceaux de sable. Le pasteur leur exigea de faire remonter tout ce sable jusqu'à la colline. Ils durent y retourner. Le lendemain il leur demanda de reprendre tout ce sable pour le précipiter dans l'eau. Alors l'un des encadreurs vint le voir et lui fit remarquer que ce travail ne présentait aucun avantage, et que les enfants s'épuisaient inutilement. Non, répondit le Pasteur, ils doivent y retourner, c'est ce que je trouve bien. Le jour suivant il leur demanda d'aller à nouveau extraire le sable et de le faire remonter vers la côte. Ils durent passer toute la colonie des vacances à extraire et à remettre interminablement le sable dans l'eau. C'est bien tard après que l'on dut comprendre qu'il voulait cultiver en eux l'obéissance et l'humilité.

Je dois bien avouer qu'il m'a fallu beaucoup d'années dans la foi pour appréhender certaines choses. Tout à mes yeux était urgent, tout était grave et nécessitait une intervention immédiate. J'étais perplexe, intempérant, fataliste. Oh combien j'ai honte aujourd'hui de certaines de mes réactions. Je croyais beaucoup en mes aptitudes. Il fallait bien passer par le moule de Dieu, qui est la contrariété. Etre capable et ne pas pouvoir agir, méritant et se voir attribuer l'échec. C'est encore là, disons le, la logique de Dieu à laquelle il faut se plier. Ô combien Seigneur tu es infiniment grand!

D'AUTRES PEUVENT, MAIS TOI TU NE PEUX PAS

Je ne comptais que deux années de persévérance dans la foi et j'étais tourmenté au sujet de ma vie. J'avais beaucoup de difficultés sur le plan matériel. Il semble bien que c'est un domaine que Dieu s'est intentionnellement réservé pour me rendre humble (beaucoup pourraient en douter). J'avais ainsi passé toute la soirée à analyser la situation, priant avec d'abondantes larmes en compagnie d'un frère dans le Seigneur, qui est aujourd'hui Pasteur. Il était drôlement embêté par ma situation et ne savait comment faire pour me venir en aide. Nous passâmes beaucoup d'heures à parler à Dieu dans une grande faiblesse et dûmes nous quitter très tard dans la nuit. Le lendemain matin il vint me voir muni d'un bout de papier manuscrit. Il me dit l'avoir mystérieusement trouvé enfoui dans ses documents et ne se souvenait pas avoir lu un tel document de sa vie. Il ne se rappelait pas non plus en avoir reçu de quiconque ; pourtant le document se trouvait bien dans ses effets, écrit d'une main humaine. Il cherchait, m'apprit-il, une adresse dans ses documents, mais suffisamment préoccupé par ma situation, lorsqu'il tomba incidemment sur ce bout de papier quasiment entamé par les souris. Je dois préciser que ni le Pasteur D. Messoumbé, ni moi, n'avons pu découvrir jusqu'à ce jour qui était l'auteur de cette exhortation que je me permets de vous faire découvrir. Voici ce que contenait le bout de papier :

Chapitre II   *"Les voies de l'Eternel ne sont pas nos voies"*

Si Dieu t'appelait à ressembler vraiment à Jésus-Christ, tu serais conduit dans des chemins de renoncement et d'humiliation que tu n'aurais certes pas choisis. Le Seigneur exigera de toi une telle obéissance que tu devras marcher absolument seul ; tu ne pourras te comparer à nul autre chrétien ; tu n'auras plus la liberté de faire certaines choses que d'autres pourront facilement se permettre.

Les chrétiens qui t'entourent, tous gens pieux et utiles, peuvent se mettre en avant ; ils tracent des lignes de conduite, ils élaborent des plans et les mettent en exécution. Mais toi, tu ne peux pas les imiter. Au moindre essai comme eux, tu seras arrêté par un échec humiliant et tu te repentiras amèrement.

Les personnes de ton entourage peuvent se vanter de leur travail, de leurs succès, de leurs écrits, mais le Saint-Esprit ne te permettra jamais rien de pareil. Si toutefois, tu t'avisais de le faire, il en résulterait pour toi une humiliation si profonde que tu en arriverais vite à te mépriser, toi et tes bonnes œuvres.

Tes voisins chrétiens, aussi bien que toi, peuvent gagner de l'argent sans peine, ou même avoir le bonheur de faire un héritage : Dieu semble vouloir te garder dans une situation précaire, mais il te destine des biens meilleurs que l'or de cette terre. Il veut te faire dépendre uniquement de lui en se préservant le privilège de pourvoir lui-même à tes besoins pour te faire bénéficier en plus des trésors invisibles renouvelés chaque matin.

Le Seigneur peut permettre à d'autres d'être honorés et mis en avant, mais il te cachera dans l'obscurité pour te faire produire à sa gloire des fruits précieux et odoriférants qui ne peuvent mûrir que dans l'ombre. Ton voisin deviendra grand mais tu seras gardé dans la petitesse. D'autres peuvent travailler et percevoir la récompense de leur activité, mais tu seras courbé sous un pénible labeur, et nul ne saura tout ce que tu fais. Puis pour rendre ton œuvre plus précieuse encore, il peut permettre que ton travail soit attribué à d'autres qu'à toi, mais quand Jésus reviendra, ta récompense sera dix fois plus grande.

Le Saint-Esprit veillera sur toi avec un soin jaloux, il te réprimandera pour de petites choses, pertes de temps, paroles inconsidérées, qui, pour d'autres chrétiens, sont des détails insignifiants. Souviens-toi que Dieu est ton souverain Maître ; il a donc le droit d'agir comme il lui plaît envers quiconque lui appartient. En mille occasions ses dispensations à ton égard t'embarrasseront. Mais si tu te livres à lui, pour le servir sans conditions, il t'enveloppera d'un amour jaloux et déversera sur toi des bénédictions qui sont la part de ceux-là seuls qui savent se cacher dans la Sainte Retraite du Tout-Puissant.

Admets donc une fois pour toutes que tu as à faire directement avec le Saint-Esprit de Dieu. Il réclame le privilège de brider ta langue, de lier tes mains, de fermer tes yeux, même s'il n'agit pas ainsi avec les autres serviteurs. Lorsque, dans le secret de ton cœur, tu seras ainsi possédé par le Dieu Vivant, quand tu pourras te réjouir sans arrière pensée de cette merveilleuse surveillance, étroite, personnelle et jalouse, quand tu seras heureux que cette tutelle divine contrôle ton cœur et les replis les plus cachés de ta nature, alors tu seras entré dans le vestibule du ciel. Voilà en quelque sorte ta mission sur terre.

LE BON BERGER

Le chemin du ciel est un chemin solitaire, difficile et ténébreux. C'est pour cela qu'il est nécessaire pour nous d'avoir un guide avisé, infaillible. Un aveugle ne saurait se faire conduire par un individu s'il ne lui fait confiance. Il s'assure au préalable que ce n'est pas un mercenaire qui va le fourvoyer. Cette assurance acquise il s'en remettra à son guide sans plus objecter, quitte à celui-ci de décider sur les différents sentiers à emprunter. De même l'homme qui veut faire l'expérience de la vie doit-il s'abandonner au Seigneur Jésus-Christ. Il se doit de laisser accomplir la volonté de Dieu dans sa vie, c'est-à-dire plier ses désirs à ceux du Seigneur. Pour ce faire, il doit ôter en lui tout préjugé et tout orgueil pour être prêt à accepter tout ce que le Seigneur voudra bien faire de lui. N'avons-nous pas souvent lu ce

Chapitre II "*Les voies de l'Eternel ne sont pas nos voies*"

passage : *"L'Eternel est mon berger, je ne manquerai de rien. Il me fait reposer dans de verts pâturages, il me dirige près des eaux paisibles"* (Psaume 23, 1-2). Que signifie le bon berger ?

Le bon berger est celui qui ne veut que le bonheur de ses brebis, qui s'emploie chaque jour à leur fournir le meilleur pâturage, les meilleurs soins afin qu'elles engraissent. Le bon berger est prêt à tout faire pour la survie de son troupeau, quand bien même il faudrait sa propre vie. N'est-ce pas de cette façon que nous a aimés Jésus-Christ ? *"Je suis le bon berger. Le bon berger donne sa vie pour ses brebis"* (Jean 10, 11). Il a livré sa vie afin que nous soyons sauvés, il a porté nos souffrances, la malédiction qui pesait sur nous afin que nous vivions, il suffit simplement de croire en lui. Cela a souvent semblé irréel de voir un pasteur accepter la mort pour ses bêtes. Il voit un véhicule venir alors que ses bœufs se trouvent dispersés sur la chaussée. Voulant les rassembler en vitesse, il arrive parfois qu'il se fasse percuter par le véhicule. C'est de cette façon que le Fils de Dieu a accepté d'être mis à mort pour nous sauver. Il a dit : Père je t'en supplie, ne les fais pas périr tous, il y en a quelques-uns qui peuvent être sauvés si l'on les exhorte, si quelqu'un va vers eux. Pas question dut-on lui répondre, l'humanité a péché et mérite un châtiment, à moins que tu n'acceptes souffrir à leur place. Je l'accepte Père ; la sentence est sévère mais je tiendrai, il faut que le monde soit sauvé. J'accepte mourir à leur place. Ainsi ceux qui s'indignent du comportement des juifs qui ont mis Jésus à mort ne comprennent pas toute la trame. Réellement ce n'est pas un innocent qu'on a jugé et mis à mort. Jésus était considéré réellement comme un méchant homme, car il s'était chargé de nos péchés, de toutes les fautes que nous avions commises. On frappait donc sur l'adultère, sur le blasphémateur, sur le voleur, sur le menteur, sur le meurtrier qu'il était. Barnabas le brigand était moins pécheur que lui. C'est comme si l'on revêtait d'une peau de tigre un innocent agneau, et les chasseurs l'apercevant, se mettent à tirer dessus à grands boulets, croyant abattre un fauve. Quand on lui donnait un soufflet, c'est le soufflet qu'on aurait dû donner à toi qui déshonores la femme du voisin ou qui te livres à la calomnie. C'est pour cette raison que

Dieu est-il logique ?

Jésus gardait le silence devant les accusations qui étaient portées contre lui. S'il se justifiait, il aurait nié devant le Père qu'il avait péché, qu'il avait consenti porter les péchés et le châtiment de l'humanité. De même, s'il descendait de la croix comme le lui demandaient les juifs, il aurait annulé sa mission, et c'est ce que le diable voulait en poussant les gens à lui parler avec mépris. Il voulait que son amour propre soit blessé, ils voulaient éveiller son Moi afin qu'il prenne la décision de relever le défi. La Bible décrit davantage les souffrances physiques de Jésus et pas beaucoup les souffrances morales, les souffrances psychologiques, qui étaient pourtant plus grandes et qui sont souvent les plus difficiles à supporter. Le Seigneur a dû se plier à tout cela par amour pour nous ; il a cédé tout ce qu'il y a de cher dans la vie pour que nous soyons graciés auprès de Dieu.

Toutefois, il ne faut pas perdre de vue que le bon berger tient souvent la verge. Souvent il se trouve obligé de frapper sur les bœufs pour leur éviter la mort. Quand un camion arrive par exemple, que fait-il ? Sachant que les bœufs ne peuvent comprendre son langage quand il leur ordonne de quitter la route, alors il se met à frapper. Des fois il est obligé de frapper plusieurs fois et assez durement avant qu'ils ne perçoivent le message. Et que pensent les pauvres bêtes ? Notre maître est méchant, il nous traite sans ménagement. Ils ne savent pas que c'est à cause de l'amour qu'il leur témoigne qu'il se montre si préoccupé de leur vie. Alors quand vient à passer un véhicule, qu'ils n'avaient pas pu apercevoir à temps, ils sursautent et se mettent à se dire les uns aux autres : ah, nous comprenons enfin pourquoi notre maître frappait sur nous ; c'était pour nous sauver la vie. Il n'est donc pas aussi méchant que nous le pensions. Certains chrétiens n'arrivent pas à comprendre que Dieu nous aime d'un amour sans précédent et que par conséquent il ne saurait accepter nous voir partager ce grand châtiment qui attend ceux qui refusent de faire sa volonté. Ainsi, animé de cet amour, il est obligé quelquefois de nous frapper, je veux dire de laisser le diable nous maltraiter (maladies, échecs, difficultés de tous ordres). C'est pour nous éviter parfois un mal plus considérable. Les bœufs n'étant pas suffisamment sages pour

Chapitre II *"Les voies de l'Eternel ne sont pas nos voies"*

comprendre son avertissement, il est obligé de prendre la férule. Il n'est pas superflu de préciser ici que le bœuf le plus rétif est souvent aussi le plus flagellé, tout comme le chrétien le plus obstiné. Voyez une jeune lycéenne qui n'a pas connu la débauche à cause de la crainte de Dieu ; quand elle voit sa camarade de classe trépasser ou internée à l'hôpital pour avoir voulu provoquer l'avortement, c'est alors qu'elle réalise que Dieu l'a beaucoup aimée en lui épargnant ce sort. Pourtant lorsqu'elle souffrait de l'abstinence, elle trouvait que Dieu est très exigent, que la vie chrétienne est une prison.

Remarquez un berger conduisant ses troupeaux aux pâturages, très souvent les bœufs aiment à tondre les herbes de part et d'autres de la route. Le berger connaissant la région, sait que s'ils vont du côté droit ils trouveront beaucoup d'herbes, mais les bœufs prennent souvent plaisir à brouter à gauche. Le berger aura beau crier, ils feront toujours à leur tête. Certainement ils se disent dans leur cœur : ceci n'est-il pas de l'herbe, où veut-il nous conduire encore ? Pour leur petite sagesse et selon leurs sens, l'herbe qu'ils voient en bordure de route du côté gauche peut aisément subvenir à leurs besoins gastronomiques. Ils ne savent pas que cent cinquante mètres plus loin se trouve une zone désertique ou une falaise susceptible de les engloutir tous. Le pasteur sait qu'en les dirigeant du côté droit ils trouveront, outre de beaux pâturages, mais aussi un point d'eau où ils pourront se désaltérer, après le repas. Alors il se mettra à les fouetter, les dirigeant du côté droit, jusqu'à ce qu'ils comprennent quelle est sa volonté. Parvenus à l'endroit, ils se mettent à paître goulûment, et c'est alors qu'ils se persuadent que les tigelles d'herbes qu'ils avaient voulu consommer en bordure de la route du côté gauche n'avaient rien de comparable à ce beau pâturage. Après avoir mangé, les bœufs ont soif ; alors le berger les conduira (toujours par le fouet si cela est nécessaire) vers la source, ensuite vers l'ombrage, afin qu'ils se reposent. De même l'homme croit trouver le bonheur dans les plaisirs du monde. Les commandements de Dieu passent alors pour des préceptes propres à nuire à sa liberté. C'est pour cela que le Seigneur se trouve souvent contraint de nous exposer à la souffrance, de nous châtier

Dieu est-il logique ?

pour une faute commise, question de nous plier à sa volonté. Or la crainte de Dieu, disions-nous, c'est le commencement de la sagesse. Aussi le chrétien commence-t-il par craindre le châtiment de Dieu : ''Si je pèche maintenant, j'en suis certain, mon enfant tombera malade. Si je m'engage dans une relation déplacée avec le mari d'autrui, je peux échouer à mon examen''. Cette crainte se transforme par la suite en confiance, puis en amour. Lisons la Parole de Dieu :

> *Mon enfant, ne méprise pas le châtiment du Seigneur, et ne perds pas courage lorsqu'il te reprend ; car le Seigneur châtie celui qu'il aime, et il frappe de verge tous ceux qu'il reconnaît pour ses fils [...] D'ailleurs puisque nos pères selon la chair nous ont châtiés, et que nous les avons respectés, ne devons-nous pas, à plus forte raison nous soumettre au père des esprits, pour avoir la vie ?*
> (Hébreux 12, 5-9).

Aucun bonheur véritable ne peut s'obtenir s'il n'est précédé d'un temps d'ascèse, d'une période de souffrance préparatoire. Une femme enceinte qui souffre des douleurs prénatales ne maudit-elle pas le destin qui lui a collé ce lourd fardeau ? Mais à peine est-elle délivrée qu'elle oublie vite la douleur pour se réjouir d'avoir mis au monde un enfant. Il lui faudra par la suite embrasser une nouvelle souffrance pour élever cet enfant et faire de lui un homme.

Quand le berger a fini de faire parcourir les étapes sus-évoquées à son cheptel, alors il les dirigera vers l'ombrage, la journée étant remplie, de la sorte Jésus nous porte à la vie éternelle (repos céleste). Supportons stoïquement toutes les difficultés, toutes les privations auxquelles nous pliera la pratique de la Parole de Dieu. Au bout du chemin est semé un immense bonheur.

"Les voies de l'Eternel ne sont pas nos voies".

CHAPITRE III

Pour comprendre les choses de Dieu il faut l'Esprit de Dieu

Notre idée de l'homme varie selon nos sentiments et nos croyances. Un matérialiste par exemple et un spiritualiste ne sauraient s'entendre pour juger un individu ou pour interpréter un phénomène. Ceci parce qu'ils vivent deux contextes sociaux différents et n'ont par conséquent pas la même perception, la même approche des faits, les mêmes aspirations. Ils peuvent avoir le même parti politique, appartenir à une même religion mais se faire la guerre pour la même cause, sans jamais se comprendre. Ceci est si évident que chacun de nous a sa conception des notions de valeur et du bonheur, de même que nous avons des intérêts divergents. Mais quelle que soit la conception que nous avons du bonheur, il n'y a qu'un seul moyen d'y accéder véritablement, c'est de nous soumettre à la Parole de Dieu.

Il est bien dommage de voir certains enfants de Dieu s'embarrasser devant les désapprobations du monde extérieur. Ils font des concessions compromettantes autour d'eux pour ne pas se faire rejeter. Souvent on les prend au mot disant : il a blasphémé, il a jugé, il dit qu'il est saint, alors qu'il n'a fait qu'obéir à ce que le Seigneur a ordonné. "Un grand homme, disait un contemporain, ne cherche jamais à prouver quoique ce soit, il s'efforce seulement à découvrir les faits". Nous voyons Bruno Giordano brûlé vif pour avoir soutenu que la terre tournait autour du soleil. Galilée sera lui aussi condamné pour la même cause, et amené à abjurer ses idées coperniciennes devant le collège des jurés. Mais en sortant de l'auditorium il avance : *"et pourtant elle tourne..."*. Cette thèse sera pourtant confirmée quelques années après leur mort. Il est à souligner que plus un individu s'élève sur le plan spirituel plus son chemin devient solitaire. Dans toute société l'on trouve des conformistes (qui se conforment à la norme sociale établie), ensuite des normalisateurs (qui savent négocier pour régler un conflit ou une dissension), des innovateurs (ceux par qui le changement arrive) et enfin des déviants (dont les actions s'écartent de la norme en vigueur). Les innovateurs de prime abord paraissent déviants sinon bizarres, parce qu'incompris de tous. Il en a ainsi été de Socrate, de Jésus, de Copernic, de Galilée, bref de tous les grands esprits. C'est après le résultat qu'ils sont regardés comme tels. La vie chrétienne est faite de petits schémas récurrents et au travers desquels pourtant nous marquons le monde.

M. Etamé comparait un jour la vie du chrétien à un militaire en formation (allusion au parcours du combattant). Le but ultime de sa formation étant de faire de lui un être solide, un individu positif dans toutes ses actions, il se trouve ainsi astreint à subir toutes sortes de brimades. Des fois il est obligé de parcourir de longues distances à pieds, ployant sous une charge pesante et sous un soleil accablant. Parfois il doit traverser au moyen d'une cordelette un cours d'eau dangereux. Des fois on le conduit au sommet d'un rocher pour le faire chuter très bas. Chaque jour il est confronté à une nouvelle épreuve, qui à chaque fois revêt un but et une valeur spécifiques. La formation achevée, notre soldat en ressort tout transformé ; il est devenu un homme endurant, un homme obéissant, mais un héros qui s'en sort dans toutes les situations de la vie. Et ce n'est pas surprenant si son entourage n'arrive pas à le comprendre, car il n'agit plus comme le commun des mortels, parce qu'ils n'ont plus ni les mêmes sentiments, ni le même tempérament.

Le Dieu de grâce, qui vous a appelés en Jésus-Christ à sa gloire éternelle, après que vous aurez souffert un peu de temps, vous perfectionnera lui-même, vous affermira, vous fortifiera, vous rendra inébranlables (1 Pierre 5, 10).

L'homme de foi doit être prêt à affronter toutes les situations de la vie. Le Pasteur A. Tapah parlant des principes du combat spirituel disait : « *La sévérité à laquelle l'on soumet un soldat pendant sa formation est la garantie de la victoire dans les combats futurs. La tolérance, la légèreté et le laisser-aller durant la formation sont la préparation à l'échec* ». Le chrétien doit traverser des périodes de famine et de pauvreté, des périodes d'abstinence et de jeûne ; il doit être persécuté, humilié, abandonné des siens. Souvent à ceux-là qui ont gardé la communion avec le Seigneur, Dieu impose de nouvelles exigences. D'autres peuvent se vêtir d'une certaine manière, manger comme il leur plaît, se détendre et se reposer au moment voulu ; mais à ceux-ci tout semble proscrit ; et ce n'est nullement étonnant si le monde n'arrive pas à les comprendre.

LES TROIS CLASSES D'HOMMES

Omram Mikhael Aïvanhov disait qu'il existe trois types d'hommes sur terre : le type égocentrique, le type bio centrique et le type théocentrique. Selon lui l'homme égocentrique (égo = moi) est celui qui ne pense qu'à lui-même, se prenant pour le centre du monde ; aucune conscience de la vie de ses semblables. Il veut tout posséder, il dispute les honneurs. C'est le genre pédant et essentiellement matérialiste. Quant à l'homme bio centrique (bio = vie), c'est ceux-là qui tiennent compte de l'existence des autres. Ils portent intérêt à tout ce qui vit et ont des égards pour leurs semblables dont ils respectent droits et libertés. Ils ont pour ambition de transformer la vie de l'homme, de l'agrémenter par la science et la morale. Ce sont des hommes qui réfléchissent avant d'agir, qui savent écouter et tenir compte du point de vue des autres. La plupart des intellectuels sont de cette classe. Le type théocentrique (Theo = Dieu), c'est cette classe d'hommes qui ont Dieu au centre de leurs préoccupations. Ils ont tout abdiqué pour suivre le Seigneur ; des gens qui n'ont plus rien à voir avec nos plaisirs mondains, nos aspirations matérielles, nos petites gloires humaines, nos bas instincts. Ils ont les regards dirigés vers Dieu à qui ils rendent compte. Ils ne cherchent plus tout à fait à plaire aux hommes et ne se limitent plus à leur science, et son mode de pensée. Ils ont déjà transcendé leur nature animale. A cette classe, selon l'auteur, appartiennent les grands savants, les grands maîtres, les hommes spirituels. Curieusement ce sont les hommes les plus incompris de notre société. Ils sont généralement persécutés ; on les qualifie d'aliénés en ce sens qu'ils ne se comportent plus comme les autres.

Au demeurant, un homme spirituel est un homme qui a perdu son ancienne nature. Il n'a plus la même sensibilité, la même façon d'appréhender les événements. Il n'a de véritables relations qu'avec la divinité. Des fois il se laisse à la contemplation. Il s'intéresse à de petits faits sans importance et néglige ce qui mobilise pourtant les foules. Il peut se mettre à pleurer là où les autres se réjouissent. Il peut désapprouver ce qui est unanimement reconnu bon. Les idéalistes, entendez spiritualistes, sont le plus souvent de condition modeste sinon indigents. Ils ne sont pas populaires et agissent le plus souvent dans l'anonymat. Ils sont, pour la plupart des cas, méprisés par la société. De tout temps, certains ont pensé que les valeurs spirituelles étaient abstraites et peu sûres au contraire des valeurs matérielles qui semblent réelles et solides. Les expériences nucléaires nous ont cependant permis de réaliser combien la matière est fragile. Les blindages d'acier et les murs en béton armé sont facilement cités comme des symboles de solidarité. Mais une explosion atomique peut les réduire à néant. Il s'agit là de la simple poudre. Il en ait de même de la force mentale, car l'esprit commande la matière. Toutes les révolutions à l'échelle planétaire sont sous-tendues d'une idéologie derrière laquelle se cache généralement un individu charismatique. Ceux qui agissent par l'esprit sont d'ordinaire démunis matériellement. Par la suite ils acquièrent le pouvoir et parviennent finalement à l'équilibre matériel. De même, tout homme spirituel semble incohérent dans les débuts. La spiritualité débute généralement par une certaine incoordination de pensées et d'actions. C'est la quête du divin ou marche périlleuse vers l'absolu. Quand a-t-on besoin d'un guide ? C'est lorsqu'on a un voyage à effectuer, davantage dans le cas d'un voyage à risques, quand on veut aller vers une direction inconnue. L'on peut faire un voyage dans la tête, c'est-à-dire la représentation mentale. Le séjour terrestre est un voyage qui expose à de nombreux dangers ; et il nous faut un guide. Pour aborder les phénomènes paranormaux et les questions métaphysiques, l'on n'a pas besoin des instruments d'investigation des sciences expérimentales ; mais il faut l'Esprit de Dieu. La Bible dit : « *L'homme animal ne reçoit pas les choses de l'esprit de Dieu, car elles sont une folie pour lui ; et il ne peut les connaître, parce que c'est spirituellement qu'on en juge* » (1 Corinthiens 2, 14*)*.

LE CHEMIN SOLITAIRE

Ce que nous allons présenter ici n'est qu'un postulat. Il prête intentionnellement à controverses et plusieurs Serviteurs de Dieu seront alors en désaccord complet avec nous et rejetteront tout net ce que nous allons dire. Nous parlons de l'expérience personnelle avec Dieu. Il n'y a qu'une seule façon de progresser dans la vie spirituelle, disait Watchman Nee dans La connaissance spirituelle, c'est d'obéir à ce que Dieu nous révèle personnellement. Nous voudrions bien dire qu'un homme spirituel n'est pas obligé de se faire comprendre à tous les coups ; et nos actions peuvent alors subir les pires interprétations de la part de l'entourage. Qui plus est, l'on peut arriver à ne plus se faire comprendre même par ceux-là qui sont sensés être spirituellement supérieurs à nous et qui sont anciens dans la foi. Je connais un frère dans le Seigneur en qui Dieu se manifestait beaucoup à une époque, R. Yangoua. Le Saint-Esprit lui dit un jour : « *les règles et principes que l'homme s'est érigés ne sauraient substituer la volonté de Dieu. Ils ne sont que normatifs en attendant la volonté de Dieu ; mais il faut savoir rompre avec ceux-ci pour obéir à la volonté de Dieu* ».

C'est à peu près ce que fit l'apôtre Pierre lorsqu'il a fallu qu'il aille prêcher à Corneille qui était païen. Il vit dans une vision, le ciel ouvert et une grande nappe descendre et à l'intérieur de laquelle se trouvaient les animaux impurs. Une voix lui disait : tue et mange. Mais Pierre s'y opposait énergiquement : Seigneur ce sont des nourritures souillées. Alors la voix lui dit : ce que Dieu a déclaré pur, ne le regarde pas comme souillé (lire Actes 10). Il est évident que Pierre avait connu le Seigneur jusqu'à un certain niveau, mais pas entièrement. Il était attaché aux principes, mais le

Saint-Esprit voulait qu'il aille au-delà. Il voulait qu'il fasse un pas de plus. En fait dans le plan de Dieu il fallait accorder aussi aux païens (les non juifs) la grâce du salut ; car avant tout Dieu était le Dieu d'Israël. Le monde entier était voué à la perdition. C'est pour cette raison que les disciples ont été scandalisés de trouver Jésus en conversation avec une samaritaine au bord du puits. Le Messie était venu pour les siens, mais les siens l'on refusé et il fallait étendre la grâce jusqu'aux autres nations. C'est en quelque sorte aussi le sens de la parabole des convives que le roi invitait au festin, chacun d'entre eux déclinait l'offre ; alors le maître demanda qu'on aille dans les rues chercher les estropiés et les indigents pour le banquet. Le rôle même du Saint-Esprit est de parfaire en nous la connaissance de la Parole de Dieu. « *Mais le consolateur, l'Esprit-Saint que le Père enverra en mon nom, vous enseignera toutes choses, et vous rappellera tout ce que je vous ai dit»* (Jean 14, 26). Il ne s'agissait pas à Pierre de désobéir à la Parole de Dieu, mais plutôt de mieux l'accomplir. Disons que Dieu agit souvent par étapes. Il veut nous faire partir de la matérialité à la spiritualité. Cette démarche obéit à un principe pédagogique. Au début les sacrifices étaient physiques (une bête à égorger) ; par la suite Jésus s'est offert comme agneau de sacrifice. Par la suite, les sacrifices ne sont plus matériels mais spirituels (la prière, l'adoration). Au début c'était l'autel des sacrifices. Chaque fois que Dieu bénissait Abraham il construisait là un autel à l'Eternel et sacrifiait une bête. Par la suite cet autel deviendra le tabernacle (autel portatif), l'arche, le temple, la synagogue, l'église comme cathédrale et enfin aujourd'hui le corps de Christ, c'est-à-dire l'ensemble des chrétiens. Dieu n'habite plus des maisons faites de main d'homme, mais le cœur du croyant. Ainsi pour passer d'une étape à une autre, Dieu suscitait toujours un homme qui, au début faisait scandale ; plus tard il se faisait comprendre par les autres. Voici les propos de Pierre devant Corneille : « *Vous savez qu'il est défendu à un Juif de se lier avec un étranger ou d'entrer chez lui, Mais Dieu m'a appris à ne regarder aucun homme comme souillé et impur* » (Actes 10, 28). Naturellement les autres disciples encore attachés aux principes, se sont mis à lui faire des reproches : « *Tu es entré chez les incirconcis et tu as mangé avec eux* ». Ils trouvaient ainsi que

Pierre avait enfreint aux prescriptions divines, ils le regardaient comme un anarchiste, comme un déviant. Nous l'avons dit antérieurement, dans toute société on trouve des conformistes, des normalisateurs, des déviants et des innovateurs. Même dans l'église chacun de nous doit connaître son rôle. Un Evangéliste ne regarde pas la foule avec les yeux d'un Diacre. Dieu a rarement utilisé des ataviques ou des apathiques à certaines tâches, combien moins leur confier un don particulier. Je le dis par expérience, que pour gagner les âmes à Christ, il faut une dimension de témérité, d'audace et de responsabilité. Appelez cela l'imprudence qu'importe ! Ceci s'entend aussi savoir se mettre en danger, courir certains risques, à condition cependant de réunir suffisamment d'indices pour croire qu'on agit avec Dieu. Je souscris volontiers à cette pensée : « *L'audace a bâti plus de fortunes que la prudence. Les conséquences de l'action sont toujours plus intéressantes que celles de l'immobilisme, et vous ne pouvez jouer au jeu du pouvoir sans déplacer vos pièces, sans bouger ses dés* » (Korda, 1998 : 97). Il estime par ailleurs que notre réussite dépend plus de notre caractère que de nos connaissances ; ce qui n'est pas faux. Tous ceux qui ont travaillé avec Dieu et que nous regardons aujourd'hui comme les héros de la bible, se sont d'abord distingués d'une manière particulière, puis le Seigneur leur a ajouté certaines facultés. Si l'on adressait la question suivante à un coach d'un club de football à savoir lequel des joueurs est plus important dans le club, l'avant-centre qui marque les buts, le milieu du terrain qui organise le jeu ou bien le goal-keeper qui empêche à l'équipe d'encaisser les buts, j'ai la conviction que tout encadreur avisé répondrait que tous les joueurs sont d'égale utilité. Dans le domaine spirituel ce n'est pas la même chose. L'Eglise est certes le corps de Christ, c'est-à-dire un édifice où poutre, brique, tuile ou pierre de fondation sont toutes utiles chacune en sa manière. Cependant il convient de réaliser que nous n'avons pas la même utilité, de même que nous n'avons pas les mêmes talents. Il faut toutefois nuancer notre propos en ce sens que celui à qui le Seigneur a donné un ou deux petits talents peut se rendre plus utile que celui à qui l'on a donné cinq talents, s'il fructifie son talent et si dans le même temps celui des cinq talents, n'en gagne pas d'autres en proportion de ce qu'il a reçu. L'Apôtre Paul, s'adressant à Timothée, nous parle des vases d'honneurs et ceux d'usage vil. « *Dans une grande maison, il n'y a pas seulement des vases d'or et d'argent, mais il y en a aussi de bois et de terre ; les uns sont des vases d'honneur, et les autres sont d'un usage vil [...] il sera un vase d'honneur, sanctifié, **utile** à son maître, propos à toute bonne œuvre* » (2 Timothée 2, 20-21). Il y a dans l'Eglise corps de Christ, des chrétiens qui prient, d'autres soutiennent l'œuvre de Dieu sur le plan matériel, les uns enseignent, d'autres encadrent les âmes d'autres encore par leur représentativité sociale, contribuent à la stabilité de l'œuvre de Dieu. Mais de toutes ces personnes, la plus importante est celle qui gagne les âmes à Christ à travers le témoignage. « *L'évangélisation est la chose principale dans la foi* » (Toukéa, 1999 : 124). C'est cette sorte de chrétiens que Satan combat le plus ; c'est ce genre de personne que l'on met souvent à mort ou en prison lors des grandes persécutions. Jacques Blandenier écrivait dans <u>Mission renouvelée</u> parue dans les éditions Groupes Missionnaires ce qui suit : « *L'Evangélisation est un corps à corps avec la puissance des ténèbres. C'est pourquoi les armes ne sauraient être simplement celles de l'homme* ». Selon lui, la vraie preuve de la conversion d'un homme se reconnaît au fait qu'il peut en emmener d'autres à Christ. De même pourrais-je affirmer, toutes les âmes qui viennent dans la maison de Dieu n'ont pas la même importance, et le processus de leur salut ne nécessite pas le même effort, le même niveau de travail. L'on est parfois obligé, pour gagner ce genre d'individu, de mettre en péril à la fois et son temps, et son énergie mentale, et son confort socioprofessionnel et son intégrité physique etc. Richard Wurmbrand (1988 ; 85) écrit :

> *Les hommes de rang peuvent certes devenir d'excellents chrétiens, mais dont l'influence très réduite est incapable de modifier l'état des choses. Ce sont les chefs qu'il faut gagner, les personnalités politiques, économiques, scientifiques, artistiques. Ce sont elles qui manœuvrent les esprits, qui modèlent les âmes des hommes.*

L'auteur mentionne au sujet de ces gagneurs d'âmes que Satan ne manque pas d'attenter soit à leur vie, soit à leur réputation. Souvent il commence par le Pasteur de votre église classique, qui vous trouvera beaucoup de zèle et de prétention, d'imprudence ou d'insoumission et qui vous interdira de sermon. Si vous vous taisez, vous avez échoué. A défaut du sermon précise-t-il, vous pouvez exercer par la plume. Dès que la porte est fermée par ce qu'on dira que vos écrits sont tendancieux, vous pouvez commencer à encadrer vos brebis à domicile. On dira que vous enseignez des doctrines qui ne répondent pas au canon de l'Eglise. Une pensée musulmane dit que l'encre des savants est plus précieuse à Dieu que le sang des martyrs. La plus grande réalisation terrestre est d'évangéliser, de gagner les âmes à Christ. C'est encore meilleur de le faire par écrit, afin de s'immortaliser sur la terre. Nous connaissons à peine le nombre d'enfants qu'avaient eu Platon, Nietzsche, Kant, Flammarion, William Hamilton, Newton, Freud, Diderot, Comte, Mozart, Pythagore ou Hippocrate. Nous ignorons s'ils avaient ou non construit une maison de leur vivant ; mais nous les connaissons au travers de leurs œuvres. L'humanité se souvient d'eux, plusieurs siècles après leur mort.

En 2011, les Etats-Unis d'Amérique apparaissent comme la plus puissante nation du monde, mais aussi la plus diversifiée sur le plan culturel ; cela va de soi. A dessein, l'on pourrait parler de l'ère américaine. Sans préméditation, l'Etat du Texas tient une place de choix dans cette galaxie de par sa superficie, mais également ses raffineries de pétrole, ses instituts de recherche scientifique, ses facultés de médecine. Et la ville de Houston, sans être la capitale du Texas, s'impose comme telle. Outre l'agence de recherche spatiale NASA, l'on compte dans la seule ville de Houston plus de trente universités dont une quinzaine pour les seules sciences de la sante ; tout cela meuble d'hôpitaux de référence toutes spécialités confondues. Au cœur de la ville (downtown) et dans un rayon de 4 km, se trouve groupes près d'une quinzaine de centres universitaires. Une ligne de métro a grand trafic traverse la mégastructure d'un bout a l'autre, formant au cœur de la cite un important Transit Center. Un train gare dans les deux directions Nord/Sud toutes le trois minutes. A la sortie du train, des bus vous accueillent dans toutes les destinations. C'est le célèbre Texas Medical Center dont l'architecture et le décor traduisent le caractère epistemophile de l'agglomeration. Un dimanche matin, alors que je me rendais au culte, je m'arrêtai a cet endroit et me pris a observer ce qui était écrit sur le sol de la gare et les portraits qui jonchaient les murs. Alors fis-je une découverte bouleversante ; l'un des plus beaux tableaux de ma vie. L'on avait incrusté sur les poteaux du Transit Center vingt portraits des hommes de science les plus célèbres de l'histoire. Sur le sol en paves durs étaient gravées les dates des grandes découvertes et inventions depuis l'ère du temps. Entre autres figures historiques, l'on pouvait lire William Osler, Marie Curie, Alexandre Fleming, James Watson, Hippocrate, Aristote, Galen, William Bertner, Denton, William A. Spencer, Robert Guillemin, Christoph Colomb, Albert Einstein, Isaac Newton et… Louis Pasteur, incroyable ! Voici ce qui était écrit à son sujet :

Louis Pasteur (1822). Was a French Chemist. His bacteriological research led to the germ theory of infection (conclusively disproving the theory of spontaneous generation and a scientific explanation for the process of fermentation. He discovered the causes of rabies, anthrax, chicken cholera and other diseases, and developed vaccines for many. In 1888, the Pasteur Institute was founded in Paris, with Pasteur as its director. Pasteurization, used to kill germs in food, takes its name from Pasteur.

Louis Pasteur était français. Comment les américains si orgueilleux, ont-ils pu reconnaitre le mérite d'un expatrie, au point de dresser un mausolée en sa mémoire ? Certainement parce qu'il s'était impose par ses réalisations. Il est à rappeler qu'aucun parchemin étranger n'est reconnu aux Etats-Unis d'Amérique, quel que soit le centre universitaire ou l'on l'a acquis. L'équivalence avec les diplômes américains ne suffit pas à vous accorder le droit a l'emploi. Tous ceux qui débarquent aux Etats Unis ; Ingénieur, Pilote de l'air, Magistrat, Professeur Agrégé ou Médecin, sont tous astreints a certains modules de cours a l'université avant de

*Chapitre III **Pour comprendre les choses de Dieu il faut ...***

prétendre a un emploi, dans le meilleur des cas. Voici une pensée que j'ai trouvée dans une antichambre du Capitole à Washington.

L'Amérique est la plus grande, libre et décente société de l'existence. C'est un oasis de bonté dans un désert de cynisme et de barbarisme. Ce pays offre une expérience unique au monde et est actuellement le dernier espoir pour le monde (Mark Twain (1835-1910).

Les Etats Unis d'Amérique, pour mieux s'illustrer par rapport au reste du monde, ont réussi à créer un nouveau continent : l'Amérique du Nord, regroupant Canada, USA, et accessoirement le Mexique, tranchant de ce fait avec nos anciennes connaissances, qui faisaient état d'un seul continent américain. Qui plus est, dans toute négociation, l'américain pense toujours que c'est à lui que revient le droit de concevoir la norme et d'en contrôler l'exécution. Cela se remarquerait facilement dans menus domaines tels que la technologie, la politique, l'économie, la langue, le marketing, l'armée. Il est à se demander comment Louis Pasteur et ses compères scientifiques ont-ils pu bouleverser la sécurité scientifique américaine a ce point. En clair, ils se sont immortalises sur terre grâce a leurs réalisations. Indubitablement, l'humanité se souvient d'eux plusieurs siècles après leur mort. Ainsi, il y a des personnages bibliques dont les réalisations ont hisse au panthéon des immortels. C'est ceux-là que la bible désigne par « vases d'honneur » (2 Timothée 2, 20-21).

L'Apôtre Paul avait été un vase d'honneur, bien qu'il n'eut ni femme, ni bien matériel. La Bible n'en fait pas mention. Mais il était désavoué par les Apôtres et les autres disciples qui lui déniaient le droit de s'appeler Serviteur de Dieu. Il a pourtant servi le Seigneur plus que ceux qui étaient tous les jours avec Christ, et nombre de pécheurs se sont convertis à Christ grâce à son action.

Généralement les grands Serviteurs de Dieu, je veux dire les vrais instruments de Dieu ne sont pas Pasteurs. Il faut être conformiste à quelque degré pour être présenté comme Pasteur. Celui qui est instrument de Dieu s'accommode mal du service des hommes. Nous n'avons jamais la même mission devant Dieu. Mais beaucoup aident les autres à accomplir la leur. La seule preuve que vous êtes utilisé par Dieu est que les gens abandonnent le péché tout long de votre chemin. Dès que vous cessez de gagner les âmes à Christ, sachez que vous avez cessé de servir Dieu et que probablement vous servez déjà les hommes ou vos propres intérêts. Quand vous n'avez plus de combats, sachez que vous vous êtes déjà reposé. Plus vous offensez le diable en lui arrachant les âmes, plus vous avez des combats dans tous les domaines de votre vie, d'avantage dans le domaine matériel. Il peut arriver que vous manquiez quoi manger, même ayant un salaire très élevé. Il met tout en œuvre pour freiner votre marche au maximum, rendre vos conditions de vie extrêmement difficiles, de quoi vous faire abdiquer. Ajoutés à ces combats internes, les nombreuses sollicitations orchestrées par le diable ; il s'agit des multiples tentations qui affectent votre corps. Vous serez beaucoup sollicité par les femmes ou les hommes, qui voudront tous avoir des rapports sexuels avec vous. Le diable aime ce qui est saint. Bloqué sur le plan matériel, il enverra une horde de négociants pour vous proposer la fraude. Si vous êtes sans progéniture, il organisera des occasions ''en or'' pour vous persuader que votre vie est perdue, à moins que vous ne tentiez ailleurs, vous poussant à vous confier à un guérisseur, afin de vous retrouver dans l'idolâtrie ou dans l'adultère. S'il ne réussit pas au dehors, il passe par votre épouse ou votre mari afin de vous mettre hors de vous ; l'essentiel étant que vous péchiez. Dès que vous le faites, vous vous taisez. Vous ne pourrez plus condamner le péché ni chasser les démons. Et Satan crie victoire. Le chrétien qui témoigne est de la sorte plus utile à Dieu que tous les autres. Il y a dans le temps, des hommes à qui Dieu a dit : ''Je t'appelle par le nom, tu es à moi''. Il y en a à qui l'Eternel Dieu a dit : ''Tu es mon ami... je t'ai mis à part pour telle tâche, car tu as du prix à mes yeux''. Il faut craindre lorsque Dieu s'adresse à vous en de tels propos, plutôt que de vous réjouir. Généralement c'est pour vous confier une mission difficile, qui vous conduira à la mort ou a être plus solitaire, plus incompris, mais au travers de laquelle plusieurs âmes seront sauvées. Gardez-vous bien d'en parler à tout le monde, de vous en orgueillir. Il

Chapitre III **Pour comprendre les choses de Dieu il faut ...**

châtie ceux qu'il met à part avec beaucoup plus de sévérité que les autres. Cela est logique.

Le Pasteur Toukea disait au cours d'une retraite spirituelle : ''Dieu aide ceux qui ont la bonne volonté de bien faire''. Il faisait ainsi référence au cas de Marie de Magdala et ses compagnes qui allaient pour embaumer le corps de Jésus tout en se demandant qui leur roulerait la pierre qui bouchait le sépulcre (Marc 16). Le cas du malade de trente huit ans de la piscine de Béthesda, qui avait la bonne volonté d'être guéri, mais sans force (Jean 5). Le cas d'Anne à Silo, qui souffrait de voir les fils d'Eli galvauder le service de Dieu. Elle voulait relever la gloire de Dieu mais ne sachant comment s'y prendre : les femmes ne font pas le sacerdoce, et elle n'a pas d'enfant garçon (1 Samuel 1). Dieu voyant sa bonne volonté, s'est souvenu d'elle et lui a accordé un enfant mâle. Il fallait qu'elle se distingue de la masse au point de ne plus se faire comprendre par le sacrificateur, qui s'est pris à lui faire des observations désobligeantes.

J'avais un voisin, Sous-officier supérieur de l'Armée. Son épouse vint nous voir un jour disant avoir remarqué la paix qui régnait dans notre foyer. Elle nous savait chrétiens et voulait par conséquent se joindre à nous. Nous eûmes avec elle un riche entretien. Elle confessa ses péchés et adopta aussitôt le programme d'étude biblique. Nous la voyions chaque jour progresser dans la vie chrétienne, et elle ne tarda pas à remarquer que mon épouse, mes enfants et moi n'allions pas à l'hôpital quand nous étions malades. Après s'être mieux informée, elle décida aussi de vivre comme nous, ce qui lui valut le rejet de beaucoup de membres de famille. Elle avait un mal héréditaire qui lui faisait saigner au niveau des gencives. Un de nos frères pria pour elle et la guérit instantanément ; ce qui bouleversa considérablement son mari. ''Je suis bien tenté de croire, reconnut-il, que cette guérison vient de Dieu ; mais j'attends un second miracle avant de m'engager moi aussi''. Deux semaines plus tard, un vent de dysenterie souffla dans leur maison ; le mari, la femme et tous les enfants, nul n'était épargné. Comme promis, la dame choisit d'attendre la guérison divine et refusa alors de prendre tout médicament, ce qui mit son mari hors de lui. Il m'appela et me fit des observations. Je dus m'employer de tout mon mieux à vouloir persuader la dame à prendre les médicaments, sans succès. ''Si je prends les médicaments, me renvoya-t-elle, cela veut dire que je n'ai pas la même foi que vous, que je suis inférieure à vous et que je ne suis pas chrétienne. Si mes péchés sont pardonnés, Dieu doit me guérir, comme il vous guérit aussi [...]. Il a dit qu'il attend un second miracle, insista-t-elle. Ce n'est pas vous qui m'empêchez de me soigner, c'est moi-même. Et si meurs, je meurs entre les mains de Dieu''. Nous comprîmes qu'elle n'était plus naïve. ''Je ne crois pas, reprit son mari, qu'une dysenterie aiguë à ce rythme peut guérir sans traitement. Ce sont les microbes et donc un problème scientifique''. ''Ne t'en fais pas, lui dis-je, la Parole de Dieu tue aussi les microbes ; c'est un esprit de dysenterie. La médecine connaît le microbe, elle ne connaît pas le démon''. ''Faites comme vous voulez, conclut-il, si c'est un défi, nous allons voir. Mes enfants et moi, nous nous traitons par les produits pharmaceutiques''. ''C'est parié lui dis-je ; nous verrons bien, ou la Parole de Dieu ou la science, qu'est ce qui est plus puissant. Avec une telle foi, j'en suis certain ; votre épouse guérira avant vous''. Elle entama la prière, mais les choses se compliquèrent au fur et à mesure que les heures passaient. Le lendemain dans la soirée, elle avait faibli considérablement et ne pouvait plus tenir debout. Nous la mîmes dans la voiture en pleine nuit, mon épouse et moi et nous dirigeâmes vers notre responsable que nous trouvâmes en prière avec beaucoup d'anciens de l'Eglise. Comble de malheur, il se mit à nous blâmer d'avoir engagé précocement cette nouvelle âme dans une voie suicidaire. Il nous fit voir toutes les erreurs commises et tous les dangers que nous en courions, nous invitant à retourner confier cette dame à son mari. Le Pasteur avait raison, mais nous étions déjà engagés. A ces propos la dame se mit à pleurer : ''Non, non l'entendais-je dire ; comment peut-on me chasser de l'Eglise de Dieu ! C'est certainement pour m'envoyer mourir chez moi''.

*Chapitre III **Pour comprendre les choses de Dieu il faut ...***

Puis se tournant du côté de mon épouse : ''Est-ce vrai que tu m'as caché beaucoup de choses de votre religion ? Je t'ai toujours prise pour mon amie et tu ne m'as pas dit que vous aviez d'autres pratiques au milieu de vous. Pourquoi refuse-t-on de prier pour moi ?''.

Je sentais mon cœur se déchirer ; jamais je ne me suis senti aussi malheureux. Il me fallait, je le savais, obéir au Ministre de Dieu, mais j'avais fait un pari avec le mari de cette femme, quel échec ! Je regardais la dame couchée lamentablement. Je me savais quelque peu à l'origine de ses difficultés. Il y a quelque temps, me disais-je intérieurement, cette dame vivait dans une paix relative sans aucune conscience de la notion de péché. Elle n'avait pas tous ces problèmes de conscience. Elle prenait ses médicaments tranquillement quand elle était malade. Je vins avec la Parole de Dieu et ce fut le début de ses ennuis. Je voyais sa détermination... Je me retrouvai en train de pleurer ; mon épouse aussi pleurait. Nous la couchâmes dans la voiture et, avant de démarrer je fis cette question à ma femme : ''Dis moi, as-tu réellement cru en Dieu'' ? ''Tu connais toute ma vie, frère, répondit-elle.'' Alors je lui dis : ''Es-tu prête au combat, es-tu disposée à souffrir pour cette âme ?'' Elle se mit à pleurer d'avantage. Je me tournai vers la dame : ''Crois-tu réellement, ma sœur, que tu peux guérir si nous prions pour toi ?''. Affirmatif ! '' Sache donc, lui dis-je en dernière instance, que seule ta foi peut te sauver maintenant''. Et à mon épouse je dis : ''Sache ma sœur, que le sort de cette âme se joue entre nos mains et que nous ne comptons plus que sur Dieu. Si cette femme meurt nous allons en prison et l'église nous excommuniera''.

Je voudrais bien préciser que ce Pasteur comptait parmi les hommes qui m'avaient le plus impressionné dans la vie. Je ne me sentais pas digne de délier les lacets de ses souliers. J'avais alors beaucoup d'estime pour lui et respectais son ministère. Cependant un drôle de sentiment était monté du fond de mon être et je sentis à l'instant que ce Pasteur tenait de Dieu une très grande mission, mais qui n'était pas nécessairement la mienne. Je n'ai pas cru tant

Dieu est-il logique ?

soit peu désobéir au Pasteur, mais je sentais les yeux du Seigneur braqués sur moi ; c'était éprouvant ! Arrivés à la maison, nous couchâmes la dame dans notre salon et nous mîmes à genoux. Chaque matin et chaque soir, son mari venait s'assurer qu'elle était encore en vie. Au quartier les gens faisaient partout des commentaires nuancés. Dans la nuit du deuxième jour, alors qu'elle ne présentait plus aucun signe de vie, je me mis à prier en ces termes : "Si jamais Seigneur cette dame vient à mourir, sache que tu as perdu un serviteur. Jamais plus je ne parlerai de toi à quelqu'un. Quel courage aurai-je encore pour dire aux gens que Dieu guérit, que tu es fidèle ?"

Il convient de noter que je me sentais très affaibli ; j'avais déjà atteint le seuil. Subitement je vis la dame se relever. Elle alla aux toilettes puis revint s'agenouiller pour répondre amen à nos prières. Le matin venu, elle rentra chez elle et se mit à faire le ménage. Elle était entièrement guérie. Vous vous en doutez bien, lorsque son mari la vit guérie, plutôt que de rendre gloire à Dieu, s'exclama en ces termes :

"Si tu fais tous ces travaux, ça veut dire que tu es guérie, alors que tu ne prenais pas les médicaments. Je ne puis y croire ; il ne s'agit pas de Dieu. C'est de la magie ! Dieu n'agit pas si vite. Comment expliquer que les enfants et moi soyons encore en train de prendre les médicaments, et toi qui n'as rien pris tu guéris plus vite que nous". Ce fut là un motif suffisant pour recommencer à la persécuter.

Il est important de souligner que pour tenter ce genre d'expériences, il faut avoir une assise affective bien organisée. L'absence dénote déjà une insuffisance et par là un motif suffisant pour prendre du recul. Dans la foi il arrive toujours un moment où l'on se sent seul devant la situation et sous la rampe de toutes les contradictions. Pour qu'une âme soit sauvée, il faut toujours quelqu'un pour en payer le prix. Le corps d'un homme entre les bras et une foule bruyante autour de soi pour nous accuser. Désavoué par les membres de son église et seul devant la situation, il faut pouvoir conserver sa communication avec Dieu et savoir compter sur Lui. Il faut que le chrétien se retrouve dans une situation précaire pour appréhender la notion d'amour, de foi et de bonté de Dieu. C'est encore cela le combat de la foi. C'est un chemin solitaire, difficile et ténébreux.

CHERCHEZ ET VOUS TROUVEREZ

La connaissance n'est pas une présomption ; elle ne vient pas malgré soi ; il faut la conquérir avant de la croire. La conquérir suppose une action, un effort mesurable, une dépense d'énergie ; aussi Emmanuel Kant déclare-t-il : *« Aucune connaissance ne précède l'expérience, et toutes commencent avec elle »* (Mantoy, 1969 : 279 textes). C'est dans la pratique, dans l'expérimentation que l'on découvre, que l'on aperçoit ce qui était couvert, voilé ou caché. Pour acquérir la connaissance, il faut non seulement se procurer les ouvrages appropriés ou des appareils, mais aussi et surtout les étudier, les exploiter pour pouvoir transformer son existence. A ce sujet le Pasteur Toukea disait au cours d'un enseignement : *« La connaissance philosophique n'a de valeur que si elle est dirigée vers une réalisation matérielle »*. Ceci s'entend que l'on ne va vers une connaissance que dans le but de pouvoir s'en servir dans les circonstances de la vie, pour résoudre nos problèmes. En méthodologie nous appelons cela la recherche appliquée. Ce qui ne prononce pas pour autant l'inutilité de la recherche fondamentale. Pour connaître Dieu il faut le chercher ; car Dieu parle à celui qui est attentif à sa voix, à celui qui le cherche. Une sagesse orientale dit : Lorsque le disciple est prêt alors le maître apparaît. Quand l'homme se distingue, alors Dieu s'intéresse à lui. Il est indifférent à ceux qui évoluent dans le conformisme de la masse. Rien de grand, disait Hegel, ne s'est accompli dans le monde sans passion. De là nous disons qu'aucune œuvre d'envergure, aucun succès ne saurait se bâtir sans une dimension spirituelle, sans une dose de fanatisme et d'aliénation. Tous ceux qui ont fait de grandes découvertes, tous ces immortels qui se sont illustrés par de grandes réalisations scientifiques ou littéraires ont été animés par l'amour de la recherche au point d'oublier jusqu'à leur existence. Ils sont allés au-delà des limites humaines. Un auteur, racontant la vie de Louis Pasteur, révèle qu'il était si absorbé par la recherche qu'il passait parfois quarante huit heures sinon des semaines sans interruption dans le laboratoire, sans s'en apercevoir. Une anecdote rapporte le fait qu'un matin, alors qu'il commandait une tasse de café à sa fille de salle, celle-ci retrouva froide l'autre tasse à lui servie la veille au même lieu. Grande fût la surprise de Pasteur d'apprendre qu'il avait passé quarante huit heures au laboratoire. Et souvent quand il en ressortait, sa première préoccupation était de savoir quel jour il était et quelle heure faisait-il, parce qu'ayant perdu la notion du temps. Cela s'appelle la passion. Moïse faisait paître le troupeau de son beau-père. C'était un simple berger, mais il était attentif. Il vit un buisson qui brûlait mais qui ne se consumait pas. Il s'y est approché pour mieux voir. Et nous pensons qu'il a dû s'abandonner à la contemplation jusqu'à s'oublier lui-même. Alors une voix a commencé à lui parler à travers le feu. C'était l'Eternel Dieu. C'est ainsi qu'il reçut une mission séculaire qui bouleversera le destin de l'humanité (lire Exode 3).

Il est établi que pour apprécier tous les aspects et contours d'un objet, il faut se situer dans un plan stratégique par rapport à celui-ci. L'on voie mieux le jour que la nuit, d'où l'importance de la lumière, qui est Jésus-Christ et que nous appelons aussi Parole de Dieu (Lire Jean 1, 4 ; Jean 8, 12 ; Jean 9, 5 ; Jean 12, 46), l'on marche dans les ténèbres. Tout ce qui se fait dans les ténèbres est emprunt de subjectivité. Le vert peut être simulé au gris ; une pierre peut revêtir l'aspect d'une papaye ; une souche d'arbre peut paraître comme un être humain. Dans la pénombre l'on peut se croire propre alors qu'on est sale. Sous une lumière colorée tout le monde paraît beau ; mais lorsque vient l'éclairage net, l'on distingue mieux la silhouette des individus. Toute description que l'on puisse donner à un décor à un site, quelque fidèle soit elle, demeure approximative tant qu'on n'a pas été visiter les lieux. Il en est de même des choses de Dieu ; il faut y accorder de l'intérêt, s'y approcher armé d'une merveilleuse attention. Ainsi quiconque aspire à la maîtrise des questions qui touchent à la divinité devrait s'approcher de la Parole de Dieu. Dans cette logique Jésus-Christ dit : «*Demandez et l'on vous donnera ; cherchez et vous trouverez ; frappez et l'on vous ouvrira* » (Matthieu 7, 7).

Il est difficile à un néophyte d'accepter certaines vérités tant qu'il ne les a pas expérimentées. L'homme reste sceptique tant qu'il n'est pas entré au laboratoire. Il faut bien que l'on prenne un verre de pastis et que l'on y ajoute de l'eau pour constater et accepter qu'il cesse d'être clair pour prendre la couleur blanche. Même dans les sciences occultes, il faut passer par une initiation, avec tout ce que cela peut comporter comme rites, avant d'accéder à la maîtrise du monde parallèle. Il est certain qu'avec l'avancée de la science beaucoup de domaines considérés encore aujourd'hui comme relevant de l'irrationnel, finiront par être accessibles à un plus grand nombre de personnes. La métaphysique est ce qui est au-dessus de notre compréhension, de notre champ d'investigation à nous, et qui ne l'est pas nécessairement pour les autres. Celui qui désire connaître les choses de Dieu doit passer par la pratique intégrale de la Parole de Dieu, recevoir l'Esprit Saint, alors il accédera à la connaissance des mystères divins, connaissance qui ne peut être révélée que par l'Esprit. « *Mais l'homme animal ne reçoit pas les choses de l'esprit de Dieu, car elles sont une folie pour lui et il ne peut les connaître, parce que c'est spirituellement qu'on en juge* » (1 Corinthiens 2, 4).

Il est regrettable que les hommes soient disposés à tout vérifier, à tout expérimenter quand il s'agit de ce qui est peu édifiant, ce qui relève du mythe ou de la tradition des hommes. Mais quant à la Parole de Dieu, ils se montrent très réticents, préférant la limiter à la simple morale ou la simulant à une piètre idéologie rétrograde. L'on est prêt à séjourner dans un cimetière, à passer toute une nuit à scruter les astres ou à réciter une formule magique, plutôt que de méditer un verset biblique qui, pourtant par la pratique, peut mieux résoudre son problème. Une ménagère peut, par inadvertance, omettre d'ajouter un condiment à la sauce sans que cela puisse altérer la valeur gustative du mets. Mais en ce qui concerne certains domaines comme la chimie ou la parapsychologie, c'est tout différent. Un élément de trop ou de moins ou introduit à contretemps peut bloquer toute l'expérience et empêcher d'atteindre le résultat. Le mystère de l'Evangile est de cet ordre. Tant que l'on n'a pas mis la Parole de Dieu en pratique, l'on ne doit espérer à aucune amélioration de notre existence par celle-ci. L'addition doit être complète en vue de l'accomplissement du miracle. Celui donc qui voudrait voir la Parole de Dieu exercer une influence remarquable dans sa vie doit d'abord croire en la véracité des Saintes Ecritures, se plier à celles-ci dans toute l'abrupte de leur exigence ; avoir un cœur brisé, se sentir faible et très dépendant vis à vis de Dieu. Ce n'est qu'à cette seule condition que le grand miracle s'accomplit, à savoir la descente du Saint-Esprit, qui devra nous éclairer sur les choses spirituelles.

Le chat aime manger du poisson, mais il déteste l'eau. Pourtant c'est dans la rivière que l'on trouve du poisson. Pour voir les microbes, il faut le microscope. Il est étrange que beaucoup de gens, même les intellectuels, veulent comprendre les choses de l'Esprit mais dans un désintérêt total envers lectures, débats et tous cadres de réflexion où l'on traite des choses spirituelles. C'est là une hérésie de notre temps. Rien d'aussi imprudent que de vouloir prendre un médicament sans consulter la notice. Ainsi beaucoup pensent pouvoir réussir leur vie professionnelle, conjugale, académique ou assurer leur santé physique sans la notice de la vie, qui est la Parole de Dieu. Parfois la notice seule ne suffit pas et qu'il faille quelquefois consulter le médecin pour se la faire expliquer. De même les prédicateurs sont là pour nous aider à décoder le message de la Bible. Nous naissons tous relativement dans une religion ; celle de nos parents, de notre milieu culturel ou de notre nation. Par la suite nous devons travailler nous-mêmes pour forger une relation affective sincère avec le vrai Dieu, qui est saint et manifeste. Et c'est là la plus grande épreuve à laquelle le croyant doit se plier, car aucune conviction n'a jamais fait l'unanimité, combien plus celles qui s'attaquent à nos mœurs. La foi, disons le, est un chemin solitaire, difficile et ténébreux. A un certain âge, tout homme doit déjà avoir choisi ; choisi ses lectures, ses loisirs, son mode de vie, la personnalité au travers de laquelle il voudrait marquer le monde. A quoi aura servi mon passage sur terre si Dieu venait à m'appeler maintenant, ai-je déjà découvert ma mission ? Telle doit être la planche de préoccupations de tous ceux qui sont éclairés par la flamme divine. Il s'établit donc clairement que le chrétien est une personne qui a déjà une conception arrêtée de la vie. Il obéit à l'Esprit, car c'est par l'esprit que l'on communique avec Dieu et au travers duquel il nous révèle des choses secrètes et personnelles auxquelles toutes les monographies cabalistes ou rosicruciennes ne peuvent prétendre. La communication avec le monde céleste se fait en esprit. Il nous faut par conséquent avoir l'Esprit du Seigneur, qui se trouve être aussi la marque de Dieu et l'indéfectible garantie d'une propriété réservée auprès de Lui après la mort. Le Saint-Esprit est la preuve de consécration à Dieu. Le Seigneur Jésus-Christ déclare :

> *Si vous m'aimez, gardez mes commandements. Et moi, je prierai le Père, et il vous donnera un autre consolateur, afin qu'il demeure éternellement avec vous. L'Esprit de vérité, que le monde ne peut recevoir, parce qu'il ne le voit point et ne le connaît point ; mais vous, vous le connaissez, car il demeure avec vous et il sera en vous [...] Celui qui a mes commandements et qui les garde, c'est celui qui m'aime ; et celui qui m'aime sera aimé de mon père, je l'aimerai et me ferai connaître à lui [...] Mais le consolateur, l'Esprit Saint, que le père enverra en mon nom, vous enseignera toutes choses, et vous rappellera tout ce que je vous ai dit* (Jean 14, 15-26).

SPIRITISME OU SPIRITUALITE

Nous appelons spiritualiste tout individu qui marche selon l'esprit ; qui bâtit sa vie sur les considérations d'ordre spirituel, c'est-à-dire selon les lois édictées par l'esprit. Le spiritisme selon Yvonne Castellan désigne toute doctrine fondée sur l'existence, les manifestations et l'enseignement des esprits. Comme nous l'avons établi, le monde est divisé en deux grands groupes : la tendance rationaliste ou matérialiste et la tendance idéaliste ou spiritualiste.

Parmi les spiritualistes, il y a ceux que nous pouvons nous permettre de désigner par spirites, et il y a aussi les hommes spirituels. En somme le spiritisme ou science des esprits, se donne au départ comme un mouvement rationnel, implicitement rénovateur de toute pensée religieuse ou philosophique par l'espèce de révélation scientifique qui est à sa base. L'aspect noble du spiritisme est qu'il convainc la raison mais s'écarte malheureusement de la vérité. Nous croyons que l'esprit prime sur la matière et que c'est ces deux tendances (spirites et spirituels) qui commandent les destinées du monde, les uns étant opposés aux autres, délibérément ou de manière inconsciente. Les uns ont des attelles avec le monde des ténèbres, d'autres avec le monde divin. Ainsi la victoire dans les choses visibles est précédée de celle du monde spirituel. Les textes gouvernementaux, les décisions ministérielles, les scores des matchs, les conventions internationales et accords bilatéraux... toutes ces décisions, comme l'on peut bien s'en douter, se prennent la nuit, dans le monde invisible, et les mises en scène diurnes n'en sont que le reflet. L'esprit n'est pas un être surnaturel comme beaucoup le pensent. C'est un être humain dépouillé de son corps physique, si tant est que le naturel intègre également les éléments immatériels. *« La tâche des esprits consiste à inspirer les vivants, par transmission de pensée le plus souvent et sans qu'ils s'en doutent, ou à préparer les hasards et les grands événements générateurs d'utiles transformations de la vie terrestre »* (Castellan, 1987 : 50). Pendant que nous dormons, de très gigantesques combats se livrent dans le monde des esprits, les profanes n'en faisant que le constat, au travers des émeutes, des coups d'Etat ou des trophées. Plusieurs catastrophes et sinistres sont signés de Satan, pour atteindre certaines fins. Au demeurant, tout se joue dans le monde spirituel, et c'est dans la prière que le croyant obtient ses victoires. C'est pour cette raison qu'il est nécessaire de connaître les secrets du combat spirituel. Ceux qui vivent au hasard ne sont que des pirouettes entre les mains des initiés, des grands maîtres occultes.

Beaucoup passent la nuit à dormir et le matin ils sont surpris quand on leur apprend que la promotion qu'ils attendaient, a été attribuée à un autre. Nous constatons souvent les faits, et nous ne connaissons pas les lois qui les motivent ce qui a été fait dans l'anonymat, pour nous secourir ou pour nous noyer. Lorsqu'on est pris dans l'embouteillage et que l'on arrive en retard au bureau, l'on pense très vite que c'est un malencontreux hasard, que le sort en a voulu ainsi. Quand on oublie ses bagages à l'aéroport, on pense qu'on a été distrait. ''Toutes les dispositions étaient pourtant prises pour ne pas échouer, mais je ne sais comment mystérieusement une grève des employés de la Swissair s'est soulevée ce matin-là pour empêcher tous les vols de la journée''. ''Ils voulaient déjà me violer, lorsque subitement la police est arrivée''. Qui a organisé la grève ; pourquoi justement ce jour-là ? Pour quelle raison la police n'est-elle pas arrivée un peu plus tard ? Un individu ou un groupe de personnes ont probablement prononcé des propos incantatoires dans un sanctum, adressé une prière à Dieu quelque part dans un petit appartement, sous un toit de paille dans l'arrière pays. Et le miracle s'est accompli. Croyez-y ou ne croyez pas, les choses se passent ainsi ; et le jour où vous en serez victime, vous vous trouverez obligé de l'accepter.

Ce qui m'a le plus impressionné dans la foi, c'est la manière dont Dieu manipule les circonstances. Un oracle suffit pour bouleverser de fond en comble le cours des événements. Rabschake envoyé par Sancherib, roi d'Assyrie, proférait des paroles de menace contre l'armée du roi Ezéchias ; il injuriait le Dieu d'Israël. Dieu, par la bouche d'un prophète, promit du secours a son peuple en lui révélant qu'il créerait une situation qui ferait que le roi d'Assyrie reçoive une nouvelle qui le ferait retourner dans son pays ; et de la, il trouverait la mort (lire 2 Rois 19,7). Quelques heures plus tard, le roi d'Assyrie reçut effectivement une nouvelle au sujet de Tirhaka, roi d'Ethiopie. On lui dit : voici, il s'est mis en marche pour te faire la guerre. Alors pris de panique, il différa la bataille d'avec le roi de Juda pour retourner d'abord combattre l'envahisseur. De la il trouva la mort. Cette trame est intellectuellement difficile à comprendre. A quel moment l'armée de Tirhaka s'était-elle mise ne route ? Pourquoi fallait-il qu'il parla mal au peuple de Dieu afin que cette situation se crée ? Voila tout le mystère. De même dans le livre d'Esther, l'on voit Mardochée, simple captif, aux prises avec Haman, proche collaborateur du roi. L'un dispose de tous les atouts, et l'autre totalement défaillant ; ce qui laisse raisonnablement supposer que le rapport de force lui était défavorable. Cependant Mardochée disposait d'une secrète arme redoutable : la prière. Pendant la nuit, le roi, agite par les multiples pensées, ne parvenait pas a dormir. Soudain il demanda a savoir qui se trouvait dans la cour intérieure. On lui dit : C'est Haman. Justement Haman venait pour demander au roi la permission de mettre Mardochée au poteau d'exécution. Le roi dit : qu'il entre ! Haman pénétra dans la salle ; mais avant qu'il n'ouvre la bouche, le roi lui posa cette question : Dis moi, que doit-on faire a un homme que le roi veut honorer ? Dans sa réponse, il fit une longue extrapolation, pensant que c'est a lui que reviendraient les honneurs. Contre toute attente, le roi lui dit : Prends mon cheval et fais a Mardochée tout ce que tu viens de décrire, sans négliger aucun détail ; quelle déconfiture ! Admirez le synchronisme des évènements. Haman se trouve sur la cour royale pour demander la mort de Mardochée. Le roi lui dit : entre, puis lui assigne de rendre les honneurs a Mardochée. Comment Dieu réussit-il a créer de telles circonstances ! Il parle et les évènements sont tout de suite disposes comme tels, en un instant.

Il est étrange que chaque fois que l'on parle de spiritualité, plusieurs pensent à la religion ou aux écoles de mystère. De même que la foi chrétienne est différente de la religion, aussi l'homme spirituel est-il différent du religieux. C'est par la foi en Jésus-Christ que l'on reçoit l'Esprit de Dieu. *« La foi vient de ce qu'on entend, et ce qu'on entend vient de la parole de Christ »* (Romains 10, 17). La religion par contre vient de la tradition des hommes qui plus est, l'on peut appartenir à une religion sans croire en Dieu. Il suffit d'être intelligent à l'école, de faire de brillantes études de théologie pour devenir prélat. Cela est courant dans plusieurs communautés religieuses. Certes la religion peut, dans une certaine mesure, diriger vers la foi, mais l'homme devra inévitablement abandonner sa religion pour croire en Dieu ; c'est-à-dire qu'il se portera en révolte contre certaines pratiques de sa religion pour se conformer à ce qui est écrit. Il trouvera dans ces dogmes des erreurs, des déviations insupportables et, voulant être sincère avec Dieu, il se verra obligé d'abdiquer. Meinrad Hebga, prêtre exorciste citant le Pape Jean Paul II en 1986, affirmait au cours d'une interview accordée au journal ''La Foi Qui Sauve'' (n°22 livraison de février 1998) *« si les religions dissidentes que nous appelons sectes n'avaient rien de positif, elles n'attireraient pas tant de monde »*. Le religieux pense toujours qu'il est au service de Dieu parce qu'il est titulaire d'un diplôme de théologie. Aussi se mettra-t-il à enseigner, ignorant que le sacerdoce ne peut s'exercer sans l'Esprit Saint-. Autrement l'on transmettrait aux hommes sa propre pensée plutôt que celle de Dieu. La preuve, le religieux n'est pas capable de dire avec exactitude quel jour il a reçu le baptême dans le Saint-Esprit. Le Saint-Esprit n'est pas ce que d'aucuns appellent intuition ou sixième sens. C'est un être dans tous ses aspects, à la différence qu'on ne le voit pas, parce qu'il est esprit. Quand on le reçoit, il y a des manifestations appropriées, des signes extérieurs. Exemple : le parler en d'autres langues, autres que celles apprises à l'école (Actes 2, 4). Le Saint-Esprit parle comme un être humain, il donne des conseils, il réprimande, il enseigne. *« Pendant qu'ils servaient le Seigneur dans leur ministère et qu'ils jeûnaient, le Saint-Esprit dit : mettez-moi à part Barnabas et Saul pour l'œuvre à laquelle je les ai appelés »* (Actes 13,2) *« L'Esprit dit à Philippe : avance, et approche- toi de ce char »* (Actes 8,29). Tout comme le maître dialogue avec ses élèves, de même le Saint-Esprit parle au chrétien, afin de l'orienter dans différentes situations de la vie. Le plus souvent il fait des suggestions qui ne passent pas nécessairement par des voies sensorielles, mais assez perceptibles pour ne pas se confondre aux simples phénomènes de conscience de la psychologie contemporaine.

L'on rencontre partout de grands bâtisseurs de sermons. Ils sont prêtres et pasteurs, tous érudits et cohérents, mais dont l'homélie ne peut convertir aucune âme. Ils peuvent à la limite arracher une salve d'applaudissements à l'auditoire, susciter l'adhésion et la sympathie du public, mais ne pas être capables d'amener les âmes à Dieu, c'est-à-dire à abdiquer le péché. C'est dans cette optique que Bounds E. M. déclare : le seul message qui puisse sauver le monde est celui de l'Evangile donné par un cœur brisé. Nous disons donc que celui qui est rempli du Saint-Esprit en reconnaît la présence, et celui qui a l'habitude de l'écouter en détecte rapidement l'absence. Il arrive souvent un moment où le texte qu'on lit ou le sermon que l'on suit n'accorde plus d'importance à la cohérence. L'on sent alors en soi un sentiment de confusion et de culpabilité si profond que l'on se voit vulnérable par rapport à la justice de Dieu. A ce moment un simple mensonge peut paraître un grave péché. L'on se juge soi-même et l'on se sent condamné, l'on se voit malheureux. A ce moment, même les plus orgueilleux s'abaissent affaiblis, les plus durs explosent en sanglots ; l'on comprend alors la portée de ses mauvaises actions et toute la dimension de la souffrance de Christ sur la croix. Parfois et le plus souvent, l'on arrive à perdre le contrôle de ses sens dans une incoordination totale. Le corps entre en transe, les gestes, tout comme les propos, deviennent imprécis. L'on se retrouve ainsi en train d'implorer la miséricorde de Dieu, en train de parler de beaucoup de choses, jusqu'à perdre conscience de sa propre existence, de la dimension du temps et de l'espace ; en train de parler de beaucoup trop de choses à Dieu, dans une langue que l'on ne comprend plus. Parfois l'on entre en extase et l'on se voit transporté dans une autre sphère hors du monde, dans les lieux très élevés. Alors il s'établit mieux en nous la notion du péché, de la justice de Dieu, du jugement. De tels tableaux ne se décrivent pas, il faut les vivre et avoir fait l'expérience pour comprendre. Dès cet instant l'on se sent un homme nouveau, l'on affiche un comportement étranger. C'est approximativement de cette manière que l'on reçoit le baptême dans le Saint-Esprit.

Quant à ceux qui suivent les écoles initiatiques ; ce sont des spirites. Beaucoup de religieux sont ainsi spirites. On peut observer tout ce que la religion demande sans obéir à Dieu. La question est donc de savoir qui est religieux et qui est chrétien, qui est dirigé par l'Esprit Saint et qui ne l'est pas ? Avant d'aborder cette importante question, il nous semble judicieux de consulter les

Saintes Ecritures, seule source infaillible. « *Reconnaissez à ceci l'Esprit de Dieu : tout esprit qui ne confesse pas Jésus-Christ n'est pas de Dieu ; c'est celui de l'Antéchrist dont vous avez appris la venue et qui maintenant est déjà dans le monde* » (1 Jean 4, 2-3).

Nous voyons dans un premier temps que ceux qui ont l'esprit de Dieu parlent de Jésus-Christ (en langue). Ils le considèrent aussi comme Fils de Dieu et Dieu, comme Unique Médiateur entre Dieu et les hommes. Si la Bible nous donne cette mise en garde, c'est qu'assurément il existe d'autres esprits, qui ne sont pas de Dieu, mais plutôt commandités par le contrefacteur : Satan. Plusieurs écoles soutiennent que Dieu existe mais nient que Jésus est son fils, le simulant tantôt à un prophète comme tous les autres, tantôt à un grand maître qu'ils disent s'être réincarné. Ils prétendent posséder la vérité, les arcanes de la plus vieille tradition qu'ils tiennent des sources très anciennes et qui ne peuvent être livrées qu'aux initiés, d'où la nécessité d'adhésion et l'obligation du secret. Si les chrétiens et les spirites se disputent tous la vérité, que nous connaissons unique, alors il serait intéressant de savoir s'il n'existerait pas plusieurs dieux et aussi plusieurs vérités ; sinon l'une de ces voies serait fausse, laquelle ? « *Qui est menteur, sinon celui qui nie que Jésus est le Christ ? Celui-là est l'Antéchrist, qui nie le Père et le Fils. Quiconque nie le Fils n'a non plus le Père ; quiconque confesse le Fils a aussi le Père* » (1 Jean 22-23).

Dans un deuxième temps, il nous faut voir le mode d'acquisition de l'esprit qui anime chacun des adeptes susnommés. L'Esprit Saint n'est autre que celui revêtu par des saints. C'est celui dont la vie est conforme à la Parole de Dieu, qui est saint. C'est quelqu'un de souverainement pur, qui mène une vie exemplaire, qui est irrépréhensible vis à vis des saintes prescriptions. A partir de là nous pouvons affirmer que seul ne peut recevoir le baptême dans le Saint-Esprit que celui qui aime Dieu et qui garde ses commandements, par la foi de Jésus-Christ. Si vous m'aimez, gardez mes commandements ; et moi je prierai le Père, et il vous donnera le Saint-Esprit. Il faut croire en Jésus-Christ (Jean

14, 15), l'aimer et garder ses commandements pour prétendre au baptême dans le Saint-Esprit.

Beaucoup d'écoles quant à elles parlent d'une certaine ascèse, une forme de sanctification momentanée, puis la fameuse initiation, faite de rites, de vœux, d'épreuves à passer. Il n'est pas nécessaire ici de croire en Jésus-Christ, puisque, explique-t-on, plusieurs chemins peuvent mener à Dieu. Ainsi disent-ils, chacun est libre de choisir sa voie, car chacun a son médiateur. Si l'on ne peut pas travailler avec le maître Jésus, on peut adopter Mahomet, ou Bouddha, voire s'adresser aux forces mystérieuses de l'univers, à la puissance impersonnelle du cosmos. La flamme divine peut souffler n'importe où ; l'on peut trouver son épanouissement dans n'importe quelle école, car nous sommes tous chacun une parcelle de la force de Dieu, peut-être ses créatures (peu importe) et qu'ainsi toutes forces (négatives et positives) ne viennent que de lui. Aussi trouve-t-on par-ci des astrologues, des magiciens, par-là des chrétiens, des philosophes... Que dit la Bible ? Jésus lui dit : « *Je suis le chemin, la Vérité et la Vie. Nul ne vient au Père que par moi* » (Jean 14,6). « *Car il y a un seul Dieu et aussi un seul médiateur entre les hommes et Dieu, Jésus-Christ homme* » (I Timothée 2,5). « *Il n'y a de salut en aucun autre ; car il n'y a sous le ciel aucun autre nom qui ait été donné parmi les hommes, par lequel nous devions être sauvés* » (Actes 4,12).

Dans un troisième temps, il nous faut examiner les œuvres de tous ceux qui se réclament spirituels. Nombre d'entre eux, quoique guidés par l'esprit, n'arrivent pas à se libérer de certaines bassesses. Ils brillent par des frasques de tous ordres : pratiques de sorcellerie, meurtres, homosexualité, cannibalisme, fraude.... Leur unique justification est qu'ils sont des hommes et par conséquent faibles et capables, de pécher comme tous ceux qui sont faits de chair. Ce sont pourtant le plus souvent des personnes élevées au rang de patriarche, des éminences grises qui ont atteint le panthéon de la connaissance à l'échelle universelle. C'est dans cette classe que je recrute tous les grands commis de l'Etat : Directeurs Généraux de sociétés, Ambassadeurs, Ministres et Sénateurs. Ils n'hésitent pas à aller jusqu'à certaines vilenies pour des intérêts superfétatoires. Le maître n'est-il pas celui qui justifie des qualités supérieures ? Il jouit d'une certaine invincibilité face à tous les combats, à toutes les épreuves. En somme c'est une référence, quelqu'un de souverainement reconnu meilleur. Aussi la Parole de Dieu nous dit-elle que le disciple n'est pas plus grand que son maître. Ceci se révèle plus nettement dans les arts martiaux où le *sensei* (maître) reste toujours le modèle de combativité, d'adresse et de rectitude morale au sein du club. Pour toute technique à apprendre, il en fait lui-même une démonstration pratique. Il suffit aux disciples de réaliser que le *sensei* a quelques insuffisances pour le destituer. Jésus-Christ est ainsi une incontestable illustration de la perfection. Est donc disciple de Christ celui qui suit la discipline de Christ. Il faut par conséquent discipliner son corps en se dépouillant des multitudes souillures que constituent nos fantasmes et que les esprits vulgaires appellent plaisirs. Il faut s'efforcer de vivre au-dessus du péché, pratiquant les bonnes œuvres et la justice. Si d'aventure un individu se prendrait à vouloir me départir de mes convictions spirituelles pour une nouvelle voie, j'en serai tout aise. Je ne demanderai qu'à être convaincu. Aussi vais-je me mettre à contrôler intimement sa vie, pour m'assurer qu'il est lui-même réellement libre. L'on ne saurait offrir la paix à autrui lorsqu'on en manque soi-même. Jésus dit qu'un aveugle ne peut pas conduire un autre aveugle. Alors précise-t-il : « *Vous les reconnaîtrez à leurs fruits* [...]. *Alors je leur dirai ouvertement : je ne vous ai jamais connus, retirez-vous de moi, vous qui commettez l'iniquité* » (Matthieu 7, 16-23). Il est dit dans 1 Jean 3, 5-10 que celui qui pèche est du diable et que c'est par le péché que l'on distingue les enfants de Dieu d'avec ceux du diable. Il serait intéressant de lire ce passage biblique.

Il existe une différence étanche entre la gnose ou métaphysique et la foi chrétienne. Le métaphysicien s'adresse, pour atteindre Dieu, à la seule raison, alors que la foi chrétienne se fonde essentiellement sur la révélation d'un texte sacré : les Saintes Ecritures. Aussi le métaphysicien, lorsque la raison humaine ne lui permet plus d'expliquer certains phénomènes, se charge lui-même de raccorder les faits au moyen de sa propre argumentation. Il peut prélever une pensée dans n'importe quel document et s'en servir à toute fin utile. Le chrétien quant à lui reste figé à la Parole écrite. Il est essentiellement dépendant, il croit et obéit sans avoir besoin de preuves. Kierkegaard le souligne bien : la foi n'a pas besoin de preuve, qu'elle doit regarder comme son ennemie. Tout compte fait le métaphysicien en tout ce qu'il présente comme vérité, ajoute du sien, s'il ne va pas jusqu'à corriger les Saintes Ecritures ; et Dieu ainsi n'y trouve plus sa place. Par exemple Randolph déclare dans <u>Rose-Croix dévoilée</u> : *« J'ai étudié la Rose-Croix, je l'ai trouvée suggestive et ai aimé son mysticisme. Je m'appelais rosicrucien et donnais au monde ma pensée sous l'étiquette rosicrucienne. A peine ai-je emprunté une simple pensée, sinon des suggestions, à ceux qui, dans le temps passé, se sont appelés par ce nom »*. Et Mc Intosh nous affirme qu'il fut jusqu'à sa démission Grand-Maître.

En fait, le mystique cherche à opérer dans le monde physique en usitant les correspondances du monde divin. Il veut tirer profit des choses de la terre en se servant de la Bible, d'où il pique de temps en temps des versets pour étoffer sa relation des faits. Le chrétien quant à lui, cherche à opérer dans le monde divin en se servant des correspondances du monde physique. Il veut s'assurer une place dans le royaume de Dieu et il règle ainsi ses relations avec ses semblables au regard de ce qui est écrit ; il se soucie de présenter à Dieu le bilan de sa vie terrestre afin de mériter ce qu'il a promis. La religion est de l'ordre de la métaphysique, tandis que la foi chrétienne est du domaine spirituel. Le Pasteur J. M. Ateba au cours d'une conférence donnée à Nkolndongo en novembre 2005, définissait la religion comme étant *« l'ensemble de rites et pratiques conçus par les hommes pour chercher Dieu. La foi chrétienne par contre passe comme une révélation inspirée venant d'en haut, à laquelle l'on se soumet »*. L'un vient d'en haut et l'autre part du bas vers le haut. Les gnostiques et les métaphysiciens sont de fait plus convaincants que les chrétiens, parce qu'ils satisfont les aspirations de l'être humain en général. Et il n'est pas étonnant que la foie en Jésus, entendez la parole de

*Chapitre III **Pour comprendre les choses de Dieu il faut ...***

Dieu, entre en conflit avec le monde, c'est-à-dire l'opinion publique au sens commun. L'homme aime le merveilleux et est vite amorcé par la nouveauté, par l'extraordinaire. C'est que nous appelons en psychologie la pulsion épistémophile, cette tendance à vouloir tout connaître, tout comprendre, tout expliquer, comme le petit garçon qui défait son jouet pour découvrir ce qui se cache à l'intérieur et qui le meut. C'est en quelque sorte l'esprit scientifique, mais également la soif du merveilleux, de la nouveauté, de l'extraordinaire. L'attrait des enseignements ésotériques se justifie par ce jargon redondant et les schèmes merveilleux des scènes initiatiques meublées de cierges, de sonorisations bizarres, gestes, mimiques et outils kabbalistiques très recherchés, le tout fortement arrosé d'une odeur d'encens dans une atmosphère grave de recueillement ou de grande solennité. A-t-on besoin de tant d'encombrement pour entrer en contact avec le Divin ? Que nul ne vous abuse, le Seigneur n'est pas si éloigné. Il est tout à fait simple et très proche de nous. C'est au travers de Sa Parole que l'on le cherche, lorsqu'on la met en pratique et que l'on s'éloigne du péché ; rien d'aussi simple. Du moins l'on n'a besoin d'aucun support matériel, pas le moindre qui soit (lire Actes 17, 24-27). Il faut bien mentionner que l'on peut avoir raison sans se tenir dans la vérité ; l'on peut être sincère dans l'erreur et l'on peut se tromper étant nombreux. La vérité n'est pas nécessairement rationnelle, mais elle va avec la justice. Dieu n'agit pourtant que dans la justice, là où se trouve la vérité, et non la raison. Et la vérité n'a pas de forme ; même si elle est révélée par un malade mental. Il y a une vérité unique, toutes les autres ne sont qu'apparentes sinon contrefaçon. C'est ce qui tend à justifier la pléiade de religions et courants idéologiques qui foisonnent le monde aujourd'hui. Et il est certain qu'il s'en créera encore davantage, parce que Satan le diable veille à ce qu'il y ait le maximum de confusion possible de manière à rendre impossible le discernement de la vérité. Il est donc clair que la sainteté est un passage obligatoire pour quiconque veut accéder à Dieu, mais beaucoup rebutent cette voie.

DANGEREUSES EXPERIENCES

Les mystiques et spirites s'efforcent d'étendre notre connaissance à des domaines que Dieu n'a pas permis d'explorer, à savoir la partie immatérielle de l'être : corps astral, corps fluidique, corps aithérique, ou bien encore les différentes étapes d'évolution dans l'au-delà. De telles recherches ouvrent la porte au spiritisme, qui est une abomination devant Dieu. Le biofeedback désigne cette technique qui permet de contrôler les fonctions du corps que Dieu n'a pas permis d'explorer. Rébecca Brown (1996) en explique mieux le danger dans son ouvrage.

Je partageais le même bâtiment avec une jeune fille ; Chantal. Elle vint me voir un jour parce qu'elle avait beaucoup de problèmes et sollicitait alors mon aide. Je lui fis comprendre que la difficulté qu'elle présentait était de taille, mais qu'elle pouvait trouver solution si jamais elle confiait sa vie au Seigneur Jésus-Christ. Je me disposais à lui porter de l'aide, mais elle me demanda de lui laisser un temps de réflexion. Le lendemain elle alla voir son frère aîné, adepte des sciences ésotériques. Le conseil de ce dernier lui parut plus acceptable et elle revint m'annoncer avec beaucoup d'enthousiasme qu'elle tenait le bon bout. Son frère lui avait remis un bréviaire en lui indiquant une prière qu'elle se devait de réciter à partir d'une certaine heure de la nuit, devant un chapelet d'encens et de bougies. Je dus mettre à contribution tous mes efforts pour l'amener à comprendre qu'elle se risquait sur un terrain délicat. Je lui fis observer que le bréviaire, comme son nom l'indique, était destiné à abréger les prières, c'est-à-dire les rendre brèves, vite exaucées, donc adressées à Satan ; rien n'y fit. Le lendemain matin elle vint me conter une étrange aventure : J'étais seule cette nuit dans ma chambre, agenouillée devant une bougie rouge que j'avais placée à mon chevet. J'avais pris soin d'allumer la baguette d'encens que m'a recommandée mon frère. Je ne pense pas m'être trompée sur le type d'encens. Je priais avec instance aux environs de minuit, lorsque subitement je me vis me soulever de l'endroit où je me trouvais agenouillée. Mon esprit flottait dans l'espace, très léger. Je me sentais volatile et allais de part et d'autre de la chambre. J'apercevais mystérieusement une autre Chantal prosternée devant la bougie ; c'était mon corps physique. Je me sentais si légère que je pouvais même passer au travers du mur ou du plafond sans la moindre gêne. Cela me parut étrange, alors je pris peur et je lançai un grand cri ah ! Au même instant je me retrouvai à nouveau dans mon corps. Je dus arrêter la prière, mais je ne pus plus fermer l'œil de la nuit.

Elle fut saisie d'une grande émotion lorsque je lui appris qu'elle venait d'effectuer là ce que sorciers et autres initiés appellent voyage astral ou projection astrale.

Connais-tu le rôle de la bougie rouge, lui demandai-je ? Connais-tu les vertus de l'encens usité ? Connais-tu la raison pour laquelle tu devais prier à minuit ? Connais-tu de qui sont les paroles que tu récitais ? Elle était éberluée. Voilà où mène la passion du merveilleux, la pauvre.

J'avais un ami mystique, diplômé d'un Institut de parapsychologie de Paris. Il exerçait comme exorciste et connu sous le nom de Professeur Isaac. Il exigeait toujours de ses clients un aveu de foi, gage essentiel préalable à toute intervention. Quand une femme venait par exemple le consulter pour charmer son mari, il lui exigeait deux cartes photo, celle de son mari ou amant et la sienne ; ou bien encore un objet intime pouvant lui permettre d'entrer en contact avec le mari (mouchoir, sous-vêtement, brosse à dents, pipe, etc.) Quand tu voulais que vos sentiments soient réciproques, il tournait les deux photos face à face et les emballait avec de la cire, sous une humeur d'encens. Il pouvait alors invoquer Vénus, l'astre ou déesse de l'amour, (que dis-je, de la dépravation sexuelle). Quand tu optais pour des sentiments à sens unique, il tournait le dos au mari en collant sa photo au dos de celle de l'épouse, pour signifier que c'est l'homme qui devrait courir après la femme. Il pouvait alors exiger de la cliente un talisman, ou bien en achetait un au marché. Ainsi le talisman était introduit entre les deux photos, puis emballé avec de la cire, de l'encens et des herbes hallucinantes, quelquefois le flux menstruel, les poils pubiens... tout ceci dans un concert d'incantations et de gestes bizarres. Il fallait alors enterrer le tout dans un cimetière à minuit. Il donnait ainsi rendez-vous à la patiente (je veux dire la victime) dans un délai de sept ou neuf jours. Celle-ci devait revenir munie d'une forte somme d'argent. J'étais l'une des rares personnes à connaître l'addition : le prix du talisman (qui venait de l'Inde ou qu'il acquérait au marché), le prix des bougies, de la cire, des encens, etc. Ce n'est pas assez de préciser qu'il abusait sexuellement de beaucoup de ses clientes. Pendant les sept ou neuf jours qui séparaient du rendez-vous, il exigeait que tu prononces chaque jour à minuit certains propos et qu'avant de dormir, tu exécutes certains actes. Tu devrais ainsi traiter ton mari d'une manière particulière, toucher certaines parties de son corps pendant son sommeil ou lors des rapports intimes. Tu devrais mettre certaines poudres dans ses repas. Il exhortait les clients à mettre le sujet au centre de leurs préoccupations durant ces sept jours, de penser beaucoup à leur problème. Bien évidemment cela lui permettait d'agir sur elles par télépathie. Ce que beaucoup de clients ne savaient pas, c'est qu'Isaac lui-même veillait à minuit. Sur son sanctum se trouvaient bougies, triangles, pentagrammes, miroirs, effigies et autres signes kabbalistiques. En plus de cela il y avait des cartes contenant noms et adresses des différents clients sur qui il devait agir. Une fameuse loi métaphysique rabâchée par Paul Clément Jago dans Le pouvoir de la volonté dit : *«Toute représentation mentale nous aimante vers son objet ou bien aimante celui-ci vers nous»*. Toute pensée, toute méditation soutenue déclenche un magnétisme, parce que la pensée crée des ondes électromagnétiques. Le fait de porter régulièrement ton problème à cœur crée de la foi. Ainsi par ta propre foi tu donnes puissance au talisman qui commencera à agir sur toi-même. A la date du rendez-vous, il sort la carte, le parfum ou le talisman du cimetière et te remet en te parlant beaucoup de la Sainte Vierge, du glorieux Christ ou de certaines formules tirées de la Bible de Jérusalem ou du Bréviaire. Mystérieusement tout semblait porter, et les témoignages de satisfaction fusaient de partout. Nombre de naïfs le saluaient avec respect et recevaient ses paroles comme venant d'un dieu. Où le talisman avait-il séjourné ? D'où venait-il et quels esprits agissaient-ils dessus ? Jusqu'à ce qu'un malheur s'abattre dans votre famille. Derek Prince raconte dans <u>Démonologie</u>, la mésaventure d'une cliente à un magicien qui avait reçu de celui-ci une amulette, objet de protection, à l'intérieur de laquelle l'on découvrit plus tard cette inscription : *"Satan, keep this body well, till her soul burns in hell"* traduction « *Satan, garde ce corps en bonne santé pour que son âme puisse aller en enfer* ».

C'est le lieu le dire, aucune consultation d'un médium n'est gratuite ; aucune visite chez le féticheur n'est inoffensive. Tout flirt avec le monde magique ou ésotérique compte des représailles à court ou à long terme. Si vous vous hasardez à invoquer Satan un jour, soyez bien certain qu'il vous apparaîtra tôt ou tard et qu'il sera difficile de s'en défaire. Vous pouvez, à cause de certaines erreurs passées, travailler toute une vie pour les autres, sans jamais rien réaliser. C'est également hasardeux de se faire imposer les mains par n'importe qui, fusse-t-il sous le prétexte de la prière, de demande du Saint-Esprit. Tant que vous n'avez pas toutes les preuves de la sainteté d'un individu, ne vous engagez pas dans certains rites avec lui, encore plus dans un endroit suspect.

En définitive, l'Esprit de Dieu est Saint ; il confesse Jésus-Christ venu en chair. Il est également fidèle à ce qui est écrit dans la Bible, sans plus.

Pour comprendre les choses de Dieu il faut l'Esprit de Dieu.

CHAPITRE IV

Pour connaître Dieu, il faut s'approcher de Lui

Est-il vrai qu'il existe un esprit universel ? Voilà le tison de discorde. Il est d'importance vitale pour chacun de nous d'être au clair sur cette question, à savoir Dieu existe-t-il oui ou non ? De la réponse à cette question dépendent notre vie présente et notre avenir. C'est elle qui donne un sens à l'existence, afin de connaître l'origine et la raison des choses dont les conséquences se prolongent à l'infini.

Les idées mènent le monde disait Hegel. Autrement dit l'esprit est le moteur de l'histoire, de la vie. Le vrai affirme-t-il, c'est ce qu'il y a de substantiel dans les êtres, partant de la conformité de la chose à l'esprit. Bien sûr, nous ne voulons pas ignorer que le principe ne fait pas l'unanimité. Les uns ont ainsi tendance à soumettre l'esprit à la chose : ce sont les réalistes ; les autres à soumettre la chose à l'esprit ; ce sont les idéalistes. J. P. Sartre estime pour sa part que l'existence précède l'essence, et que par conséquent toute chose existe d'abord dans la subjectivité sous la forme abstraite, en idée, avant d'être matérialisée. « *L'homme n'est rien d'autre que ce qu'il se fait. Tel est le premier principe de l'existentialisme. C'est aussi ce qu'on appelle la subjectivité* » (Mantoy, 1969 : 204). Avant que la maison ne fût, elle existait déjà sous-forme de plan, sous la forme virtuelle, c'est-à-dire en idée, avec sa fonction. De cette idée dérive la réalisation. Ainsi les idées, les pensées sont des formes ; d'où l'unité esprit-matière.

LA SCIENCE ET LE HASARD

Le hasard existe-t-il ? Si oui quel serait alors l'objet de la science, tant il est vrai que toutes ont pour but de conjurer le hasard en tentant de lier tous les effets à leurs causes. René Descartes (1979) avait introduit depuis lors, la notion de dualisme corps/esprit et qui aura jeté les bases d'un grand débat philosophique, duquel naquirent deux corpus de sciences : les sciences physiques, dites exactes (physiologie, biologie, etc.) et les sciences humaines dites abstraites ou spirituelles (psychologie, anthropologie, etc.). Watson (1914) pour expliquer nos divergences, établit ainsi le paradigme

S ⟶ R (modèle binaire). Il souligne que la réaction (R) de l'individu est fonction du stimulus (S) et introduit la fonction R = f(s), entendez la réaction du sujet agissant est fonction du stimulus. Woodworth, Lashley et Hebb devront y revenir pour en ajouter un troisième élément (P) ou (O). Leur point de vue tient de ce que l'individu devant un stimulus ne réagit pas directement, mais il y a l'intervention de l'organisme (O) ou de la personnalité (P). Piaget explique que l'enfant (tout comme l'adulte) ne recueille pas une image objective de la réalité, mais une vision déformée par son mécanisme perceptuel, soumis aux influences conjuguées de ses expériences passées et de son niveau de maturation interne. Ainsi deux enfants (tout comme deux individus adultes) ne pourront jamais ''connaître'' un objet exactement de la même manière, puisqu'ils n'auront pas le même passé ni un même niveau de maturation biologique rigoureusement identique. Au lieu du modèle binaire S-----R de Watson, ses négateurs, cités plus haut, ont proposé un modèle ternaire à causalité mécanique S-------P------ R (Stimulus, Personnalité, Réaction). Le système nerveux ou organisme a donc le droit de traiter d'abord l'information reçue avant de choisir quelle réaction, quelle attitude adopter ; d'où la naissance de la psychologie cognitive, qui accèdera elle-même à la cybernétique. Or ce traitement de l'information va selon notre éducation (apprentissage), notre état biologique (hérédité) et nos expériences passées. C'est le fameux conflit de l'innée et de l'acquis. La psychologie s'efforce donc de déterminer qu'est-ce qui, dans l'individu, agit le plus et qui forme sa personnalité, de l'innée ou de l'acquis encore appelés nature et culture ? Quel peut être le pourcentage des traits héréditaires en nous, et quel est le

Chapitre iv **Pour connaître Dieu, il faut s'approcher de Lui**

pourcentage de la socialisation ? Autrement dit, qu'est-ce que nous héritons de nos parents et que l'on ne peut changer, et quelle est la part de notre caractère qui provient de nos interrelations sociales ? Certains sujets humains agissent sous la pulsion de leur nature (ils sont donc plus proches de la nature). On dit qu'ils sont incultes, c'est-à-dire peu sociables. Les philosophes disent qu'ils sont encore dans la caverne. L'exemple courant c'est les indigènes (Pygmées d'Afrique ou les habitants de la Nouvelle Guinée). D'autres individus par contre agissent selon l'éducation qu'ils ont reçue, c'est-à-dire le produit de la socialisation (Ecole, Religions, Voyages, Médias). Leur personnalité est davantage influencée par des facteurs environnementaux. Serge Moscovici quant à lui évoquera l'apport social en choisissant plutôt un modèle à trois sommets : **Ego** (S1) – **Alter** (S2) – **Objet** social (O).

L'on n'est en relation avec autrui que par rapport à un objet social, qui peut être l'argent, l'école, le sexe, la progéniture, le pouvoir etc. (il y a toujours quelque chose qui lie les hommes, qui sous-tend les relations humaines). Tous nos conflits y trouvent leur genèse.

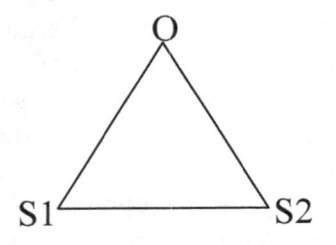

Tous se prendront à reprocher à Watson de s'être mépris sur le dynamisme de l'être humain. Le modèle S ⟶ R fut donc regardé comme non qualifié pour pouvoir rendre compte de la personnalité de l'individu ; étant entendu que nos agissements ne sont que le reflet de notre culture et du contexte social. Watson avait donc méconnu la présence de l'esprit, ce qui est une attitude méthodologique et qui ne nie pas expressément l'existence de l'esprit humain ou de l'âme. Notons que le conflit entre l'individu et la société provient du fait que la société à travers toutes les sciences (droit, linguistique, cybernétique, sociologie, etc.)

cherchent, à travers le phénomène de normalisation, à former des individus identiques comme des moules. Mais il y a dans l'individu quelque chose qui résiste (le Moi). Ce qui refuse c'est l'esprit, parce qu'il existe en chacun de nous des particularités individuelles et uniques appelées idiosyncrasie et qui font que nous ne soyons jamais semblables.

Par ailleurs, à la différence des animaux, les stimulations ne génèrent pas la même réaction, parce qu'il y a l'intervention de la personnalité. Il existe une subjectivité remarquable dans la réaction des individus devant un stimulus. Ceci est dû aux facteurs biogénétiques, mais également aux conflits intrapsychiques relatifs à l'environnement social. L'homme étant avant tout un être rationnel, dynamique, mais également sociable.

La théorie de la dissonance cognitive mise au point par Léon Festinger en 1957, bien qu'ayant soulevé débats et controverses, lève tout de même un pan de voile sur nombre de questions importantes liées à la conscience. Son principe est le suivant : L'homme est un être rationnel chez qui il existe un besoin permanent de maintenir dans le système de pensée la plus grande cohérence possible. Toute incohérence et dissonance au plan cognitif crée chez l'être humain un état pénible et inconfortable. Il éprouve un malaise psychologique, un inconfort ou de l'anxiété et qui suscitent chez lui une tendance à déduire cette dissonance, et restaurer la consonance. Rappelons que deux notions ou cognitions sont dites consonantes lorsque l'une implique psychologiquement l'autre ou découle d'elle. Exemple : je déteste la cigarette et je ne fume pas. Elles sont dites dissonantes lorsque l'une est le contraire de ce à quoi l'on s'attendait connaissant l'autre. Exemple : je déteste la cigarette, mais je fume. Ces deux notions sont ainsi dissonantes c'est-à-dire illogiques et contradictoires. Car si je déteste la cigarette je devrais logiquement ne pas fumer. Alors il s'ensuivra chez celui qui fume un état de malaise, une tension psychologique qu'il cherchera à réduire en relativisant ces cognitions. Lorsque par exemple l'individu est appelé à faire publiquement une déclaration qui est contraire à ses convictions personnelles ; cet homme éprouvera un grand malaise (on dit qu'il entre en état de dissonance, c'est-à-dire qu'il éprouve une souffrance psychologique). On lui promet une forte récompense s'il fait cette déclaration ; la récompense réduit ainsi sa dissonance, et il retrouve la consonance (gaieté, quiétude). Mais si par contre après avoir fait la déclaration, on lui remet une maigre récompense ; son état de dissonance (son malaise) sera d'autant plus grand que la récompense sera plus maigre. Festinger estime que l'existence simultanée d'éléments de connaissance qui, d'une manière ou d'une autre ne s'accordent pas, entraîne de la part de l'individu un effort pour les faire d'une façon ou d'une autre mieux s'accorder (réduction de la dissonance). L'individu peut par exemple renier ses convictions ou tenter de trouver des arguments pour justifier cette situation éprouvante. Si je fume, c'est parce que… Il y a donc une raison cachée qui justifie son comportement. On dit de cette analyse qu'il rationalise. L'homme est donc, disions-nous un être rationnel et subjectif. Et en cela il est différent des autres êtres animés. Il n'est pas un animal supérieur comme l'ont prétendu quelques-uns dont nous allons aborder les théories dans les pages qui suivent.

L'animal n'est pas capable de fantasmer. Précisions que le fantasme est en quelque sorte une représentation imaginaire de la réalisation d'un désir qui ne tient pas compte de la réalité. Exemple : J'aimerais me retrouver dans un lit à la Côte d'Azur avec la star de la musique Beyonce. Ou encore j'aimerais effectuer un voyage dans l'espace au moyen d'une navette spatiale et me retrouver debout sur le sol de la lune, vêtu en cosmonaute et contemplant l'univers, la planète terre et les autres astres. L'animal n'est pas capable de telles pensées. L'homme est donc un être complexe et mystérieux, et il n'y a aucune possibilité de connaître ce qu'il pense, de prédire ses réactions ; parce que cela relève du hasard disons mieux, de l'âme. La logique formelle est différente de la logique humaine. Cependant tout dépend de l'angle de lecture dans lequel l'on se situe.

Soulignons que le concept de hasard est tributaire du principe de causalité linéaire si cher aux sciences physiques : "les mêmes causes produisent les mêmes effets dans les mêmes conditions expérimentales". Lorsqu'on ne parvient pas à lier le fait à sa causalité, on parle de hasard ou de variable. Et une discipline qui définit toute chose par sa causalité première a donc une prétention scientifique. Il s'agit ici de la capacité d'établir des rapports entre les événements ; ces rapports doivent être constants et reproductifs. Nous pouvons désigner la science comme étant le savoir en général ou encore l'ensemble des connaissances et de recherches méthodologiques ayant pour but la découverte des lois des phénomènes. Nous avons ainsi, plusieurs corpus de sciences : les mathématiques, l'astronomie, la physique etc. et dans une plus large mesure les sciences humaines, les sciences politiques, les sciences morales. L'épistémologie ou philosophie des sciences serait donc l'étude philosophique de ces différentes sciences dont l'aspect peut être économique, idéologique, logique, historique, sociologique, psychologique ou théologique. La spécificité de la connaissance scientifique est la généralisation, la spécialisation et la rigueur de la preuve. Le savant est avant tout douteux, il ne croit pas à tout ce qui n'est pas clairement démontré. "Voir et vérifier pour croire" est le slogan des savants. Cet esprit critique qui pousse à vouloir tout vérifier et tout expliquer, c'est ce que l'on a appelé l'esprit scientifique. Bachelard estime que la connaissance scientifique est un produit tardif et une conquête de l'histoire. Selon Auguste Comte, le développement de l'intelligence humaine est passé par trois étapes ou états :

- *L'état théologique ou fictif* : Pour signifier les phénomènes et les apprécier, les hommes adoptèrent d'abord une explication théologique du monde : c'est l'état fictif on le stade exclusif de la croyance. Tout ce qui arrive est expliqué de manière magique en l'attribuant à des êtres surnaturels (aux dieux). Dieu est alors la cause de tout phénomène. Ainsi la tempête par exemple est expliquée comme un caprice des dieux.

- *L'état métaphysique ou abstrait* : Les hommes ont remplacé les dieux par des forces abstraites inhérentes aux choses. La tempête est expliquée par "une vertu dynamique de l'air" et non plus un caprice de Dieu. Comme dans l'état précédent, l'homme recherche ici le pourquoi des phénomènes, c'est-à-dire l'origine et la destination des faits. La pensée préscientifique qui résultait de ces deux états est fondée sur l'intuition et l'imagination. Elle ne pouvait qu'aboutir à des déclarations pieuses, à l'admiration béate, à des conclusions arbitraires et péremptoires sinon superstitieuses, en un mot à l'ignorance.

- *L'état scientifique ou positif* : Il se caractérise comme une période de lumière où l'homme a déjà accès à la connaissance et à l'interprétation exacte des phénomènes grâce à l'expérimentation. La science se présente de plus en plus comme une pratique concrète réglée sur l'expérience. Ses lois réunissent intelligibilité théorique et efficacité pratique ou du moins un système de jugements rationnels toujours vérifiables expérimentalement et que Platon regarde comme le niveau le plus élevé du savoir humain. Il l'a appelée « dianoïa » opposée à la « doxa » (dianoïa = science et doxa = opinion, connaissance commune, élémentaire).

Il existe un grand conflit qui a souvent opposé la foi et la raison. Devant un problème nous avons généralement deux réactions, soit de l'expliquer par la raison soit par la foi. La modeste expérience que nous tenons de la pratique de la Parole de Dieu nous autorise à affirmer qu'après l'expérience rationnelle, l'homme retourne toujours à la sécurité de la foi. Nous savons très bien que la démarche scientifique consiste en quatre ou cinq étapes : l'observation – l'hypothèse – l'expérimentation – la généralisation ou lois. Et toutes disciplines qui se réclament de ce nom doivent rigoureusement obéir à ce processus. La psychologie vaudrait son pesant d'or si elle parvenait à établir les rapports constants, scientifiques, entre l'homme et lui-même, l'homme et ses actions. Il faudrait que la psychanalyse réussisse à établir la causalité primaire. Les expériences doivent être répétables, standardisées. Il n'y a véritablement que le mystère de l'homme qui semble échapper à cette loi, preuve qu'il existe en lui quelque chose qui n'est pas saisissable par l'intelligence humaine en dépit de tous les tests réalisés depuis la nuit des temps. Et cette chose c'est l'âme qui est du ressort exclusif de Dieu. C'est ce qui a fait dire à certains que l'homme est un être divers et ondoyant. L'esprit et l'âme ne sont pas saisissables, et tant qu'ils demeurent tels, la science reste subjective. C'est le lieu de le dire, c'est l'Eternel Dieu qui provoque les variables et les occurrences de faits que la science s'efforce de découvrir. Nous savons très bien que la question fondamentale de la biologie c'est d'expliquer comment se transmettent les gènes chromosomiques, les caractères et de quelle manière arrive-t-on à la procréation ? Elle s'intéresse donc au problème de la fécondité et de l'hérédité afin de surmonter le hasard. De même depuis quelque temps la physique s'intéresse, comme la psychologie aux phénomènes de cognition. Comprendre les mécanismes non pas seulement du cerveau mais de la conscience elle-même, c'est le grand défi du XXIe siècle. En fait la recherche de la fameuse ''intelligence artificielle'' des ordinateurs a longtemps été et demeure jusqu'à ce jour pour certains scientifiques un leurre. Car le cerveau est peut-être le siège des phénomènes physiques, qui dépassent la logique des ordinateurs, des constructions intellectuelles.

Bachelard (1984) définit l'épistémologue comme ce philosophe qui étudie la science et qui ne s'en tient qu'aux solutions philosophiques des problèmes scientifiques. Il ne doit pas être en retard sur la mutation scientifique et se doit de sortir de la caverne philosophique. Il n'est ni idéaliste, ni réaliste, ni rationaliste, ni matérialiste. Il ne se laisse pas enfermer dans une doctrine exclusive. Pour suivre la marche de la raison, il se doit de coordonner le matériel au spirituel. La science perçue comme somme des preuves et d'expériences, de règles et des lois, d'évidences et des faits, a besoin d'une philosophie à double pôle, non d'une métaphysique mais de deux métaphysiques ; il s'agit d'une philosophie bipolaire qui lie empirisme et rationalisme. Car l'empirisme a besoin d'être compris rationnellement par la raison et le rationalisme a besoin d'être expliqué empiriquement. Par le fait même que la philosophie des sciences est une philosophie qui s'applique, elle ne peut garder la pureté et l'unité d'une philosophie spéculative. Quel que soit le point de départ de l'activité scientifique, écrit Bachelard (op.cit), cette activité ne peut pleinement convaincre qu'en quittant son domaine de base : si elle expérimente, il faut raisonner, si elle raisonne, il faut expérimenter, toute application étant transcendance. Ainsi aux sciences exactes il faut associer la raison, le dualisme dialectique des sciences humaines ; et aux sciences humaines dites abstraites, il faut associer l'expérimentation. C'est ce que l'on a appelé "le nouvel esprit scientifique". Il ne nous semble pas tendancieux d'affirmer que toutes les études menées par les illustres savants ont accédé à des conclusions plus philosophiques et métaphysiques que véritablement scientifiques. Dès lors elles perdent leur valeur rigoureuse pour rejoindre fatalement l'hypothèse théologique.

Dans la même optique Yvonne Castellan, citant Alan Kardec, écrit :

> *Le temps est venu d'abattre le mur d'ostracisme qui séparait ces valeurs apparemment contradictoires : la raison et l'irraison, qu'il ne faut pas confondre avec la déraison ou la démence ; la logique des hommes et la superlogique ; le naturel et le surnaturel ; le normal et le supernormal ou le paranormal, qu'il ne faut pas assimiler à l'anormal ; le visible et l'invisible ou la vision médiumnique appelée clairvoyance ; l'audible et l'inaudible ou l'audition médiumnique nommée clairaudience. En somme, il est temps de passer de la réalité accessible à nos cinq sens à la réalité transcendante qui mérite son R majuscule. En un mot il faut réhabiliter l'irrationnel, mais il faut le faire avec l'appui de la science moderne* (Castellan, 1987 : 123).

Le célèbre physicien et mathématicien Britannique Roger Penrose pense à la limite qu'il faut fonder une nouvelle physique pour comprendre l'esprit. « *On va trouver, révèle-t-il dans une interview accordée à* Science et Vie n° 945, *l'essence de la conscience quelque part entre la physique quantique (celle de l'infiniment petit) et la physique classique (celle qui gouverne le monde macroscopique) »*. Il s'attaque ainsi peut-on le remarquer, aux deux places fortes qui résistent à toute inquisition humaine : les lacunes de la physique quantique et l'origine de l'esprit. Son arme ? Un important bagage scientifique, de la témérité, et beaucoup… d'esprit. Il lui en fallait car, en dépit des énormes progrès accomplis dans les sciences cognitives tout comme en biologie, les chercheurs avouent n'avoir pu commencer à étudier les fondements de l'esprit, ni même posséder une définition satisfaisante pouvant permettre de faire la dichotomie entre l'âme et l'esprit. Selon Penrose, l'ordinateur qui est le meilleur produit de la science, par principe, ne peut pas engendrer ni expliquer la conscience, qui découle d'un phénomène physique non calculable et qui ne peut être compris par l'ordinateur. C'est donc du domaine réservé de Dieu. Ceci est une *vérité mathématique*.

Nous l'avons souligné plus haut, la science s'efforce d'ébranler les lois de la nature, de faire basculer les barrières érigées par la nature pour rendre possible ce qui ne l'était pas, de vaincre le hasard pour expliquer tous les phénomènes. Et pour ce faire elle ne s'intéresse qu'aux choses matérielles en mettant de côté tout ce qui se rapporte tant soit peu à l'esprit. Malheureusement elle s'est toujours heurtée à ce qu'ils ont eux-mêmes cru devoir désigner par phénomènes paranormaux et qui ne sont en réalité que les indicateurs de l'existence d'un Etre invisible, puissant et mystérieux ; Dieu à qui nous devons crainte et soumission.

Ernest Bosc nous fait observer dans L'aither que les choses n'existent pas que sous la forme physique. Les choses existent ainsi à l'état solide, liquide, gazeux, mais aussi à l'état radiant ou magnétique. Exemple la force électrique ou électrons. C'est ce que d'aucuns désignent par énergie aithérique. Appelons ça l'esprit. Le hasard pourrait donc être regardé comme un fait, un phénomène ou un événement que l'intelligence n'avait pas prévu, auquel l'on ne s'attendait pas, mais que l'énergie (ou esprit) a fait (ayant tout fait), qu'elle connaissait, qu'elle avait prévu et qu'elle a provoqué au moment opportun. L'esprit et la vie ne seraient-ils pas Dieu ?

Chapitre iv **Pour connaître Dieu, il faut s'approcher de Lui**

Voici une expérience qui permet d'appréhender la réalité des entités méso cosmiques (esprits), en opposition à la matière (corps). Il s'agit en clair d'un cas de délivrance réalisé le 25 octobre 2006 à la Prison Centrale de Yaoundé.

Un nouveau converti vient m'appeler un matin pour allez intervenir sur le cas d'un homme déjà dans le coma au quartier 9, local 119. Les infirmiers avaient déjà atteint leurs limites, les exorcistes catholiques, protestants et pentecôtistes également. L'on attendait ce Pasteur (moi) qu'on disait puissant. Après avoir longtemps résisté, je cédai finalement à la pression de la masse. Alors je pris avec moi un jeune prêtre catholique que la communauté persécutait. Je voulais qu'il voie la différence. A notre arrivée, on avait déjà administré au malade l'extrême onction. Il ne parlait plus et n'était plus conscient, mais le corps chauffait et son cœur battait. J'obtiens préalablement l'autorisation d'un membre de sa famille en la personne de Nobola Mbilli Gabriel (Q8 ; L92). Tout le monde s'écarte pour me voir opérer, prêt à blasphémer en cas d'échec.

– **ELANGA** : Bonjour mon ami, quel est ton nom ?

– **TENE Denis** : (Aucune réaction).

– **ELANGA** : Sais-tu qui te parle ? Je suis Serviteur de Dieu. J'ai cru en 1988 ; j'ai confessé mes péchés et j'ai reçu le baptême d'eau et du Saint-Esprit. Tu dois me répondre au nom de Jésus-Christ !

– **T** : Je m'appelle Tene Denis

– **E** : Quel est l'esprit qui tourmente Denis ?

– **T** : Nous ne te répondrons pas.

– **E** : Vous allez répondre parce que j'ai de l'autorité sur vous. Je l'ai obtenu par la foi en Jésus-Christ et par la sanctification. Tu sais Satan que tu n'as jamais confessé tes péchés ; alors je suis supérieur à toi.

– **T** : Tu n'es rien. Nous sommes plus forts que toi.

– **E** : Vous savez très bien qui vous parle. Vous n'ignorez pas les défaites que je vous ai souvent infligées, les âmes que je vous arrache. Lucifer soumets-toi !

– **T** : Mon nom, c'est Michel.

– **E** : Avec qui es-tu Michel ? Je sais que tu n'es pas seul.

– **T** : Nous sommes à deux. Je suis avec Moafo

– **E** : Comment êtes-vous entrés dans le corps de Denis ?

– **T** : Nous avons son sang et ses urines. Denis nous appartient et personne ne peut le délivrer de notre main, même pas toi.

– **E** : Depuis combien de temps êtes-vous là et comment êtes-vous entrés en lui ?

– **T** : Nous le possédons depuis l'âge de 5 ans. C'était un enfant intelligent, il fallait qu'il nous appartienne, qu'il soit à nous.

– **E** : Satan tu mens. Les âmes appartiennent à Dieu et non à toi. Tu es usurpateur, et je vais t'arracher tout de suite l'âme de Denis.

– **T** : Tu ne peux pas. Tu ne peux pas combattre avec nous. Tu es tout seul et nous nous sommes à deux.

– **E** : Je ne suis pas seul. Je suis avec le Seigneur Jésus. C'est lui qui m'envoie. Il y a beaucoup d'anges qui m'assistent. Ceux qui sont avec moi sont en plus grand nombre que vous.

– **T** : Tu ne peux pas résister à ma main, c'est moi-même qui parle. Je suis le plus fort. Veux-tu combattre ?

– **E** : Je ne peux pas combattre contre toi. Jésus t'a vaincu au Mont Calvaire. Te souviens-tu de la guerre qu'il y a eu au ciel lorsque tu étais ange de lumière ? Michel et ses anges ne t'ont-ils pas vaincu ? Tu as été précipité sur la terre, toi le grand dragon, le serpent ancien. C'est par la foi en Jésus que je suis victorieux. Son sang me purifie de tout péché et tu n'as rien en moi. Ne vois-tu pas l'ange de l'Eternel qui campe autour de moi, regarde sa taille.

– **T** : Je le vois, mais je peux te vaincre.

– **E** : Si tu es fort, touche à ma main (j'ai tendu la main). Si tu peux toucher au sang de Jésus, va-y et saurais que tu es fort, Satan.

– **T** : (il étend la main dangereusement vers moi pour se saisir de moi. J'avais des frissons) Aah ! (Mais sa main s'arrête à quelques millimètres de la mienne, sans me toucher, il retombe sur le lit et commence à rire. Je compris qu'il battait en retraite).

– **E** : Tu vois que tu n'as pas pu toucher à ma main, qui est couverte par le Sang de Jésus.

– **T** : Nous allons te vaincre, tu n'es pas fort Elanga ; tu ne peux pas arracher Denis de notre main.

– **E** : Te souviens-tu des 66 démons que j'ai chassés de Samuel il y a trois semaines ? Ils étaient à 66 et vous vous n'êtes qu'à deux.

Dieu est-il logique ?

– **T** : Nous le possédons, tout comme son petit frère Pompidou. Tous nous appartiennent. Si tu veux combattre, nous allons combattre. Tous ceux qui ont tenté de les retirer de notre main ont échoué, ce n'est pas toi qui pourras.

– **E** : Ils ne sont pas sanctifiés. Mais moi j'ai confessé mes péchés à Jésus. Ne m'as tu pas vu cette nuit à minuit. Sais-tu où j'étais à minuit ?

– **T** : Je t'ai vu, tu étais avec deux petites personnes (c'était vrai, j'avais prie cette nuit-la avec deux jeunes chrétiens (NDLR).

– **E** : Je t'ai vaincu à minuit à genoux. Tu n'as pas pu travailler à cause de moi. Tes plans dans le monde ont échoué.

– **T** : (rire). Tu n'es pas supérieur à moi. C'est moi le maître du monde. Je domine les prêtres et les pasteurs.

– **E** : Tu les vaincs par le péché. Te souviens-tu de la mission que j'au effectué au Sud-ouest en 2002 en compagnie d'une très belle femme épouse d'un colonel ? Nous avons fait un mois de mission jour pour jour, et tu as tout fait pour me pousser à commettre l'adultère, tu n'as pas réussi. Je t'ai résisté. Tout dernièrement au Tribunal tu as voulu me pousser à mentir en me proposant un faux témoin, j'ai refusé. J'ai refusé de mentir en obéissance à mon Maître Jésus, qui est la Vérité. Je ne t'obéis pas comme les autres. J'ai confessé mes péchés ; tu n'as pas pu le faire. Tu m'as jeté en prison sans motif, afin que j'abandonne la foi et que je doute de mon Maître ; tu as échoué. Même en pison, j'ai glorifié le Seigneur Jésus et je t'ai arraché les âmes que tu voulais emmener en enfer. Tu as échoué.

– **T** : Tu as raison, mais Denis nous appartient et tu ne peux rien faire pour lui.

– **E** : Il vous appartient à cause des péchés qu'il a commis. Mais si vous libérez sa gorge, il confessera ses péchés et échappera de votre main (puis je criai fort) : Michel et Moafo, sortez de sa gorge !!! (Le malade revient à sa conscience et se met à me regarder lui-même. Je lui dis de confesser ses péchés. Il ne le fait pas). Denis, Satan veut te conduire en enfer, renonce à lui et à ses œuvres !

– **T** : Tu ne peux rien ; nous le tenons depuis longtemps. Nous l'avons eu de sa mère.

– **E** : Quel est le nom de sa mère ?

– **T** : Ndjeussi Bernadette.

– **E** : Qu'a fait sa mère pour vous le livrer ?

– **T** : C'est lorsqu'elle est descendue de la voiture étant enceinte, et elle est allée accompagner sa mère au champ. J'ai vu que l'enfant qu'elle portait dans son ventre serait intelligent. Je l'ai possédé.

– **E** : Quel était le nom de la grand-mère de Denis ?

– **T** : Elle s'appelait Marie.

– **E** : Est-elle vivante actuellement ?

– **T** : Non, elle est morte. Mais c'est nous qui l'avons gagnée. Elle est de notre côté.

– **E** : Et la mère de Denis, est-elle en vie ?

– **T** : Elle est morte. Mais elle est à notre service. Elle travaille pour nous. Elle n'a pas voulu nous céder son fils, elle a préféré se sacrifier pour son fils. Mais nous l'avons pris à l'âge de 5 ans.

– **E** : Quel péché Denis a-t-il commis à l'âge de 5 ans ?

– **T** : C'est au travers des œuvres de sa mère.

– **E** : Quels sont les démons qui ont pris la grand-mère de Denis que vous dites avoir éliminée ?

– **T** : (un moment de réflexion). Je ne connais pas leur nom

– **E** : Alors, tu n'es pas omniscient Lucifer. Tu es donc inférieur à Dieu de qui tu t'es rebellé. Jésus lui, connaît toutes ses brebis et ses brebis le connaissent. Il appelle chacune par le nom. Toi, tu ignores même le nom de tes démons, preuve que tu es inférieur à Jésus. Rends-toi !

– **T** : Je suis puissant.

– **E** : Jésus lui, est tout puissant. Parce qu'il a obéi au Père, tout pouvoir lui a été donné dans le ciel et sur la terre. Au seul nom de Jésus-Christ, tout genou fléchit dans le ciel, sur la terre et sous la terre et toute langue confesse qu'il est Seigneur à la gloire de Dieu le Père. Reconnais-le comme Seigneur.

– **T** : Je l'ai vaincu sur la terre non ?

– **E** : Tu n'as pas pu le convaincre du péché. Tu l'as fait tuer sur la croix, mais Dieu l'a ressuscité victorieusement de la tombe, malgré les soldats qui la gardaient. La vérité est sortie de la tombe. Il est assis à la droite du Père. Mais toi, dans peu de temps tu seras dans la géhenne. Voici un jeune prêtre que tu veux conduire dans la fausse doctrine, dans l'idolâtrie, dans l'homosexualité, dans la magie, dans la nécromancie. Tu as établi des pontifies adultères, les évêques homosexuels, les pasteurs pédophiles, les autorités religieuses qui boivent du sang et qui mentent. Tu ne réussiras pas à emmener celui-ci. Je lui montrerai la vérité (A ces propos le prêtre s'enfuit subrepticement). Satan tu es menteur, je te livre en spectacle.

– T : Es-tu plus fort que les pasteurs et prêtres que j'ai vaincus ?

– E : Ce sont de faux pasteurs. Peux-tu pointer un péché dans ma vie ? Jésus m'a donné de l'autorité sur toi. *« Voici, je vous ai donné le pouvoir de marcher sur les serpents, sur les scorpions... »* Luc 10, 19. (A ces propos, il tombe à la renverse et se tait définitivement). Je crie : Satan sors de ce corps, libère cette âme au nom de Jésus et jette-toi dans les abîmes !

Le malade reste couché comme mort. Je l'appelle par le nom et il répond péniblement. Je le relève par la main.

– T : Qu'est-ce que je fais ici ? D'ou vient cet homme (moi) ? Pourquoi cet attroupement ? Donnez-moi la cigarette !

– E : Tu étais possédé par Michel et Moafo ; je causais avec eux tout à l'heure.

– T : Michel, c'est mon frère aîné. Moafo, c'est la coépouse à ma mère. Elle est à Mbalmayo. Comment connais-tu les noms de mes membres de famille, je ne te connais pas. (Se tournant vers son ami Nobola) il dit :

Michel était-il ici à la prison ? (Tu sors de loin, lui répond son ami). Il se lève et demande de la nourriture.

DIEU : ETRE SUPREME, LOI IMPERSONNELLE OU PRINCIPE ?

> *La foi et la raison, nous dit le cartésien Malebranche, nous assurent que Dieu seul est la cause véritable de toutes choses : mais l'expérience nous apprend qu'il n'agit que selon certaines lois qu'il s'est faites et qu'il suit constamment. Il n'y a aussi que Dieu qui répande la lumière dans les esprits ; mais il ne faut point chercher ailleurs qu'en nous-mêmes la cause occasionnelle qui le détermine à nous la communiquer. Dieu, par une loi générale qu'il suit constamment et dont il a prévu toutes les suites, a attaché la présence des idées à l'attention de l'esprit. Lorsqu'on est attentif, la lumière ne manque pas de se répandre en nous à proportion de notre travail. Cela est si vrai que l'homme ingrat et stupide s'en fait un sujet de vanité, s'imaginant être la cause des ses connaissances. N'ayant aucune conscience de l'opération de Dieu en lui, l'homme regarde l'effort de ses désirs (qui devrait le convaincre de son impuissance) comme la cause véritable des idées qui accompagnent cet effort. L'attention de l'esprit est donc une prière naturelle par laquelle nous obtenons que Dieu nous éclaire* (Mantoy, 1969 : 44).

Je m'entretenais un jour avec mon ami Jacques Massengo, Technicien de la Santé et initié des écoles de mystère. Il avait une approche très relative des choses et soutenait alors que tout ce qui semblait réel à nos yeux n'avait rien de précis et que de la sorte notre appréciation des choses était toujours empreinte de subjectivité.

Il faudrait, me disait-il, que tu apprennes à accepter que nous vivons dans un monde d'illusions. Tout est relatif et ne saurait ainsi obéir à aucune norme. Je te mets en défi de me montrer dans les choses composées ou naturelles, deux éléments qui soient identiques. C'est absurde que tu veuilles trouver une explication à la souffrance de l'homme ; cela ne tient que du principe naturel. Il laissait croire ainsi que toutes les vérités se contredisaient, que toutes les religions et courants idéologiques avaient la même vérité sous des interprétations différentes, ou n'en possédaient pas du tout.

- Il est important que tu saches une chose, lui répondis-je, au-delà de tout ce qui existe, il y a un être transcendant qui veille à ce renouvellement perpétuel que tu as cru observer dans cette disparité. Le monde en lui-même obéit à certains principes établis depuis des millénaires comme une loi universelle. Les infortunés de la vie sont, si tu me veux croire, ceux-là qui enfreignent à cette loi, qui pourrait être simulée aux dix commandements dont parle la Bible.

- Je comprends mieux que le monde est branché à un principe : le karma ; et qu'il est de la sorte gouverné par une loi naturelle et impersonnelle ; rien à voir avec Dieu ; ou du moins Dieu serait cette loi.

- Une loi perçue comme une puissance impersonnelle, sans Dieu, me semble dénuée de tout fondement logique. Il faut une intelligence supérieure qui la conçoive.

- C'est vous qui le dites. S'il y a des lois, c'est qu'il y a un législateur…

- Exact, lui dis-je.

- Je te prends au mot, reprit-il avec sourire, ça suppose qu'il y a un individu qui édicte ces lois. Alors le législateur est dépendant de ses propres lois ; donc il n'est plus libre. Si Dieu existe tel que tu le présentes, ce Dieu n'est pas libre et par conséquent pas tout-puissant.

- Et toi, qu'as-tu à gagner de savoir que Dieu n'est pas libre, puisque de toute évidence il demeure supérieur à toi. Libre ou pas ; ce qui est important et assez grave à mon avis, c'est de savoir que notre destinée dépend entièrement de lui et qu'il peut faire de nous tout ce qu'il veut. Car rien ne s'est jamais produit au hasard dans ce monde. Et ce que l'on croit trop facilement être ses caprices et que nous nous plaisons souvent à désigner par déveine, ce sont des faits pensés et motivés par des lois très profondes, sinon une main responsable très puissante. Il faudrait que tu comprennes que les vicissitudes de la vie ne sont qu'une juste rétribution, la conséquence d'une action que nous nous sommes permis de poser en situation de révolte, sans nous douter de ce qu'il en résulterait.

Loin de nous toute méprise des connaissances humaines, du débat philosophique. Ils sont utiles mais limités dans leur capacité de satisfaire à toutes les aspirations de l'homme. Que peuvent toutes les théories philosophiques, aussi rationnelles soient-elles, devant la détresse d'un adulte que tourmente le remords de l'échec, ou d'un jeune homme que ronge l'angoisse du futur inconnu, ou encore devant le chagrin d'une mère qui pleure son enfant le corps entre les bras ? Que le sage s'abaisse devant l'Etre Suprême !

Et à propos de la liberté de Dieu, j'eus cet entretien un jour avec le Diacre Endomedja à qui je posai cette question :

- Nous autres chrétiens, nous nous empressons de soutenir que nous sommes libres, parce que nous ne péchons plus. Mais dans la réalité des faits je vois notre rayon d'action très contingent, et quelquefois je me prends à penser que Dieu lui-même n'est pas du tout libre de tout faire.

- Tout dépend du portrait que tu donnes à Dieu. Qui est Dieu d'abord pour toi ?

- On le définit comme cet être imaginaire ou un esprit supérieur qui préside aux destinées de l'univers, tout-puissant et très bon.

- Tu comprends donc que tout dépend de la définition qu'on lui donne.

- Alors vas-y, définis-moi Dieu.

Chapitre iv **Pour connaître Dieu, il faut s'approcher de Lui**

- Dieu est Esprit et Vérité.

- Cette vérité est-elle libre ? Voilà le débat.

- Je pourrais te la renvoyer en te demandant si la liberté est vraie.

- Définissons au préalable la liberté : absence de contraintes, de limites. Et il faut bien que Dieu soit en mesure de faire le bien et le mal, sinon il est limité.

- Tout cela peut-il donc être vrai ?

- Oui, la liberté est vraie.

- Par conséquent la vérité aussi est libre. Dieu est donc libre, d'où ses attributs.

Dieu existe-t-il ? Le sujet est aussi vieux que le monde. L'on justifie d'ordinaire l'existence de Dieu par le fait que toute chose existe et que de la sorte il faut un créateur. Mais l'existence de l'Etre Suprême est vite fragilisée par la cause même qui l'a justifiée ; en ce sens qu'il faut également que Dieu soit créé. Il est superflu de souligner qu'il faut des raisons valables pour bouleverser sa vie au niveau profond de la loi immanente qui la régit depuis son origine. Changer sans motif sérieux l'orientation profonde de son existence, renier son héritage spirituel, c'est mettre en péril son équilibre intérieur. Pour risquer sa vie dans une mutation subite de la foi, il faut avoir passé une suite d'expériences suffisantes propres à étayer les exigences critiques de la conscience et les interrogations de la raison. C'est après une longue et coriace lutte intérieure que l'on parvient à céder à la conviction de ce mystère auquel nous donnons le nom de Dieu. Dans une perspective positiviste, nous nous astreignons à partir des thèses philosophiques, des arguments scientifiques et des faits historiques. Au demeurant nous voudrions partir du rationnel vers l'irrationnel. Et que le Seigneur nous garde de toute prétention, de penser tant soit peu avoir fait le tour de la question.

Friedrich Wilhem Nietzsche, parlant de l'absurdité de la vie, pense que *« Dieu est mort puisqu'il ne représente que la transfiguration illusoire des valeurs figées et mortes »* (Oriol, 1979 : 92). Il part ainsi du constat de laxisme, où le monde serait inexorablement en cavale vers la déchéance sous le regard indifférent du bon Dieu. Il persiste et signe : ce sont les misérables, les vaincus de la vie qui ont créé l'idée de Dieu pour se consoler de ce qu'ils n'ont pas pu avoir. Ils ont inventé le mythe du salut des âmes parce qu'ils n'avaient pas la santé et la joie. Ils ont inventé un autre monde, l'au-delà, pour pouvoir calomnier celui-ci et le salir. Ils ont forgé la fiction du péché parce qu'ils ne pouvaient participer aux joies terrestres de la satisfaction des instincts. Aussi Feuerbach lui emboîtant le pas, déclare-t-il que l'homme pauvre possède un Dieu riche, question de compenser ce qu'il n'a pas su se tailler sur terre. Et Karl Marx d'ajouter : les valeurs de l'homme sont bafouées sur la terre par l'exploitation de l'homme par l'homme ; on les projette alors dans le ciel sous-forme de mythes religieux. La religion, selon lui, n'est autre que ce qu'il a appelé l'opium du peuple.

Lénine écrit :

> *Toute idée religieuse, toute idée de Dieu, et même toute sympathie pour l'idée de Dieu est une abjection inqualifiable de l'espèce la plus dangereuse, la contagion la plus abominable. Il y a et de loin beaucoup moins de danger dans des milliers de péchés, d'actions immondes, d'actes de violence et de maladies contagieuses que dans la subtile idée spirituelle d'un Dieu* (Wurmbrand, 1954 : 104).

L'homme a pour finalité de devenir semblable à Dieu ; et l'objectif essentiel des communistes est de l'en empêcher. Il n'est pas superflu de préciser que le communisme tel que perçu par Lénine a pour but premier sinon unique, de prêcher l'inexistence de Dieu. Dans tous les pays communistes, l'athéisme est religion d'Etat. Les communistes croient qu'après la mort l'homme se transforme en sels minéraux. Aussi ramènent-ils toute son existence au niveau de la matière ; ceci se faisant à grand renfort de violence tant et si bien que les professeurs sont obligés de prêcher l'inexistence de Dieu, nonobstant leurs convictions intimes. Selon la doctrine marxiste officielle, il n'y a ni Dieu, ni diable, l'un et l'autre étant des créations de l'imagination. C'est au nom de cette doctrine que les chrétiens sont persécutés. Ce n'est donc pas l'athéisme, mais une haine dirigée contre Dieu. Le marxisme est bien une religion. Il en a toutes les caractéristiques, mais son Dieu est Satan. Wurmbrand dans ses deux livres, tire un grand dossier à ce sujet.

Voilà la manière dont l'homme se sert de la liberté de pensée et d'action que Dieu lui a offerte. L'homme a un grand désir d'unité, une soif inaltérable de tout ramener à lui. Et cela avec raison ; d'où la tentation perpétuelle qui le lie de simplifier, d'édifier la projection de son existence sur une seule base, de tout rapporter à un point de référence unique bien connu de lui et soumis à son pouvoir. C'est là une loi de la pensée, et il la transporte dans sa vie pratique. Curieuse manière tout de même d'investiguer ; Outrager Dieu pour l'obliger à se manifester. Il est regrettable que nombre d'intellectuels continuent aujourd'hui à penser que c'est de l'héroïsme que de critiquer les œuvres de Dieu. Lorsque l'imagination de l'homme ne lui permet plus de progresser, plutôt que de se tourner vers le Tout-puissant, il préfère emprunter la voie de la révolte et du blasphème. Nietzsche serait resté dans le panthéon des grands penseurs de la civilisation occidentale s'il n'avait pas eu à se repentir avant sa mort pour ses blasphèmes. Voilà un aperçu historique de la vie du célèbre Nietzsche (1844-1900). Né en Thuringe, à Roecken-Weimar (Prusse) d'un père Pasteur, il était destiné aux études théologiques, mais il perd la foi et se prend d'admiration pour la philosophie bouddhiste de Schopenhauer. Il devient l'ami personnel du musicien, Richard Wagner. Ses premiers ouvrages seront directement inspirés de ces deux personnes. Il contracte la diphtérie au cours de la guerre de 1870 qu'il fait comme ambulancier et sa santé s'altère gravement. Il avait déjà été nommé professeur de philosophie à l'Université de Bâle. Il se brouille avec Wagner auquel il ne pardonne pas l'apologie du christianisme médiéval. Il fait la connaissance de Lou Salomé, jeune fille dont la beauté et l'intelligence le fascinent. Mais ses espérances sentimentales sont cruellement déçues et il restera profondément marqué par la mélancolie de cet espoir brisé. Dès 1888, Nietzsche donne des signes évidents de démence, signant ses lettres "Dionysos" ou "Le crucifié". A Turin, il tombe sans connaissance. On le ramène à Weimar où il passe les deux dernières années de sa vie dans un état de prostration complète. Il meurt fou en 1900 (source : Oriol, 1979 : 90).

Ceux qui le lisent avec passion aujourd'hui ne savent pas que Nietzsche a eu à pleurer à chaudes larmes d'avoir proféré tant de blasphèmes à l'égard du Très Haut. Diphtérie, déception sentimentale, rupture amicale, démence... quel sombre tableau ! Il a bien fallu qu'il soit ramené à Weimar, ville où il avait répandu d'inoubliables insanités envers Dieu ; qu'on le voie fou, confusément dans cet état grotesque. Il s'est mis à signer des lettres de repentance à celui qui avait été crucifié et dont il tentait de travestir le sacrifice. Il a été châtié par Dieu jusqu'au comble de la mortification. Il admire Wagner, jadis athée comme Schopenhauer. Celui-ci se repent et devient chrétien, le laissant à son état. Il s'entête lui, finalement devient fou. Y a t-il meilleur exemple de déconfiture que le cas de Nietzsche ? Nous savons que même après la lecture de cet ouvrage, il ne manquera pas d'hommes obstinés qui continueront à emprunter le même chemin. Satan convaincra quelques-uns que nos sornettes sont inventées de toutes pièces ou que nos sources documentaires ne sont pas exactes.

Quant à Emmanuel Kant, sans pour autant être athée, présente cependant un point de vue qui prête a équivoque, notamment au sujet de l'existence d'un être transcendantal de qui dépendrait la destinée de l'homme. Il parle des *phénomènes* et des *noumènes*. Le phénomène, selon Kant, apparaît comme ce qui s'offre à notre champ perceptif dans le cadre des formes pures, de la sensibilité. Le phénomène serait donc tout objet d'expérience possible, c'est-à-dire ce que les choses sont pour nous, relativement à notre mode de connaissance. Le noumène quant à lui, c'est la chose en soi, que l'esprit peut certes penser mais non point connaître. Ce qui est pensé est noumène et ce qui est saisi est phénomène. Ainsi conclut-il *« Dieu est un noumène, une réalité possible mais que nous ne pouvons atteindre »* (Russ, 1996 : 344). Dans les <u>Fondements de la métaphysique des mœurs</u>, Kant énonce l'universalité de la loi, n'ayant rien à voir avec les préceptes divins. Quant à l'espérance religieuse, Kant souligne que Dieu, la liberté et l'immortalité, loin d'être démontrables, de faire l'objet d'un raisonnement théorique, sont de simples *postulats*. L'espérance d'une autre vie après la mort, et d'un Dieu justicier se rattache à une exigence pratique. Nous avons besoin de ces postulats pour l'exercice de la loi morale. Il estime que c'est l'appréhension de la mort qui fait dire aux hommes qu'il y a une vie éternelle. L'homme est un être essentiellement peureux ; à la perspective de la mort il cherche à se consoler dans l'idée que la mort n'a rien de tragique puisqu'elle n'est qu'un passage de cette triste vie mondaine à un univers plus beau, plus plaisant et plus juste ; la vie éternelle. La théorie de l'existence divine aurait ainsi été introduite parmi les hommes afin de limiter leurs passions en semant la crainte en eux. Ainsi l'homme se préserve du mal par crainte de l'enfer. Et Sigmund Freud dans la même optique, pense que la foi en Dieu n'est autre qu'un mécanisme de défense du Moi qu'il nomme ''régression'' ou retour nostalgique à l'enfance sous la protection d'un père juste, bon et tout-puissant. Ainsi la mort du père correspond à la naissance de Dieu. La peur du trépas provoque chez certains individus une angoisse compensée par des croyances en une autre existence. L'appréhension de l'échec pour lui serait combattue par la foi en une providence bienveillante. Bravo !

Si sir Kant et le psychanalyste Freud à qui nous devons une grande déférence, avaient pu pousser davantage, ils seraient arrivés à cette conviction que l'au-delà au moins est une réalité, en raison des multiples expériences vécues dans les salles de réanimation, où beaucoup de mourants ont affirmé avoir aperçu ou être entrés dans un autre univers dès leur soupir. Ils auraient tout au moins adopté la fameuse thèse de la réincarnation prônée par certaines écoles de mystère. Kant verse dans une curieuse contradiction lorsqu'il déclare que les impies et les saints souffrent indistinctement dans ce monde et qu'il faudrait-il qu'il y ait équilibre sinon la nature serait injuste. Il se dit que si les méchants souffrent autant que les justes, il faut bien un temps, un lieu où chacun serait rétribué selon ses œuvres. Les justes selon lui devraient prospérer sur terre, sinon il y a déséquilibre, d'où la nécessité d'une compensation. Kant ne croit pas en Dieu, il spécule. Il se serait montré plus courageux en acceptant qu'il y a un jugement dernier qui rétablira tous les équilibres. En tout cas nous ne perdons rien à attendre. Quant à Freud, nous préférons l'affronter sur son propre terrain.

Ernest Bosc (1977 : 63) écrit ce qui suit : « *Tout individu vit deux vies : l'une sur le plan physique (l'état d'éveil), l'autre sur le plan astral (pendant le sommeil). Et c'est la même carrière qui sépare ces deux vies, comme elle sépare la vie de la mort* ». Nos rêves, explique-t-il, sont mêlés aux sensations de nos préoccupations diurnes. On perd alors conscience de son corps physique et son intellect paraît s'étendre fort loin ; le futur paraît être le présent et les événements à venir se montrent, paraissent et donnent une sensation voisine du souvenir. R. Charles Baker (1985 : 27) affirme lui : « *Ce que vous décidez volontairement dans votre esprit conscient est produit par le subconscient. Si vous ne parvenez pas à vous décider consciemment, votre subconscient, dans la nuit, prend les décisions que vous avez accumulées pendant des années et produit un résultat qui leur est conforme* ». Il développe sa pensée en nous rappelant que la nuit porte conseil, et que ceci est doublement important en ce sens que pendant le sommeil nous pouvons être conseillés, inspirés ou visités plus facilement qu'éveillés par les aides invisibles de l'humanité. Je voudrais mieux dire que nous pouvons nous recommander à Dieu avant de dormir, dans la prière. Les anges peuvent nous visiter dans la nuit pendant le sommeil. Le Saint-Esprit peut nous secourir, nous donner des avertissements, nous consoler (Lire Job 33, 14).

Considérons le mystère du songe, en nous gardant toutefois de glisser dans l'oniromancie. Nous voyons comment l'homme lutte avec le sommeil, tout comme nous luttons avec la mort. L'on se met alors à ingurgiter des stimulants, à faire de la gymnastique, question de rester en éveil. La triste réalité est que l'on finit toujours par s'endormir, nonobstant nos efforts ; preuve que l'homme n'est pas maître de son corps. Pendant que le corps physique entre en repos, alors l'esprit commence à vivre un autre monde apparent, aussi réel que l'univers conscient : c'est le songe. Très souvent ce dont nous rêvons a des rapports très étroits avec notre vie consciente, nos occupations diurnes, comme nous venons de l'établir. Tout y passe, même ce que nous cachons ; nos succès, nos déboires, nos convoitises, nos projets. Ceci n'est-il pas une illustration parfaite de ce qui nous entend après la mort ? Après que notre corps (soma) se sera reposé dans le sommeil de la mort, notre âme (psyché) devra aller rendre compte à Dieu de la vie que nous aurons menée ici-bas, pendant notre séjour terrestre. Et qui sait si ce n'est pas le dernier bouquin que tu lis…

Wurmbrand (1976) nous fait remarquer que tous les adeptes de Satan ont des vies privées meublées de tourments. C'est également le cas de Marx. Arnold Kunzli dans son livre <u>Karl Marx. A psychogram</u> (Europa – Verlag, Zurich 1966) raconte sa vie qui mena au suicide deux de ses filles et un gendre. Trois enfants moururent de malnutrition. Sa fille Laura, épouse du socialiste Laforgue, dut aussi conduire au cimetière trois de ses enfants ; après quoi elle se suicida avec son mari. Une autre de ses filles, Eléonore, décida avec son mari d'en faire autant. Marx avait eu avec sa domestique un enfant naturel dont il attribua la paternité à son ami Engels qui accepta de jouer la comédie. Il buvait énormément. Sa fille Eléonore avait eu un choc en apprenant de la bouche d'Engels à son lit de mort l'affaire scandaleuse. C'est ce qui la conduisit au suicide. A croire que dans le <u>Manifeste communiste</u>, Marx critique les capitalistes qui ont les femmes et les filles de leurs prolétaires à leur disposition. Karl Marx avait une vie conjugale instable. Deux fois séparé de son épouse. A la mort de celle-ci, il n'assista même pas aux obsèques. Qui plus est, Marx était dénonciateur aux frais de la police autrichienne. Il dénonçait ses camarades durant son exil à Londres. Pour chaque bride d'information, il recevait vingt cinq dollars. Il avait maille à partir avec son père à qui il volait de l'argent. Il ne cessait de convoiter l'héritage d'un de ses oncles en agonie. ''Si le chient meurt, écrivait-il à son ami Engels, cela me tirera bien d'embarras''. En décembre 1863 il écrit à Engels : ''Voici deux heures un télégramme m'annonçait que ma mère vient de mourir. J'avais moi-même déjà un pied dans la tombe, mais dans les circonstances présentes, ma santé est plus utile que celle de la vieille femme. Je dois aller à Trèves au sujet de l'héritage''. C'est là tout ce qu'il trouve à dire pour la mort de sa mère.

Le commandant Sergius Riis (Américain) avait été disciple de Marx. Désolé en apprenant sa mort, il se rendit à Londres pour visiter la maison où avait vécu le maître admiré. La famille avait déménagé. La seule personne qu'il put interroger était son ancienne femme de chambre. Elle lui dit à son sujet ces paroles étonnantes : ''c'était un homme craignant Dieu. Quand il était bien malade il priait seul dans sa chambre devant une rangée de cierges allumées, le front ceint d'une sorte de mètre en ruban''. Il faut bien souligner que Marx avait eu des convictions chrétiennes, mais n'avait pas mené une vie conforme à ses principes, d'où sa conversion au satanisme ; car c'est bien de la magie qu'il pratiquait dans sa chambre. Aussi dans le poème de ''La vierge pâle'' il avoue :

Ainsi j'ai perdu le ciel,

Je le sais bien

Mon âme naguère fidèle à Dieu

A été marquée pour l'enfer.

Voici une citation de Marx dans son poème sur Hegel : « *J'enseigne des mots enchevêtrés dans un embrouillamini diabolique ; ainsi chacun peut croire vrai ce qu'il choisit de penser* » (Wurmbrand, 1976 : 20).

Chapitre iv **Pour connaître Dieu, il faut s'approcher de Lui**

Lors des troubles survenus en 1982 l'on a vu partout dans les rues de Pologne cette inscription : *"prolétaires du monde entier, pardonnez-moi"*. C'était le repentir de Marx quelques heures avant sa mort ; le contraire exact de ce qu'il soutenait habituellement : *"prolétaires du monde entier, unissez-vous"* quel triste sort ! En 1983, les gens ont commémoré le centenaire de la mort de Marx. Où célébrait-il ce même anniversaire... en enfer ?

Lénine, fondateur de l'Etat Soviétique, déclarait sur son lit de mort : *« j'ai commis une grave erreur. Mon cauchemar est la sensation d'être noyé dans un océan de sang, le sang de victimes innombrables. Il est trop tard maintenant pour revenir en arrière »*. (Wurmbrand, op. cit. : 58).

Engels s'est également repenti avant sa mort. C'est aussi comique de savoir que l'on a enlevé le cadavre de Staline de son mausolée. De même en Chine on a désavoué Mao et incarcéré sa femme. Notons aussi que Freud est mort après avoir longtemps souffert du cancer. Il est mort dans une souffrance atroce. Voilà comment finissent tous les athées, tous ceux qui ont pris sur eux de s'opposer à Dieu.

Blaise Pascal avait déjà présenté une attitude plus digne vis-à-vis de l'Evangile en révélant que c'est un danger pour l'être humain que de nier l'existence de Dieu. Lequel prendriez-vous donc, disait-il ? Pesons le gain et la perte ; en prenant le parti de croire que Dieu est. Si vous gagnez, vous gagnez tout ; si vous perdez, vous ne perdez rien. Pariez donc qu'il est, sans hésiter... et quand vous n'auriez que deux vies à gager pour une.... Quel serait grand le désagrément si d'aventure après la mort l'on se rend compte qu'on aurait dû croire en Dieu, que le ciel et l'enfer sont des réalités ! Pascal trouve qu'il est plus sage de croire que Dieu existe. Si tel n'est pas, l'on ne perd rien d'avoir gardé la sainteté. A ce propos, William Shakespeare s'écrit : Il y a plus de choses sur la terre et dans les cieux, que toute la philosophie n'en saurait rêver. Pour lui tant que l'univers recèlera des phénomènes inexplicables, tant que la science rationnelle n'aura pas élucidé tous les mystères de ce monde et répondu aux questions de l'homme, Dieu existera. En fait, la faillibilité même de la philosophie rend plus véridique, plus puissante la révélation divine.

Voltaire pour sa part croit juste qu'il y a un Dieu transcendant, créateur de toutes choses (il est déiste). L'univers m'embarrasse s'écrie-t-il, et je ne puis songer que cette horloge existe et n'ait point d'horloger. Il répugne cependant l'idée d'une révélation écrite venant de lui. Si à priori Voltaire agrée l'existence d'un Dieu Omniprésent, il n'en est pas de même pour son fils Jésus-Christ, encore moins pour les autres prophètes, et cela parce qu'il se refuse d'appartenir à une religion, à quelque groupe religieux qui soit.

Les hommes et les femmes sensés ne veulent pas accepter Christ comme leur Seigneur et leur Maître, écrit Billy Graham (1988). Ils ne le font pas parce que la doctrine chrétienne leur déplaît intellectuellement, mais parce qu'ils cherchent à éviter les responsabilités et les obligations de la vie chrétienne. Remarquons que si Voltaire rejette la théorie de révélation divine, mais admet paradoxalement comme une certitude l'existence de Dieu ; il sait que le fait d'accepter que Dieu s'est relevé à travers la Bible, l'obligerait à s'abaisser devant les Saintes Ecritures ; et par là des obligations à assumer : la discipline chrétienne. Et il n'est pas surprenant si conjointement, il arrive à encourager la concupiscence. Voici quelques-uns de ses propos dans lettres philosophiques, et vous me direz si cela sied à un illuminé qui, à mon avis, devrait tendre à la perfection : *« J'ose dire qu'il y a de l'orgueil et de la témérité à prétendre que par notre nature nous devons être mieux que nous ne sommes » (P. 175). « Si l'homme était parfait, il serait Dieu » (P. 163). « N'accusons point l'instinct qu'il nous domine, et faisons-en l'usage qu'il commande »* (P. 168). Que Monsieur Arouet ne m'en veule point de lui cracher ce que nous tenons par expérience, que de telles exhortations ne sauraient émaner que d'une conscience irresponsable. J'ignore s'il faut en rire ou pleurer, lorsque nous nous rappelons le cri de Voltaire sur le lit d'hôpital, surpris par la mort. Son ami écrit : le spectacle était intenable. Je n'avais pas le souvenir d'avoir entendu un jour mon ami émettre des propos aussi incohérents, du reste faits de jurons, de pleurs, de supplications dans l'extase. ''Pardon Seigneur, O mon Dieu, O Christ, O Jésus Christ''. Ce Dieu qu'il avait tant haï et blasphémé toute sa vie, il l'appelait au secours au moment où le souffle se retirait de lui, le pauvre.

Voyons à présent le point de vue de Saint Thomas d'Acquin au sujet de l'existence de Dieu. Il dit :

> Les choses privées de connaissance, comme les corps naturels, agissent en vue d'une fin et toujours ils agissent de la même manière, de façon à réaliser leur meilleure performance. Ce n'est point par hasard qu'une tendance déterminée les conduisit à leur fin. Or, ce qui est privé de connaissance ne peut tendre à une fin que dirigée par un être connaissant et intelligent, comme la flèche par le sagittaire. Il y a donc, quelque être intelligent, par lequel toutes choses naturelles sont orientées vers leur fin. Et cet être, nous le disons à Dieu. **(Mantoy, 1969 : 206).**

Voici un article tiré dans le tas :

> Le spectacle du monde et de son histoire est incompréhensible pour celui qui ne fait pas intervenir Dieu. La violence ou la ruse au service de l'intérêt ou de l'orgueil, semblent tout mener. Qu'il s'agisse des individus ou des peuples, la force prime sur le droit. Ainsi il y a longtemps que l'humanité aurait dû ou disparaître ou être uniformément soumise à un individu ou à une race dont la puissance aurait détruit ou asservi tous les opposants. Or ni l'un ni l'autre ne se sont jamais produits malgré tant de haine et de violences meurtrières, et malgré tant d'efforts de la part de chefs divers, pour établir une domination universelle. Pourquoi ? Parce que à un moment ou à un autre, un événement imprévu ou une suite de petites circonstances imperceptibles ont ruiné la puissance qui semblait l'emporter, en ont fait surgir une autre, ont établi l'équilibre, permis à la vie de l'humanité de continuer tant bien que mal. Les hommes ont appelé cette mystérieuse intervention qui change en un instant le cours de l'histoire : fatalité, destinée, hasard ou bien justice immanente. Avec la

Bible et avec des générations de croyants, nous disons que c'est Dieu, souverain et juste, qui poursuit l'exécution de ses plans ». (La bonne semence, 29/12/2002 op. cit).

Y A-T-IL UNE VIE APRES LA MORT ?

Henri Bergson énonce dans <u>la Pensée et le mouvement</u>, le postulat selon lequel *« il n'y a pas de fin en quoi que ce soit »* (Mantoy, 1969 : 210). Il le démontre en nous faisant marcher vers une voie ou vers l'autre. Si par exemple nous décidons de monter plutôt que de descendre, nous nous retrouverons continuellement en train de monter, dussions-nous faire une pure répétition par laquelle nous dépasserons la matérialité (nous quitterons les choses matérielles pour accéder à l'immatériel) et la limite serait l'éternité. Cette éternité n'est pas une éternité de mort, mais de vie. Eternité vivante et par conséquent mouvante encore. Tout compte fait l'homme doit vivre après la mort, même si ce n'est pas sous ses formes matérielle et physique.

Y a-t-il une vie après la mort ; et si oui comment est-elle faite ? C'est là une question récurrente, et qui semble bien avoir une prise directe sur notre destinée. Et nous voudrions porter nos analyses dans une perspective rationnelle plutôt qu'émotionnelle. Certains pourraient même nous exiger de présenter le processus de dématérialisation de la vie. Nous le voudrions bien tel l'Apôtre Paul dans 1 Corinthiens 15, dussions-nous quitter la spiritualité. Mais nous nous sommes réservés dès le début de ne pas aller au-delà de ce qui est écrit, aussi avons-nous préféré le témoignage de ceux qui ont flirté avec l'au-delà. Nous soulignons que ces témoignages sont tous vrais.

Jean Sakou, lors d'une conférence donnée à Yaoundé (CNPS) en 1997 définissait la mort comme étant *« le processus de dé corporation de l'être humain ; le fait pour l'âme humaine de quitter son enveloppe »*. Nous l'avons dit tantôt, l'homme est formé de deux dimensions ; la dimension matérielle que nous pouvons appeler enveloppe ou contenant. C'est le corps physique.

Chapitre iv *Pour connaître Dieu, il faut s'approcher de Lui*

La dimension spirituelle, que nous nous permettons de désigner par contenu. C'est l'esprit ou âme. Cette dernière est à notre avis la plus importante. Elle n'est pas perceptible par les sens naturels, parce qu'elle est inessentielle. Elle est subtile mais puissante. Ainsi lorsqu'une personne meurt, cette partie se retire de l'enveloppe, comme un manteau que l'on jette, et qui devra se décomposer. C'est ce que nous appelons le cadavre. La partie immatérielle est alors recueillie dans les lieux très élevés pour entrer dans une autre dimension de vie. Il est intéressant de lever cette équivoque, car plusieurs écoles philosophiques font état d'autres stades de vie structurés, avant le ciel ou l'enfer. Les adeptes de la réincarnation, à la faveur de ce qu'ils appellent ''la loi karmique'', soutiennent que l'on renaît ailleurs pour payer fautes et dettes sociales accumulées durant notre séjour terrestre, parce que toute faute est toujours punie et tout bienfait payé. D'autres écoles (asiatiques pour la plupart) parlent de la transmutation ou remanifestation, et que l'on peut ainsi avoir vécu sur terre homme et renaître animal ou plante ailleurs. Pour d'autres encore le passage de la terre au paradis est structuré en plusieurs sphères intentionnellement conçues par l'architecte suprême pour châtier les méchants (la métapsychique). L'on peut ainsi avoir à revenir sur terre payer ses dettes sociales. Si par exemple, l'on se moquait des personnes déficientes, l'on peut renaître handicapé moteur pour subir ce que les autres ont subi. L'esprit reprend ainsi corps, et cela autant de fois que faire se peut. Nous nous excusons de faire table rase de toutes ces théories, pour ne nous tenir qu'à ce qu'enseigne la Bible ; à savoir que l'on ne meurt qu'une fois, après quoi vient le jugement (Hébreux 9, 27). Aussi il n'y a que deux issues : la vie éternelle (via le paradis) ensuite l'enfer ou étang de feu (via les abîmes). Dès que l'on expire, l'on est aussitôt recueilli par les êtres spirituels de l'un de ces deux mondes : le monde divin ou à défaut celui du diable. Les âmes des justes sont recueillies sous la table du Seigneur pour une vie de repos, en attendant le jugement dernier (Apocalypse 6, 9). Les impies sont aussi reçus dans les abîmes par des esprits méchants, en attendant le jugement dernier. Ils y mènent bien entendu une vie de tourments, comme avance de solde par rapport à ce qui les attend. C'est pour cela que la Bible dit :

"Heureux dès à présent les morts qui meurent dans le Seigneur [...] afin qu'ils se reposent de leurs travaux, car leurs œuvres les suivent" (Apocalypse 14,13).

Témoignage n°1 :

Marie Ndoubena était décédée dans un village périphérique de Sangmélima dans le sud Cameroun. Deux jours plus tard, alors que l'on s'apprêtait à l'inhumer, elle revint à la vie. Grande fut alors sa surprise de se retrouver couchée dans une caisse de bois à côté d'un grand trou autour duquel des personnes étaient réunies en sa mémoire. J'ai eu le privilège de lui poser des questions, car elle est vivante jusqu'à l'heure actuelle et mariée à un cultivateur dans le petit village de Kondan près d'Akonolinga. Ce fait se trouve également consigné dans la main courante de la brigade de Gendarmerie de Sangmélima. Voici ce qu'elle me confia : Ce corps que nous portons n'est en réalité qu'une masse de chair. Mais il y a quelque chose de plus important en nous ; c'est cette partie qui sort souvent de son socle (elle n'était pas lettrée, et l'entretien se passe dans une langue locale). Ce qui sort, c'est ce qui pense, qui réfléchit, qui agit, qui pèche. J'avais une sensation de lourdeur au moment où j'agonisais. Les gens me parlaient mais je n'avais pas la force de leur répondre. Je me voyais avancer dans une sorte de gouffre. Les voix des membres de famille commençaient à se faire lointaines, puis à un moment, je quittai mon corps comme une couverture que l'on jette. Aussitôt mes yeux s'ouvrirent. Je t'assure que le rideau qui sépare notre monde et l'au-delà n'est pas épais. De là-bas on voit bien ceux qui vivent sur la terre. On les regarde pleurer autour de notre peau du reste très moche d'aspect. L'on veut communiquer avec eux mais on ne peut pas … Alors un ange vint me chercher pour aller me montrer les choses qui se passent au ciel […] j'ai vu l'enfer ; il est horrible. J'ai vu la gloire qu'il y a au ciel. J'ai entendu des chants, de très beaux chants meilleurs que toutes nos chorales et instruments de musique. J'ai vu un fleuve d'une beauté indescriptible (le fleuve de diamant évoqué dans l'apocalypse). Là-bas tout le monde est léger. L'esprit ne connaît pas les barrières matérielles, encore moins le

Chapitre iv **Pour connaître Dieu, il faut s'approcher de Lui**

temps. Il est difficile de décrire comment est le ciel. Là-bas il n'y a ni soleil, ni nuit. Une pensée suffit pour qu'en une fraction de seconde l'on se retrouve là où l'on veut se rendre [...] Je te dis, mon fils il faut craindre Dieu ; l'enfer est horrible. Je n'ai jamais vu quelque chose d'aussi effroyable ; le bruit du feu et les cris de ceux qui souffrent vous accueillent à des kilomètres. Nous sommes surveillés ; tout ce que nous faisons sur terre est écrit, des gens nous observent de près et nos œuvres, bonnes et mauvaises, nous suivent là-bas [...] Quand l'ange m'apprit que je devais retourner sur la terre, reprendre mon corps, je me suis sentie triste. Ceux qui pleurent quand quelqu'un meurt ne savent pas qu'ils nous troublent. Je voyais ce monde comme une poubelle. Ce que vous appelez plaisirs à mes yeux paraissait comme de la puanteur, et je me demandais comment les hommes peuvent-ils s'y plaire... Mon corps ressemblait à une peau de bête en décomposition au milieu des détritus. Je ne voulais plus y retourner ; alors l'ange m'a poussée. A mon réveil les gens se sont mis à fuir, disant que j'étais ressuscitée.

Le livre intitulé <u>Va à Béthel</u> de Kapena Cibwabwa rapporte le témoignage de Lisungi Mbula de nationalité congolaise (démocratique) qui avait été initié à la haute magie indienne et égyptienne, avant de se convertir à Jésus-Christ. Elevé au grade de diplômé, c'est à lui que revenait le soin d'accueillir au cimetière ceux qui mouraient. Il le faisait étant encore vivant dans la chair, dans ce monde-ci, mais faisant la navette entre le séjour des morts et notre monde. Il explique ce qui suit : La Bible nous parle toujours de l'existence du ciel (lieu où habite Dieu), du paradis (lieu où se reposent ceux qui méritent le ciel, selon Luc 23, 43), de l'enfer et de l'abîme. Lorsque quelqu'un meurt, s'il doit aller au ciel, son esprit va directement au Paradis, dans un lieu déterminé, différent du ciel où se trouve Dieu. Mais si le défunt est candidat à l'enfer, son esprit plane au-dessus de son cercueil, jusqu'à ce que l'on l'enterre [...]. Lorsque le cortège funèbre atteint le cimetière, les esprits chargés du service d'accueil prennent le nouveau venu en charge et lui font visiter ses nouvelles habitations. C'est la fête... *« En dehors de mes occupations, qui étaient de lier les talismen, je travaillais au service d'accueil... Je traquais les esprits, surtout les femmes, pour qu'ils ne sortent pas du cimetière et aller déranger les vivants la nuit dans les bars. J'ai travaillé sept ans dans ce monde du cimetière »* (Kapena, 1990 : 96). Quelques années après, il mourut des suites d'une maladie.

> *Tout l'air contenu dans mes poumons sortit et j'expirais... j'étais mort ! Quelques secondes après je me vis me lever et me mettre debout sur mon lit, de sorte que mes pieds touchaient le sol. Il me semblait que je devais faire un certain voyage, mais pour aller où ? Je ne savais pas [...] Tout en m'éloignant, je jetais un coup d'œil à l'endroit que je venais de quitter. Sur le lit je regardais un corps allongé recouvert d'habits. Je ne croyais pas que ce fut mon ancien corps, puisque j'en avais un autre, et que je n'étais pas nu non plus... Je remarquais un groupe de personnes (les membres de ma famille) attroupées autour de mon ancien corps. Ils faisaient beaucoup de bruits tout en se lamentant. Je m'approchai de l'un d'eux pour connaître la raison de tout ce vacarme. Il ne tourna même pas le regard dans ma direction... La réaction de la troisième personne fut identique à celle des autres. Tout le monde m'était indifférent. Alors mon compagnon me dit : ne vois-tu pas qu'ils ne peuvent ni nous voir, ni nous sentir, ni nous entendre ? Alors je repris : s'ils ne peuvent ni nous voir, ni nous entendre, c'est que nous sommes morts...* (Kapena op. cit).

L'auteur raconte d'ailleurs une belle aventure passée dans l'au-delà en compagnie d'un être spirituel étrange (que nous hésitons à appeler Jésus-Christ). L'intéressé dut revenir à la vie le lendemain de sa mort. *« Lorsque j'ouvris les yeux, la première chose que je remarquai fut les rameaux de palmier qui pendaient au-dessus de ma tête... il y avait plusieurs personnes autour de moi. Parmi elles je reconnus certains visages. A ma gauche, il y avait un cercueil avec tous les éléments prêts pour mon inhumation ».*

Témoignage n°2 :

Dans le cadre d'un débat organisé par la rédaction du bimensuel chrétien "La Foi Qui Sauve" et dont le thème portait sur mystères et horreurs, nous avons reçu le témoignage d'une dame, qui a requis l'anonymat. Elle est Professeur des Ecoles Normales à Yaoundé. Nous nous permettons de livrer cette interview dans sa quasi-intégralité.

- **La Foi Qui Sauve** : Nous avons ouï-dire, Madame, que vous avez vécu l'expérience de la mort à la suite d'une intervention chirurgicale. Pouvez-vous nous permettre d'entrer dans les détails de cette aventure ?

- **B.E.J** : En fait ce n'était pas une intervention chirurgicale, mais plutôt les complications d'un accouchement difficile. La scène se passe le 05 juin 1976 à l'hôpital départemental de Sangmélima.

- **LFQS** : Vous auriez ainsi eu des contacts avec l'au-delà. Comment cela s'est-il exactement déroulé ?

- **B.E.J** : Il m'est difficile de dire avec exactitude comment cela s'est passé. Je me rappelle seulement le moment où l'on me faisait entrer dans la salle d'opération. J'ai entendu les dernières paroles du Docteur qui disait : "Oh Dieu, on est entrain de perdre cette enfant". C'est le Docteur qui parlait, ceci avec beaucoup d'émotion. et à un certain moment, j'ai senti comme si je me dédoublais, comme si je me séparais de mon corps physique ; puis je me suis mise à côté pour regarder comment j'étais couchée sur la table.

- **LFQS** : Ceci se passe quand, avant ou après l'anesthésie ?

- **B.E.J** : Avant même. Je n'avais pas été anesthésiée. On m'y a emmenée parce que mon cas était déjà suffisamment préoccupant.

- **LFQS** : La séparation d'avec votre corps était-elle douloureuse ?

- **B.E.J** : Non, plutôt paisible. C'était une situation de paix et de joie que je ne peux décrire. Vous ne pourriez pas le comprendre, même si je le décrivais avec emphase. C'était merveilleux. Mais je voyais comment j'étais couchée de l'autre côté, comme s'il s'agissait d'un objet. Bien évidemment je savais que c'était mon corps ; je savais que c'était moi, mais je me sentais hors de ça.

- **LFQS** : Vous certifiez ainsi avoir eu la possibilité de regarder votre corps physique couché...

- **B.E.J** : Tout-à-fait.

- **LFQS** : Cela veut dire que vous pouviez aisément décrire l'équipe chirurgicale présente dans le bloc à cet instant ?

- **B.E.J** : Dans le bloc opératoire, il y avait le médecin, qui est actuellement en service ici à l'hôpital central de Yaoundé. C'est le Docteur Fouda. Il venait fraîchement de sortir du C.U.S.S, deuxième promotion. Il ne peut pas se rappeler de ça parce que je ne lui ai pas raconté l'expérience. Il sait seulement qu'il m'a réanimée, c'est tout. Il se trouvait également dans la salle une infirmière qui était amie intime à ma mère et qui avait insisté pour assister à la séance. Il y avait une autre dame, également amie à ma mère. Il y avait un monsieur dont je ne me rappelle plus le nom, infirmier diplômé d'Etat, Accoucheur. Je les entendais parler, je les voyais s'agiter. Je regardais tout ce qu'ils faisaient et regardais mon corps comme eux aussi le regardaient.

- **LFQS** : Cela n'était-il pas pour vous un fait curieux ; n'avez-vous pas marqué la surprise au point d'en avoir peur ?

- **B.E.J** : Non. C'était plutôt une paix indescriptible. J'étais indifférente à ce qui était posé là et qui représentait mon corps. En fait je ne voyais pas le rapport. Je n'avais marquée aucune surprise ; tout me semblait normal et je regardais tout ce qu'ils faisaient autour de moi. L'infirmière qui était l'amie de ma mère ne faisait que pleurer. Elle disait : "notre fille va mourir, notre fille va mourir". Et le médecin tenait le pouls. Il demandait : apportez ceci, apportez cela. Si on n'agit pas vite le cœur va lâcher, faites vite !

- **LFQS** : Que faisiez-vous durant ce temps ?

- **B.E.J** : Je touchais l'amie de ma mère là ; maman Anna. Je lui demandais : pourquoi pleures-tu ? Je lui disais de ne pas pleurer, mais elle ne me sentait pas ; elle ne m'entendait pas.

- **LFQS** : Est-ce donc vrai que vous ne connaissiez pas la raison pour laquelle elle pleurait ? Ou bien vous n'aviez plus la même réflexion ?

- **B.E.J** : On n'avait pas la même réflexion. Je ne comprenais pas pourquoi elle pleurait. Je trouvais bizarre qu'elle se mette à pleurer.

- **LFQS** : Beaucoup de religions et écoles philosophiques prétendent qu'après la mort l'on va quelque part. Avez-vous pu entrevoir ne serait-ce qu'en filigrane quel était l'aspect de l'au-delà ?

- **B.E.J** : Ce que j'ai pu entrevoir devant moi, c'était une espèce d'allée, mais abstraite, formée de lumière, une lumière bleuâtre, très belle.

- **LFQS** : Y avait-il de la végétation ?

- **B.E.J** : Non. Il n'y avait rien de matériel, aucune sonorisation, pas de maisons. En tout cas il n'y avait rien à voir avec tout ce que nous avons ici. Mais il y avait quelque chose : cette lumière bleue qui était pour moi un reflet de paix.

- **LFQS** : Combien de temps l'expérience a-t-elle duré, dix minutes, une heure ou deux jours ?

- **B.E.J** : Je ne peux pas savoir. J'avais perdu la notion du temps et de l'espace.

- **LFQS** : Comment le retour s'est-il effectué ?

- **B.E.J** : A un certain moment, ça s'était arrêté. J'avais perdu la présence de moi-même. Je me suis alors réveillée couchée sur mon lit d'hôpital.

- **LFQS** : Comment les gens vous ont-ils accueillie lorsque vous leur avez raconté cette histoire ?

- **B.E.J** : Ce n'est qu'à ma mère que je me suis confiée en lui disant que j'entendais et voyais tout ce qu'on faisait sur moi. Je le lui disais sans beaucoup de conviction. Il a fallu quelques années après ; je lisais un article de journal où l'on rapportait des expériences similaires. Le titre de l'article était : "ceux qui sont rentrés de l'au-delà racontent". Tous les témoignages qui étaient dans ce journal étaient exactement les mêmes que l'expérience que j'avais vécue. C'est à ce moment que je me suis permis de raconter aussi, convaincue que j'avais flirté avec l'au-delà.

- **LFQS** : Ne vous êtes-vous jamais demandée où va-t-on après la mort. Autrement dit s'il vous était donné l'occasion, seriez-vous prête à refaire la même expérience ?

- **B.E.J** : Oui, je peux la refaire. Seulement dans ma façon de voir il n'y a pas d'endroit où l'on doive aller, de lieu ou de temps. L'impression que j'avais eue est qu'il n'y a pas de situation spatio-temporelle, une abstraction complète, mais réelle et vivante.

- **LFQS** : Vous sentiez-vous dans un autre corps ?

- **B.E.J** : J'étais légère comme l'air. Je faisais les déplacements, mais je traversais les autres comme l'ombre. Quand je voulais toucher maman Anna qui pleurait pour la calmer, je ne comprenais pas, ma main traversait son corps. Je lui parlais et elle ne comprenait pas. Elle ne s'intéressait qu'au corps qui était sur la table.

- **LFQS** : D'aucuns disent que la carrière qui nous sépare de l'au-delà n'est pas bien grande et que ceux qui sont de l'autre côté nous observent intimement.

- **B.E.J** : C'est très vrai. Moi j'ai vécu l'expérience et j'ai vu ce que les gens faisaient sur mon corps. Je peux le raconter parce que j'ai retrouvé mon corps matériel. Mais si j'étais partie définitivement je ne pourrais pas raconter ça, et les gens continueraient à soutenir que l'esprit n'existe pas.

- **LFQS** : La science rationnelle nous laisse croire que l'être humain n'est constitué que de la matière et que tout ce que nous appelons âme et esprit ne sont que de la fabulation sinon de la superstition. Pouvez-vous affirmer ou infirmer cette pensée ?

- **B.E.J** : Je peux l'infirmer. J'ai vécu l'expérience ; c'est également scientifique. J'ai été en même temps abstraite et concrète. J'ai vu mon corps, et en esprit. Ca peut s'appeler comme ça. Et avec cet esprit je voyais exactement ce qui se faisait sur mon corps, étant hors de ça.

Il est important de relever que la communication dans l'au-delà n'est pas sonore. Elle ne se fait pas dans une langue audible telle que nous avons le chinois, l'Arabe ou l'Allemand. Elle est comme la pensée du cœur qui ne se fait pas dans une langue. Dans un magazine intitulé ''Voici'', une revenante qui raconte son aventure dans l'au-delà, dit avoir rencontré son arrière grand-mère de qui elle portait le nom. Elle l'a reconnue immédiatement, alors que celle-ci était décédée bien avant sa naissance. Elle lui a expliqué qu'elle était venue l'accueillir et elles ont beaucoup causé. Elle précise bien que cet entretien ne se faisait pas dans une langue sonore, car elles étaient toutes des esprits donc sans corps physique. Dans le monde spirituel, les choses s'expliquent d'elles-mêmes, sans qu'il y ait besoin de faire usage des organes de sens habituels ou de la dialectique. De plus l'on peut vous raconter l'histoire d'une vie de 50 ans en une minute, sans en omettre un détail.

Témoignage n°3 :

Joachin Mbarga, revenant lui aussi, et que nous avons interrogé, atteste que l'une des premières choses que l'on perd dans le processus de la mort c'est le langage et la notion des distances, de la matérialité. Quand quelqu'un meurt, affirme-t-il, il ne meurt pas sans le savoir. Quelque chose te dit que tu vas bientôt mourir, mais c'est difficile à expliquer. Tu chasses tout le monde autour de toi. Spontanément tu trouves de petites raisons pour que tout le monde s'éloigne. Dès que tout le monde s'éloigne, tu sens quelque chose au niveau du cœur et tu pars. Cela arrive subitement comme un film au fond du lit pendant que tu es couché. Tout de suite le décor change et tu te retrouves debout comme si tu entrais dans un écran géant de télévision. Un grand boulevard se trouve devant toi large d'environ cinq cents mètres, très beau et bordé de fleurs [...] Il faut dire qu'au fur et à mesure qu'on avance, le spectacle t'attire et tu n'as plus besoin de rentrer [...] Fait curieux, en me retournant en arrière, je vois mon corps couché sur le lit, reconnaissant bien que c'était moi-même. Je volais comme un oiseau et planais au-dessus des fleurs. Une voix me parlait au milieu des fleurs, ou alors du cœur... je dois dire que j'avais acquis une capacité de communication multidimensionnelle. Parfois l'on complotait à la maison comment me changer d'hôpital. Je les entendais de mon lit au niveau du standing ; et tout le monde marquait la surprise lorsque je leurs révélais dès leur entrée que j'avais tout compris et que je ne voulais pas être conduit dans le centre hospitalier envisagé. J'entendais tout. Je pouvais aisément entendre et voir ce qui se passe en Asie, en Amérique et partout au même moment... Celui qui m'accompagnait et que je ne voyais pas (j'entendais sa voix et je sentais sa présence) me dit : Mon fils, voilà ta nouvelle demeure. C'était un palais d'une beauté architecturale inexprimable. J'étais déjà à quelque distance de là

Chapitre iv **Pour connaître Dieu, il faut s'approcher de Lui**

lorsque je me vis retourner comme les avions militaires font souvent le vol plané au ciel. Je suis rentré dans l'espace jusqu'à venir tomber sur mon lit. Quand j'atterrissais sur mon lit, je voyais en ouvrant les yeux qu'on m'avait déjà enveloppé dans un drap blanc pour m'emmener à la morgue. Ma famille pleurait autour de mon corps [...] Je voyais comment l'on cachait mes effets dans ma maison. On mettait le téléviseur dans telle chambre, mon chéquier dans telle valise. Les gens disaient ''comme il n'avait pas encore l'acte de mariage avec sa femme, elle risque de tout emporter''. Je voyais tous mes oncles, même les gens qui étaient en cours de voyage dans un véhicule pour venir à mon deuil, puisque j'ai fait beaucoup de jours en réanimation. J'avais fait trois mois sans manger. Je mourrais et je revenais. Questionné sur les circonstances mêmes de cette mort, il nous confia ce qui suit :

> *Je rentrais de Mbalmayo la nuit ; alors nous avons fait un accident. J'ai eu le cou rompu. Les médecins ont parlé d'une rupture cervicale. Quand j'ai fait l'accident, je suis entré dans le coma et me suis simplement retrouvé à l'Hôpital Central de Yaoundé. C'était au quartier Odza (à 9 km de l'hôpital). Dès que la voiture est tombée, j'ai vu mon oncle qui m'avait élevé et qui était décédé depuis 13 ans se présenter devant moi. Il m'a sorti de la voiture, m'a mis debout et m'a pris par la main. Il a dit ''allons''. Il ne parlait pas avec la bouche mais je le comprenais. Je dois préciser que nous étions nombreux dans la voiture. Certains sont morts sur le champ et leurs corps étaient disposés tout à côté de la voiture les uns posés sur les autres. Ceux qui étaient simplement blessés et qui bougeaient encore ont été vite évacués par les secouristes pour être conduits à l'hôpital central. Mon corps se trouvait parmi les défunts, entassé au milieu d'autres cadavres. Je voyais tous ceux qui étaient morts du coup à côté de moi, debout sur les pieds et conversant en attendant leurs membres de famille décédés avant qui devaient venir les chercher. De temps en temps une délégation venait et escortait l'un de nos compagnons dans une direction que je ne connaissais pas. Certains corps étaient déchiquetés au cours de l'accident. Les villageois de la localité qui venaient regarder l'accident étaient stupéfiés, le spectacle sanglant leur paraissant insupportable et ils ne pouvaient s'empêcher de faire des*

commentaires. Leurs commentaires ne m'intéressaient pas. Mes compagnons morts avaient un autre corps différent de celui qui était sous la voiture. Personne parmi nous n'était fâché. Nous avons commencé à marcher apparemment à pieds. Je reconnaissais bien les endroits : le carrefour Mvog-Mbi, la poste centrale, nous sommes arrivés à l'hôpital central. Pendant ce temps on transportait mon corps dans une ambulance. Je le voyais ; il était inerte et couvert de sang. Mais sur la route à peu près à la même vitesse que l'ambulance, je cheminais avec mon feu oncle et nous causions tranquillement... Arrivés à l'hôpital il y avait une inscription silence réanimation. L'oncle m'a fait signe de me taire en montrant cette inscription. Nous nous sommes dirigés vers la pièce où l'on avait posé mon corps. A un moment mon oncle m'a quitté et je me suis retrouvé sur le lit [...] Deux jours après que j'aie retrouvé mon corps physique, l'on venait retirer tour à tour les dépouilles de mes compagnons de l'autre jour. J'entendais citer leurs noms ; c'était ceux qui conversaient avec moi après l'accident et dont les ancêtres étaient venus chercher les esprits. J'ai même reconnu l'un d'eux, du moins son corps physique quand on le mettait dans le corbillard. On avait sa photo mais moi je savais qu'il était parti depuis vers l'autre destination [...] Quand tu accèdes de l'autre côté comme je viens de le décrire personne ne te dit d'aller à droite ou à gauche. On est entraîné dans un élan irrésistible.

Le calendrier <u>La Bonne Semence</u> du 18 août 2005 nous à inspiré cette petite réflexion : Dieu retire le souffle à l'homme ; celui-ci meurt. C'est le décret divin à cause du péché. Le corps retourne à la poussière. Mais l'âme quitte son enveloppe mortelle et continue son existence. Où la poursuit-elle ? Jésus-Christ le dévoile en citant le cas de deux hommes (Luc 16, 19-31) ; ils vivent l'un près de l'autre puis meurent de la même façon ; mais leurs destins sont absolument opposés : le premier (le mauvais riche) va dans un lieu de tourments, l'autre (le pauvre Lazare) dans un lieu de repos, avec son Sauveur. Pas de passage d'un état à l'autre, pas de ''nouvelle chance'', pas d'anéantissement, pas de réincarnation. Voilà l'être humain : deux parties, l'une matérielle, c'est le corps ; l'autre immatérielle, résidant provisoirement dans le corps, c'est l'âme. De notre choix présent dépendra notre destination éternelle.

Certaines écoles parlent de la loi d'attraction et des affinités qui conduirait les méchants et les justes chacun vers les leurs comme un aimant, sans qu'on puisse y résister. La bible n'a laissé aucune ombre là-dessus, car il faudrait que chacun soit au clair à ce sujet, que c'est bien ici-bas que nous préparons le milieu qui va nous accueillir de l'autre côté, soit les méchants esprits de Satan, soit les anges de Dieu. Et cela peut arriver même ce soir, après la lecture de cet ouvrage. Cette lecture constitue déjà pour toi un sérieux avertissement. L'au-delà, le ciel et l'enfer ne sont donc pas un mirage, mais une réalité. As-tu préparé ton départ ?

LE MONDE, OBJET D'UNE CREATION OU D'UNE EVOLUTION ?

Géologues, biologistes, physiciens et archéologues, ont voulu, chacun en sa manière, trouver réponse à cette question récurrente, à savoir si le monde tel qu'il apparaît est le résultat d'une œuvre créative ou alors d'une évolution progressive spatio-temporelle.

La masse fantôme de l'univers telle que perçue par les scientifiques, apparaît comme un assemblage d'éléments physiques et immatériels : le ciel, la terre, l'espace, les étoiles et tout ce qui existe. L'univers compte ainsi plusieurs galaxies. La galaxie est en quelque sorte un énorme assemblage d'étoiles, de gaz et d'autres matières cosmiques qui végètent autour d'un noyau central. L'on révèle par exemple que la planète terre, la lune, Uranus, Jupiter, Neptune, etc. tournent autour du soleil, formant ainsi notre galaxie. Tous ces astres sont suspendus dans l'espace et perpétuellement en mouvement. Les uns scintillent, d'autres tournent, d'autres encore produisent des vibrations. Les uns sont continuellement réchauffés, d'autres sont froids. Dans mercure (qui se trouve plus rapprochée du soleil), il fait 300°, alors que dans pluton, (qui en est plus éloigné) il fait -185°. La voie lactée (que nous appelons le ciel) compte plus de 100 milliards d'étoiles ou astres, distantes les unes des autres de plusieurs centaines de millions de kilomètres. Nous savons par exemple que la distance qui sépare la terre du soleil est estimée à 150 millions de kilomètres. L'on a ainsi pu dénombrer plus de 100 milliards de galaxies dont la plus proche de nous se présente comme une spirale. Il s'agit de la galaxie d'Andromède. IL faut relever qu'en même temps qu'il rejetait la notion d'espace absolu, Albert Einstein rejetait également le concept de temps absolu, l'idée d'un courant de temps régulier, invariable, inexorable, universel, glissant du passé infini au futur infini. Il relève que toutes les horloges utilisées par l'homme se règlent sur le système solaire. Ce que nous appelons une heure est en fait une mesure de l'espace, un arc de 15 degrés dans la rotation apparente et quotidienne de la sphère céleste. Et ce que nous appelons une année est seulement la mesure du mouvement de la terre dans son orbite autour du soleil. Un habitant de Mercure aurait évidemment une notion du temps absolument différente, car Mercure tourne autour du soleil en 88 de nos jours et dans le même laps de temps tourne seulement une fois sur son axe. Aussi, sur Mercure, une année et un jour s'équivalent. Toutes nos idées terrestres sur le temps perdent leur sens lorsque la science atteint le voisinage du soleil. La relativité nous dit qu'il n'y a rien de semblable à un intervalle de temps fixe indépendant du système auquel il se réfère. Un homme qui se tourne à New York peut appeler au téléphone un homme à Londres et, quoiqu'il soit sept heures du soir à New-York et minuit à Londres, nous pouvons dire qu'ils parlent ''en même temps''. Mais c'est parce qu'ils habitent tous les deux la même planète et que leurs montres se règlent sur le même système astronomique. Tout se compliquerait si nous essayons de savoir ce qui se passe en ce moment même sur l'étoile Arcturus (38 années-lumière de nous) par seconde. La vitesse de la lumière est évaluée à 300.000 kilomètres/seconde. Une année lumière, faut-il mentionner, est « *la distance que la lumière parcourt en une année, soit approximativement 9.470.000.000.000 de Km* » (Barnett, 1951 : 66). Si nous essayons de communiquer avec Arcturus par radio (en ce moment même), notre message mettra 38 années pour atteindre sa destination et il faudra 38 autres années pour que nous recevions la réponse. Lorsque nous regardons Arcturus et disons que nous la voyons "maintenant", en 2008, nous sommes en train, en réalité, de regarder un fantôme, une image projetée sur nos nerfs optiques par des rayons lumineux qui pris leur source en 1970. Einstein, à travers la théorie de la relativité publiée en 1905, surmonte la barrière établie par l'instinct de l'homme qui est de définir la réalité seulement comme il l'aperçoit à travers l'écran de ses sens. Les dimensions de notre galaxie sont tellement colossales qu'il faudrait, à la vitesse de la lumière (reconnue la plus rapide), 100.000 années pour la traverser. Combien de kilomètres cela représente-t-il ? *« La distance moyenne entre les étoiles d'une même galaxie est estimée à environ 6 années lumière, soit près de 60 mille milliards de kilomètres ! »* (IBSA, 1985 : 117). Tout ceci ne se réfère qu'à notre seule galaxie solaire. Les choses nous échapperaient si nous essayons de mesurer, ne serait que dans notre représentation mentale, la dimension des 100 milliards de galaxies qui constituent le cosmos. Cet univers tel que brièvement présenté, est régi par des forces cosmiques et des lois physiques bien précises. Soulignons que l'univers se distingue du cosmos dans le seul sens où il apparaît comme un système bien ordonné, alors que le cosmos est tout, un épouvantail de forces physiques et métaphysiques indicibles. Nous voudrions savoir si tout ceci procède d'une certaine logique, d'un régime acquis, comme l'aura relevé l'ancien astronaute John Glenn : Cela a-t-il pu se produire par hasard ? Est-ce par accident qu'un amas d'épaves aurait brusquement et spontanément commencé à décrire ces différentes orbites ? ... Je ne peux le croire. Quelque puissance a mis tout cela sur orbite et veille à ce qu'il continue d'en être ainsi. Voilà tout le débat.

Certaines théories, plus cohérentes que d'autres, ont requis la crédibilité d'un grand nombre d'investigateurs. Aussi nous a-t-on présenté le monde comme la résultante des mouvements tectoniques et cataclysmes naturels. Nous avons nommé la théorie du "Big-Bang" de la NASA, fortement soutenue par Stephen Hawking et le physicien russe George Gamow. Selon cette théorie, le monde a commencé par une première action des forces

Dieu est-il logique ?

naturelles qui auraient divisé l'univers en plusieurs galaxies. C'était la grande explosion originelle "Big-Bang". Cela s'est passé il y a approximativement 15 milliards d'années. La déflagration produit une énergie colossale et engendre pêle-mêle la trinité sacrée de la physique : *le temps, l'espace* et *la matière*. Aussitôt apparurent le soleil, la lune et tous les autres astres, formant le système stellaire qui nous environne. La matière en place structurée en atomes légers (hydrogène, deutérium, hélium, lithium, etc.) fabrique des étoiles, des galaxies et des amas de galaxies à la chaîne. Autre conséquence de l'explosion : l'exode de gros paquets d'astres. Ces astres se mirent donc en translation ayant ainsi des répercussions sur la terre (qui n'est qu'un astre parmi tant d'autres). Et la rotation de la terre autour du soleil a permis d'obtenir le jour et la nuit. Les deux s'alternant perpétuellement. Durant ce temps les autres astres sont, eux aussi en mouvement, ce qui a pour conséquence la rotation des saisons. L'hystérie de ce magnétisme astral sur la terre a provoqué un autre mouvement catalyseur, cette fois sur la terre essentiellement, c'était le "plissement hertzien", qui a bousculé la terre d'un côté et l'eau de l'autre, formant ainsi les océans. Ensuite il y a eu un second plissement ; le "plissement alpin", qui a contribué à la formation du relief actuel. Les failles, lors de ce mouvement, ont donné naissance aux rivières et aux lacs. Certaines parties de la terre se seraient alors retrouvées assez élevées par rapport à d'autres ; ce qui fit les montagnes et les plateaux. Le mélange de chaleur et d'humidité au fil des saisons a entraîné l'apparition de la végétation sur la partie découverte.

Le seul casse-tête dans tout ceci reste ce qu'eux-mêmes désignent par "les sept énigmes" : *1– L'univers est-il ouvert ou fermé ? 2– Quelle est la masse fantôme de l'univers ? 3– Quelle est la forme de l'univers ? 4– Quel est l'âge de l'univers ? 5– De quelle manière les galaxies sont elles nées ? 6– Quelle est l'origine des grumeaux ? 7– Qu'y avait-il avant ?* (Sources : L'événement du jeudi n°392 du 7 mai 1992). Pour répondre à ces questions, certains proposent qu'il y ait eu un temps suspendu au-dessus d'un grand vide. D'autres affirment qu'il n'y avait pas d'avant ; le temps

Chapitre iv Pour connaître Dieu, il faut s'approcher de Lui

comme l'espace seraient donc nés avec le big bang. Jugez-en vous mêmes.

S'agissant de la venue de l'homme sur la terre et contrairement à ce qu'enseignent les Saintes Écritures, beaucoup de naturalistes, tels que Mendel, Lamarck, Darwin, Haeckel, Morgan, Spencer, Galton arguent que celle-ci est l'objet d'une mutation perpétuelle (évolutionnisme et transformisme). Et il est à regretter que même certaines autorités religieuses en viennent à accepter cette conception capricieuse de l'origine du monde. D'après ces auteurs la vie serait partie d'une réaction chimique déclenchée par l'action du soleil sur le mélange d'atomes et de vapeur d'eau qui constituaient l'atmosphère primitive de la terre. Les premières molécules organiques se seraient formées. Alors débuta une prodigieuse aventure, celle de la vie ; les plantes, les organismes pluricellulaires, les premiers animaux aquatiques puis terrestres.... Et enfin l'homme. Ainsi la vie serait partie de la matière inerte (atome) à des êtres vivants unicellulaires (protozoaires) évoluant dans l'eau. Encouragés par certaines réactions chimiques au fil des temps, ces protozoaires ont donné naissance à des vertébrés aquatiques qui, à mal d'aventure, se sont risqués vers la côte. C'est alors qu'ils prirent la morphologie d'animaux dotés de pattes, de hanches et d'épaules assez robustes leurs permettant de se déplacer sur le sol (amphibiens). Ceux-ci, au terme d'une certaine ère, vont dégénérer en mammifères primates. Leur prognathisme au cours des saisons se réduit, les pattes antérieures deviennent plus utilitaires à l'appréhension qu'à la marche, tandis que les yeux jadis aux tempes, glissent vers le devant du visage. Vers l'ère tertiaire, notre primate (homo erectus) se trouvera contraint d'aller plus fermement sur les deux pattes, la forêt s'étant dégradée et le paysage dénudé d'arbres pour le grimper. Il s'engage alors à des constructions davantage liées à la survie (homo habilis). Le corps se dépile considérablement ; l'intelligence s'accroît (homo sapiens) ; le langage devient intelligible… et notre ancêtre surgit.

Il nous paraît utile de rappeler le fondement de la théorie évolutionniste telle que soutenue par Charles Darwin, auteur du livre à succès L'origine des espèces paru en 1859, et qui sera reprise par ses apôtres Haeckel et Morgan. Celle-ci en effet repose sur quatre hypothèses fondamentales :

1) *« Les espèces évoluent sans cesse, de nouvelles naissent, d'autres espaces disparaissent ; le vivant comme la terre, est l'objet de changements qui ne doivent rien à l'intervention divine. »* (Parot et Richelle, 1996 : 131).

Ceci s'entend que le monde n'est pas créé, encore moins par Dieu.

2) *« Les processus évolutifs sont lents ; il n'est d'aucune utilité de supposer la survenue de catastrophes supprimant la plupart des espèces et survies de la création de nouveaux organismes. »* (Parot et Richelle op. cit).

Ces deux hypothèses sont déjà chez Lamarck, auquel Darwin rend hommage. Ceci réfute la théorie biblique d'une création du monde en sept jours ; de même que celle du déluge de Noé.

3) *« Tous les êtres vivants ont un seul et même ancêtre ; c'est le postulat d'ascendance commune en vertu duquel la vie sur la terre a une origine uniforme »* (Parot et Richelle, Op. cit).

Ainsi l'organisme vivant qu'est l'être humain provient de l'évolution d'un animal, en l'occurrence un primate. L'homme ''descend du singe'' et nom de Dieu, comme le prétend la Bible.

4) *« L'évolution ne résulte pas de quelque tendance à la perfection et à l'adaptation ; elle résulte d'une ''Sélection naturelle'' [...]. Le milieu sélectionne ce qui lui convient le mieux. Le milieu n'a ni goûts, ni besoins, il est tel qu'il est, avec ses caractéristiques (climatiques, écologiques, etc.). Il n'y a aucune intention dans la nature, aucun but, aucune force mystérieuse »* (Parot et Richelle, op. cit).

Ceci s'entend que l'homme n'a pas été créé homme mais singe et qu'il n'y a ni créateur, ni créature, ni esprit universel. Ainsi Dieu n'existe pas, sans plus.

Permettons-nous également d'examiner le point de vue d'Ernest Haeckel. Convaincu de la théorie évolutionniste, il invente les notions d'embryogenèse et de phylogenèse. Il affirme que les organes au cours de leur développement, passent par des phases où leur structure évoque les états terminaux de développement d'espèces inférieures. L'ontogenèse désigne l'ensemble des étapes par lesquelles passe l'organisme pour arriver à son état terminal. Exemple : larve, têtard, chenille, papillon etc. La phylogenèse désigne l'évolution successive des êtres dès la fondation du monde jusqu'à nos jours. Exemple : molécule, protozoaire, amphibien, singe, homme. Haeckel affirme ainsi que le fœtus humain, comme tous les embryons, suit exactement le même processus que l'évolution de l'homme depuis les espèces les plus anciennes. Il dit que l'ontogenèse récapitule la phylogenèse. Le fœtus commence donc par une poche de sang, ensuite une larve, un têtard ... Jusqu'au bébé à maturité.

L'application du darwinisme aux phénomènes sociaux va se développer au XIXe siècle avec certains philosophes tels que Spencer et Malthus. Spencer introduisant l'idéologie de ''survivance du plus apte'' est convaincu que toutes les formes de compétition entre les individus sont la condition même du progrès social et doivent, par conséquent être libres de tout contrôle et même encouragées. Il affirme ainsi que la méconnaissance de la biologie entraîne certains philanthropes vers une politique d'assistance sociale aux plus démunis, alors que celle-ci contrevient aux lois élémentaires de la nature, qui exigent au contraire l'élimination des inaptes. Selon lui le jeu ''nature'' ne doit pas être faussé par l'intervention artificielle d'un Etat-providence qui tend à freiner les meilleurs et faire avancer les faibles. Les handicapés, les indigents, les incapables de tous ordres doivent être lâchés.

Notons que cette doctrine récuse la notion de charité prônée par la religion. Elle fait le culte de la compétition, de l'égoïsme, de la dépravation morale. Voyez jusqu'où ont pu porter les idées de Darwin et ses compères. L'évolutionnisme n'est par conséquent pas très éloigné du satanisme.

Nous voudrions au préalable établir que toute logique admet le principe de non-contradiction, et qu'ainsi les mêmes causes produisent toujours les mêmes effets dans les mêmes conditions expérimentales. C'est le principe de causalité linéaire. Karl Marx, jetant les bases de ce que d'aucuns ont cru devoir appeler à dessein matérialisme philosophique, part du principe selon lequel le monde de par sa nature, est matériel, que le monde se développe suivant les lois du mouvement de la matière, et n'a besoin d'aucun *"esprit universel"*. Louis Pasteur, au XIXe siècle, eut du mal à persuader les gens que la vie ne vient pas de la matière inorganique ou d'un phlogistique inconnu. Quelques esprits scientifiques calomniaient d'alors Pasteur pour ses révélations, jusqu'à l'évidence des faits. De nos jours l'on trouve encore des hommes se disant scientifiques qui continuent obstinément à croire que la génération spontanée est possible, parce qu'ils ne veulent pas accepter l'idée d'un créateur à qui nous devons rendre compte. Pour Pasteur, la vie vient de la vie. La génération spontanée n'existe pas. Toutes choses ont forcément une cause, et que par conséquent toute autre théorie contraire serait récusée. Ceci établi, nous pouvons rentrer dans le débat.

Considérons, comme le défendent les naturalistes, que le monde résulte des forces cosmiques et non de la création divine. Eh bien pour autant que nous le sachions (et la science ne nous démentira pas) il ne saurait avoir d'action sans propulseur. Il a fallu une action naturelle délibérée pour que la lumière paraisse, que la terre se sépare de la mer, que le soleil darde ses rayons sur les atomes et que l'être humain se forme. Il y a bien lieu de remonter la filière, pour voir ce qui a provoqué le tout premier mouvement. Des forces universelles, me répondra-t-on, bah ! Alors qu'on me dise pourquoi ces forces, jadis latentes, se sont subitement réveillées ? N'a-t-il pas fallu un stimulus, intervenant

Chapitre iv *Pour connaître Dieu, il faut s'approcher de Lui*

comme un corps étranger ? Si ma lampe de poche donne de la lumière, c'est parce qu'il se trouve à l'intérieur une pile. Si ma cassette tourne dans le lecteur de la chaîne musicale, c'est parce qu'une fiche de courant électrique est branchée au mur ; elle alimente donc l'appareil en énergie. Et s'il y a cette énergie, c'est parce que plus loin il y a des moteurs qui tournent et qui sont eux-mêmes alimentés par du carburant, ou tout au moins des turbines sur un barrage hydraulique. La terre tourne autour du soleil, certes ; mais c'est parce que le magnétisme des autres astres l'y conduit. Et ces autres astres alors ? En somme, il y a toujours un générateur d'énergie. Quel est donc ce générateur qui aurait provoqué le tout premier mouvement naturel ?

Il a été prouvé, nous fait observer Jacques Nesbitt, dans <u>Création et Evolution</u> que toute force, tout jet a tendance à décroître avec le temps. Par exemple une balle qui sort du canon d'une mitraillette, finit toujours par perdre de l'altitude, par choir sur un talus au bout d'un certain temps. La terre, à défaut d'être perpétuellement alimentée en énergie, devrait déjà arrêter de tourner autour du soleil ; plusieurs milliers d'années sont pourtant passées. Il doit donc se trouver quelque part une force vivante, semblable à l'être humain dont le cœur bat continuellement sans arrêt, qui alimente en énergie la rotation de la terre ; que dis-je, un *Esprit Universel*.

Par ailleurs l'univers n'a pas de limites, révèlent les scientifiques à travers les sept énigmes. Il est donc infini, comme *Dieu*. Et si Dieu se situe au-delà de l'univers, qu'il a certainement créé, c'est qu'il est insaisissable, et par conséquent au-dessus de l'homme. Il me semble juste que l'on doive se soumettre à sa Parole. Il est dit qu'au commencement était la parole, et que la parole était avec Dieu et que la parole était Dieu (Jean1). C'est bien Dieu qui ordonnait : *« Que la lumière soit, que l'eau aille d'un côté et la terre de l'autre vers l'étendue du ciel »* (Genèse 1, 1-25).

Il faut bien noter que cette harmonie fonctionnelle de la nature, Berkeley, Descartes et Spinoza l'attribuaient à Dieu. Cependant les physiciens modernes, qui préfèrent résoudre leurs problèmes sans avoir recours à Dieu, mettent l'accent sur le fait que la nature obéit mystérieusement à des principes mathématiques. Mais le paradoxe de la physique contemporaine, souligne Barnett (1951) est que chaque perfectionnement de son équipement mathématique éloigne un peu plus l'homme observateur du monde objectif des descriptions scientifiques.

Afin d'être au clair sur cette question et comprendre ce qui s'est passé depuis la création, nous avons l'habitude de nous en référer à la Parole de Dieu, seule source infaillible. Mais pour nous faire comprendre par les rationalistes, nous nous voyons dans cette pénible obligation, mais combien nécessaire, de faire recours à certains résultats scientifiques. L'archéologie et la paléontologie en constituent une meilleure voie. Car à côté des témoignages volontaires, il y a des vestiges ; ces documents involontaires que sans préméditation, le passé a laissé tomber le long de sa route (édifices, monnaies, poteries, papyri, ossements, etc.). La méthode actuelle consiste à soumettre un squelette ou un instrument trouvé à la datation au radiocarbone 14 pour déterminer son âge. L'analyse des dépôts sédimentaires permet également de se fixer sur la chronologie des événements et la marche des civilisations. Nous appelons tout cela l'histoire.

J'ai toujours eu de la passion pour toutes les études qui ont trait aux OVNI et aux recherches astronomiques. Les plus belles aventures humaines se sont faites dans l'espace. J'ai pu ainsi noter un fait curieux : tous ceux qui ont effectué le voyage dans l'espace, qui sont allés vers d'autres planètes rentrent tous transformés. En quittant la terre ils sont rationalistes à souhait, de retour de l'espace ils deviennent croyants et commencent à parler de Dieu. Nous nous permettons de rapporter ici quelques propos de Marc Garneau, le cosmonaute canadien de la Navette spatiale ''Challenger'' d'octobre 1984 recueillis au cours d'un programme TV à la CRTV intitulé *Entre ciel terre* :

Chapitre iv Pour connaître Dieu, il faut s'approcher de Lui

> *Dans l'espace dit-il, on est dans le silence [...] C'est de la magie pure et simple. Il fallait une musique spirituelle, de la musique à la hauteur de la situation ; et cela vous fait découvrir l'autre dimension de l'homme. Tout cela me fait croire en Dieu et cela me peine de voir toutes les stupidités humaines [...] Je pleure quand je vois quelqu'un se battre dans la vie et réussir malgré les nombreux obstacles.*

« *L'espace pour Newton, représentait l'omniprésence de Dieu dans la nature* » (Barnett, 1951 : 54). Plus exactement avait dit Joseph Joubert, « *l'espace est la statue de Dieu* » (Clarke et Gatland, 1981 : 218).

Si Darwin s'est beaucoup inspiré des idées de Lamarck et de Malthus, il reste cependant A relever que ses découvertes l'ont hissé au panthéon des grande savants dont les réalisations ont bouleversé la vie des hommes en ce sens qu'elles ont bâti plus d'athées que jamais accompli. Nul ne nous en voudra par conséquent de lui accorder ce traitement d'honneur de remonter à sa biographie.

Né le 12 Février 1809 à Shrewsbury près du Pays de Galles en Grande Bretagne, de père médecin. C'est un écolier médiocre qui présente un goût particulier pour les collections d'objets divers, mais surtout de pierres, de plantes, d'insectes. Il est passionné de la pêche et de la chasse. Il devient plus tard chirurgien. Il abdique ses études pour se consacrer à la zoologie et à la géologie. A 22 ans il rejoint une expédition maritime vers la Terre de Feu sur le Beagle en compagnie du capitaine Fritz Roy. Ce dernier tient pour vraie chaque ligne de la Bible. Darwin se lie d'amitié avec Lyell dont il a lu les œuvres pendant le long voyage, tout comme celles de Lamarck et Malthus. Ce voyage de cinq ans sera pour lui une incroyable aventure : tous les risques et toutes les beautés de la nature, tous les hommes, tous les climats ; tempêtes, tremblements de terre, éruptions volcaniques, animaux sauvages... De retour, il expose une théorie de l'évolution en un énorme volume qui deviendra *"On the origin of species by Means of Natural Selection, or the Preservation of Favoured Races in the Struggle for Life''* qui sera publié après beaucoup d'hésitation vingt et un ans plus tard. Il retarde la publication de sa théorie comme s'il redoutait le débat public qui va le suivre. Darwin qui est devenu discrètement **athée** pendant son voyage, sait que les hypothèses qu'il formule vont heurter bien des consciences. Il tombe malade, d'une maladie indéfinie aux symptômes vagues et changeants : migraines, nausées, insomnies. Il porte douloureusement sa culpabilité, au point de déclarer au moment de livrer son ouvrage au public : « *Je me suis fait l'effet d'avouer un meurtre* » (Parot et Richelle, op. cit : 131). Ce qui le décide malgré tant de réticence, à publier sa thèse, c'est qu'un autre naturaliste, Alfred R. Wallace, lui aussi pénétré de la pensée de Malthus, s'apprête à publier une théorie proche de la sienne. Cette œuvre est finalement publiée le 24 Novembre 1859. Darwin meurt dans des conditions très désagréables, détraqué mental.

Le meilleur service que nous puisions rendre à l'humanité en notre qualité de Serviteur de Dieu, c'est de transmettre le message que nous croyons avoir reçu du Créateur, sans plus. N'en déplaise si malgré toutes ces preuves d'aucuns continuent à croire que la vie provient d'une génération spontanée, d'une mutation progressive des espèces. Nous l'affirmons sans ambages, toute découverte scientifique qui tend à éloigner l'homme de Dieu est embryonnaire. Dieu est le père de la science. Peu de science nous éloigne du Créateur, mais beaucoup de science nous en rapproche ; que ce soit en physique ou en philosophie. L'univers entier rend compte à son Créateur.

Quelques résultats scientifiques

* Le *"Saturday Evening Post"* rapporte les preuves par les fossiles, de l'histoire du déluge de Noé décrite dans Genèse 6. Il précise que nombre de ces animaux découverts dans les amas de boue glacée au pôle Nord étaient frais, intacts et sans blessures, soit debout soit agenouillés. C'était des troupeaux de bêtes énormes et bien nourries, inadaptées aux climats froids, qui mangeaient paisiblement dans les pâturages ensoleillées et qui auraient été surprises par la mort (le déluge). Exemple : le mammouth congelé découvert en Sibérie. Des milliers d'années après, il avait encore la verdure dans la bouche et l'estomac. Sa chair était encore comestible. (Sources IBSA, 1985).

* Le livre de Josué rapporte un fait qui semble impossible ; il s'agit de la *"longue journée de Josué"* lorsque le soleil stationna au milieu des cieux presque un jour entier (lire Josué 10, 13). Voici que l'illustre astronome anglais Edwin Ball vient de découvrir, en faisant des calculs sur l'orbite du soleil, qu'il manquait presque 24 heures au temps solaire. D'autres scientifiques ont confirmé ce calcul (C. A. Totten dans "Joshua's *Long day"* et H. Rimmer dans *"Sonne Stehe still"*). La plus récente confirmation vient d'être donnée par le centre de recherches spatiales américain, qui a constaté que l'ordinateur mesurant le temps écoulé s'arrêtait chaque fois à un certain point alors qu'il était en parfait état de marche. La raison de cet arrêt : il y avait un jour manquant, cet arrêt du soleil qui paraît si inimaginable s'avère donc une réalité.

* Un hasard curieux : Dieu ordonna de circoncire tous les garçons juifs le huitième jour après la naissance. Un scientifique découvrit il n'y a pas longtemps que la capacité de coagulation du sang n'est jamais aussi haute dans toute la vie que le huitième jour après la naissance. L'ordre de Dieu fut donc donné en parfaite connaissance de cause.

* Dans sa livraison du 02 Janvier 1997, la revue scientifique britannique *"Nature"* publie le résultat d'une étude menée par des généticiens de renom et qui confirme la tradition biblique d'une généalogie paternelle distincte pour les prêtres juifs (Lévites) par rapport au reste de la population juive. Les juifs descendants du grand prêtre Aaron, frère de Moïse, appelés cohanim ou cohen, ont effectivement une ascendance commune qui les distingue des autres membres de la communauté juive. Les chercheurs ont mené une étude comparée du chromosome Y (transmis par le père) de 188 juifs non apparentés, dont la moitié était des Cohen d'Israël, d'Amérique du Nord et de Grande Bretagne. Ils ont trouvé sur ces chromosomes Y des différences significatives entre les cohen et les autres israélites, séfarades ou ashkénazes. La bible révèle effectivement que la tribu de Lévi avait été choisie par Dieu pour être consacrée au sacerdoce, sous le sacrificateur Aaron (lire Nombres 3).

* A propos du déluge, les météorologues, de concert, ne voulurent pas accepter le fait, évoquant à l'appui de leur contredit certaines lois physiques telles la dépression atmosphérique ; que tout le tissu nuageux enveloppant notre planète, même porté à grande turbulence, ne suffirait pas pour obtenir une pluie de 40 jours et 40 nuits dans toute l'étendue de la terre. Certains paléontologues en faisant une étude comparative des couches de terrain au Moyen-Orient, en Amérique du Sud et en Afrique, découvrirent des similitudes organiques dans un dépôt sédimentaire d'une épaisseur considérable. Un tel dépôt, conclurent-ils ne serait possible que dans le cas d'une décomposition à grande échelle, où tous les êtres peuplant la terre (hommes, bêtes, insectes, etc.) venaient à mourir d'un seul coup. La datation au radio carbone 14 put ainsi renvoyer aux années correspondant à la période présumée du déluge. Le même résultat permit d'expliquer également la présence dans la région Irakienne de ces importantes réserves de pétrole et de charbon.

* Concernant le Nouveau Testament, l'on a longtemps reproché à la Bible d'être truffée de légendes. Ainsi ne croyait-on pas qu'il y eut le peuple des Hittites (que seule la bible mentionne), ni la ville de Ninive, encore moins la piscine de Béthesda à Jérusalem. Il y a quelques décennies, des archéologues découvrirent en Turquie les restes d'une grande ville dans laquelle on trouva des inscriptions selon lesquelles il s'agissait de la capitale des Hittites. Les murs de Ninive ont été aussi découverts, de même que la piscine de Béthesda à Jérusalem.

* Dans sa livraison de juin 1996, le magazine français ''Science et Vie'' (n°945) rapporte un fait sensationnel : la tombe de Jésus retrouvée par les archéologues. Il s'agit en clair de la découverte à Jérusalem d'un ossuaire d'argile de 60 cm de long, 52 cm de large et 30 cm de haut portant une inscription en hébreu maladroitement tracée et difficilement déchiffrable : *"Jésus, fils de Joseph"*. L'enquête archéologique qui conclut à une coïncidence, révèle certains indices caractéristiques. L'ossuaire découvert se ferme par une pierre roulante, comme le tombeau du Christ. Il est le seul dans lequel l'on n'a pas trouvé d'ossements alors que tout autour dans un rayon de 3 km à partir de la ville (la plupart au Mont des Oliviers où la roche tendre était plus facile à creuser), l'on a trouvé beaucoup de sépultures portant des noms tels que Joseph, Marie, Caïphe, Simon de Cyrène, Mathieu, Judas et bien d'autres. Celles des deux brigands crucifiés avec Jésus ont été découvertes, deux talons percés de clous ainsi que les os du poignet, témoignant que les suppliciés avaient été crucifiés.

Jusqu'à ce jour chaque nouvelle trouvaille a confirmé les déclarations de la Bible. Nous nous réjouissons tout de même de savoir que nul aujourd'hui ne conteste plus l'existence de Jésus-Christ. Anthropologues et historiens sont tous d'accord que cet homme dont le nom continue d'opérer des miracles, deux milles ans aujourd'hui après sa mort, aura profondément bouleversé l'histoire de l'humanité. Le seul point de discorde reste sa divinité et peut-être sa résurrection, ce qui est bien dommage malgré tant de preuves. Si en effet les juifs ou les romains avaient pu présenter le cadavre de Jésus, le message de la résurrection aurait été réfuté sans contredit. C'était pourtant ce qui justifiait la présence des gardes devant la tombe. Ils avaient dit à Pilate : "Nous nous souvenons bien que cet imposteur avait dit qu'il ressusciterait le troisième jour. Ordonne que l'on garde la tombe afin que ses disciples ne viennent nous faire croire un jour qu'il est ressuscité. Une telle imposture serait pire que la première". Le roi leur permit d'ailleurs d'organiser la garde comme ils l'entendaient ; ce qui fut fait. Malgré toutes ces précautions, le corps de Jésus resta introuvable (parce qu'il était ressuscité). Il s'est d'ailleurs montré pendant quarante jours à plusieurs personnes. Une de ces apparitions se passa devant plus de 500 témoins oculaires (1

Corinthiens 15, 6). Il convient de relever que les disciples ne pouvaient compatir à ce mensonge, car ils ne croyaient pas eux-mêmes à la réalité de la résurrection de Jésus. L'exemple de Thomas le démontre. Il a fallu beaucoup de preuves à Jésus pour convaincre les disciples. L'Ecriture révèle que les gardes de la tombe avaient été corrompus pour déclarer que les disciples de Jésus étaient venus voler son corps.

Certains négateurs de la divinité de Jésus avancent à l'appui de leur contredit que les évangiles présentés par Marc, Jean, Matthieu et Luc ne sont pas du tout concordants, qu'ils ne disent pas exactement la même chose, c'est-à-dire les mêmes propos. Ils ne rapportent pas les mêmes faits qu'ils sont pourtant sensés avoir vécu ensemble. Nous disons que cela est dû au phénomène de perception. Les disciples de Jésus n'avaient pas le même niveau d'étude, ils n'exerçaient pas le même métier et n'avaient pas la même culture. Ils ne pouvaient par conséquent avoir la même sensibilité. Luc par exemple qui était médecin, rapporte plus les témoignages de guérison miraculeuse, alors que Jean qui avait une culture philosophique, s'intéresse lui, à la dialectique, aux faits surnaturels, qui échappent à l'intelligence du commun, révélant de ce fait la divinité de Jésus. En clair chacun a été marqué par quelque chose en raison de sa personnalité. De plus, le fait de ne pas rapporter mot à mot les paroles du maître, montre plus clairement qu'ils ne se sont pas entendus à mentir. Autrement ils auraient raccordé les récits. Rappelons qu'ils avaient été dispersés par la persécution. Chacun a donc écrit, après le départ de Jésus, à partir du lieu où il se trouvait. Ainsi la Bible n'est qu'un recoupage de souvenirs, de ce que l'on a pu trouver.

* Il est étrange que la révélation biblique ait toujours su anticiper les découvertes scientifiques. Nous en venons à nous demander d'où Moïse (rédacteur de la Genèse) a-t-il eu ces renseignements sur l'origine du monde, que la science ne vient que de mettre en évidence vers le XXe siècle ? Toutes les connaissances des sages égyptiens n'auraient pas suffi pour fournir à Moïse le processus de la création. Le récit de la Genèse a donc dû lui être inspiré par quelqu'un qui connaissait bien les événements. Wallace Pratt, géologue réputé, rappelle stupéfait, que l'ordre et la disposition des événements tels que présentés dans la Genèse cadrent étrangement avec les grandes époques géologiques. Il les présente en dix étapes : **1-** d'abord un commencement, **2-** puis une terre plongée dans les ténèbres et enveloppée de gaz lourds et d'eau, **3-** la lumière, **4-** une étendue ou atmosphère, **5-** d'immenses étendues de terre ferme, **6-** les plantes terrestres, **7-** le soleil, la lune, les étoiles, les saisons, **8-** les monstres marins et créatures volantes, **9-** les bêtes sauvages, domestiques et mammifères, **10-** l'homme. La science confirme que ces étapes ont eu lieu dans cet ordre exact. Le rédacteur de la Genèse a donc dit la vérité. Qui lui a révélé tout cela ? Certainement celui qui était là au moment de la création et qui n'est autre que l'Eternel Dieu.

* Pour ce qui est de l'avènement de l'homme sur terre, nous ne saurions nous donner la prétention de dénigrer les thèses scientifiques. On dit que les vérités scientifiques ne se discutent pas. La plupart des intellectuels, bon nombre d'hommes instruits sont d'accord sur le principe de l'évolutionnisme et qu'ainsi tout système qui tente de le contredire devient douteux. Si vous êtes intelligent, vous êtes condamné à l'accepter, sinon votre valeur intellectuelle devient suspecte. Essayons néanmoins d'analyser la question ainsi : l'homme dérive du singe ; et le singe vient des invertébrés aquatiques qui, eux-mêmes proviennent des molécules organiques… Au fait allons jusqu'à la base, comme l'aura exigé Leibniz lorsqu'il demande : ''Pourquoi y a-t-il toujours quelque chose plutôt que rien ?'' ou bien nous verrons-nous obligés de poser le problème comme Huisman et Vergez dans <u>Cours de philosophie</u>. « *Le monde a eu un commencement. Si le monde n'avait pas le commencement, nous n'aurions jamais pu parvenir à l'instant d'aujourd'hui. Qu'y avait-il avant le commencement du monde ?* » La théorie évolutionniste, faut-il le dire, n'obéit pas à la rigueur scientifique. Elle n'explique pas par exemple comment des éléments chimiques inanimés sont-ils devenus vivants ? Quelles règles de base régissent-elles le code génétique ? Comment les gènes modèlent-ils les formes de vie ? La synthèse des éléments composés ayant une valeur biologique ne se produit que dans une atmosphère réductrice (sans oxygène à l'état libre). Certains scientifiques estiment cependant qu'il y avait de l'oxygène. Les évolutionnistes se trouvent donc enfermés donc enfermés dans un dilemme que Hitching définit ainsi : *« Avec l'oxygène dans l'air, le premier acide animé n'aurait jamais vu le jour ; sans oxygène, il aurait été anéanti par les rayons cosmiques [...]. Dans l'eau, il n'y aurait pas eu assez d'énergie pour activer d'autres réactions chimiques ; de toutes façons l'eau empêche le développement de molécules plus complexes »*. (IBSA, 1985 : 41). En outre les protéines ont besoin de l'ADN pour se former. Mais l'ADN a lui-même besoin d'une protéine pour se former. Du coup cela soulève le problème de ''l'origine du code génétique'', celui de l'œuf et de la poule, qui aujourd'hui est complètement sans réponse. Lequel, de la poule ou de l'œuf, est apparu le premier ?

Il est curieux que l'homme, que l'on dit avoir subi des transformations au cours des temps, n'ait pas pu continuer à se métamorphoser jusqu'à nos jours. Seules sont les possibles les mutations à l'intérieur d'une même espèce. C'est la cas pour les ''pinsons de Darwin'', pour les chiens, les chats, les hommes, etc. Le pinson reste pinson, le caniche, le basset et le dogue restent des chiens. Aussi l'homme reste homme, nonobstant la couleur de sa peau, la forme de son nez ou la variété de ses cheveux. Par contre aucune espèce n'a jamais évolué en une autre espèce, parce qu'il existe des barrières d'ordre biologiques infranchissables. Parmi les millions de fossiles trouvés à ce jour, il n'existe aucun ''chaînon manquant'' se situant entre les deux espèces. La chauve-souris par exemple est une espèce spécifique et non une forme de transition. Nous attendons encore le résultat définitif du clonage, après les fameuses réalisations de la brebis Dolly en 1996 et celles récentes de la secte Raël sur l'homme. Le bébé éprouvette est encore attendu jusqu'à son adolescence. Notons que Dolly est morte il y a quelques années ; et les premiers hommes clonés développent depuis quelques temps des pathologies bizarres (syndromes) et meurent tous. Peut-être pourra-t-on enfin nous faire voir un être hybride homme-singe. Le journal français ''L'événement du

Jeudi" du 10 octobre 1991 rapporte l'échec de toutes les inséminations artificielles et naturelles homme-singe et homme-chimpanzé pratiquées jusqu'ici. Ainsi les scientifiques ont exhumé des millions de cadavres (fossiles) et dans les laboratoires, ils ont tenté désespérément de renouer les liens ; tout s'est achevé par un échec humiliant.

D'autre part, l'a-t-on souligné dans le Conseil Supérieur de la Jeunesse (JEVIC) édition 1989, seul l'être humain a pu remarquer qu'il y a eu évolution, jusqu'à la décrire. L'animal (qui est pourtant l'aîné de l'homme) n'a accordé aucune attention à ce phénomène, ce qui prouve que l'homme est hors de la chaîne du transformisme. En fait on ne peut pas être dans un ensemble et le classer encore. Si l'homme peut décrire l'évolution, cela signifie qu'il n'en est pas le produit. S'il était emporté par le fleuve, il ne pourrait pas s'arrêter et regarder le cours du même fleuve. Pour bien juger de quelque chose, il faut se situer sur un plan supérieur. Comment se fait-il que l'homme, noyé dans la matière, puisse, sans en sortir, émettre un jugement objectif malgré les lois de la nature, qui sont irréversibles et immuables et qui le maintiennent dans la subjectivité ?

Nous voudrions clôturer ce dossier avec quelques déclarations d'éminents hommes de science, tirés sur le tas.

    1-   **Robert Jestrow**, Astronome : Les savants ne peuvent fournir une réponse tranchée à cette question, parce que les chimistes n'ont jamais réussi à reproduire les expériences de la nature concernant la création d'une vie à partir de la matière inerte (IBSA, op cit. 53).

2- D. Gower, biochimiste dans "Times" (Journal anglais) : On ne peut concilier le récit de la création consigné dan la Genèse et la théorie de l'évolution. L'une des deux thèses doit être exacte et l'autre fausse. L'histoire contée par les fossiles confirme le récit de la Genèse. Dans les roches les plus anciennes on n'a pas trouvé une série de fossiles confirmant qu'il y a eu transformation graduelle à partir des créatures les plus primitives pour arriver à des formes de vie plus développées. Au contraire on a constaté l'absence totale de fossiles de transition entre les espèces. Les espèces sont apparues brusquement.

3- Isaac Newton, savant de tous les temps : Aucune science n'est mieux que démontrée que la religion de la Bible.

4- Hitching, concluait ainsi : Une théorie évolutionniste qui soulève tant de doutes, même chez ceux qui l'enseignent, est sujette à caution. Si le darwinisme est vraiment le grand principe unificateur de la biologie, il comporte des zones d'ignorance extraordinairement grandes. Cette théorie ne réussit pas à expliquer quelques-unes des questions les plus fondamentales : comment des éléments chimiques inanimés sont-ils devenus vivants ? Quelles règles de base régissent le code de vie ? La théorie de l'évolution est si déficiente qu'elle mérite qu'on la considère comme une question de foi (IBSA, op. cit. 24).

Nous avons déjà tiré notre révérence à Darwin et son équipe.

LA PUISSANCE DE DIEU, PREUVE DE SA PRESENCE

Je le sais, beaucoup refuseront obstinément de se soumettre à l'autorité des faits rapportés dans cet ouvrage, encore moins les arguments philosophiques, et voudront bien quelques démonstrations pratiques. Eh bien la Bible nous en offre toute une fourchette. De l'Ancien Testament à Jésus-Christ, jusqu'à nos jours, tous ceux qui ont fait office de servir Dieu ont opéré des miracles. Mais, soulignons-le bien, ceux-ci ne peuvent être accomplis que par la foi en Jésus-Christ, à travers Sa Parole. Résumons-nous ainsi : pour appréhender les choses de Dieu, il faut l'esprit de Dieu (Esprit Saint) qui ne s'obtient que par la foi en Dieu et en Jésus-Christ son Fils, et par la mise en pratique de Sa Parole. Aux chrétiens, Dieu donne le pouvoir d'accomplir des miracles, qui prouvent l'existence de Dieu, auteur des faits.

Chapitre iv **Pour connaître Dieu, il faut s'approcher de Lui**

> *Voici les miracles qui accompagneront ceux qui auront cru : En mon nom (Jésus-Christ), ils chasseront les démons ; ils parleront de nouvelles langues ; ils saisiront des serpents ; s'ils boivent quelque breuvage mortel, il ne leur fera aucun mal ; ils imposeront les mains aux malades, et les malades seront guéris* (Marc 16, 17-18).

Un jour je voyageais d'Ayos à Abong-Mbang. Deux étrangers me prirent dans leur voiture, parce que je faisais l'auto-stop. Ils avaient la nationalité française et centrafricaine. En cours de route je me suis mis à leur parler du Seigneur. Celui qui conduisait et qui paraissait être propriétaire du véhicule, me pria de me taire et que si je continuais, il se verrait obligé de me faire descendre. Je le priai de comprendre que c'était pour moi un impératif dont je voulais m'acquitter, mais que s'il était si gêné, je me disposais à attendre un autre véhicule de fortune. Il me considéra avec beaucoup de mépris. ''Comment, finit-il par lâcher, un homme doté de raison peut-il se laisser asservir par un autre de cette manière ? Jésus était un homme de même nature que toi ; tout comme tu peux créer ton idéologie aujourd'hui et faire des disciples''. Je dus rectifier immédiatement pour lui faire comprendre que Jésus n'était pas seulement un homme, mais qu'il avait une double nature ; homme dans la chair et Fils de Dieu sinon Dieu, quant à l'esprit, et qu'il restait vivant jusqu'à ce jour. ''Mon ami, fit-il avec sourire, comprends-tu toi-même ce que tu avances ? Un esprit est un esprit, et la matière est la matière. La mort est le terme de toute vie ; en moins que tu ne nous fournisses la preuve que Jésus est vivant''. Je me mis donc à leur parler des miracles prévus dans la Bible, question de leur faire comprendre que l'évangile ne repose pas sur des discours persuasifs de la sagesse humaine, mais que c'est bel et bien une démonstration de puissance par l'Esprit. Alors ils m'apprirent tous les deux qu'ils étaient malades et que si ''Jésus'' que je leur prêchais parvenait à les guérir, ce n'est qu'à cette seule condition qu'ils croiront qu'il est vivant et qu'il est fils de Dieu. Celui qui conduisait m'apprit qu'il souffrait des yeux (il portait les verres) et qu'il avait déjà eu à se faire traiter par des oculistes en Russie et en France, sans suite.

L'autre m'apprit qu'il était titulaire d'un Doctorat en activités sportives et qu'il dispensait des cours dans un grand institut sportif en France. Il avait flirté avec beaucoup d'écoles de mystères, à l'Instar de la Franc-maçonnerie, de la Rose-croix, de l'Ordre Chang, etc. Il souffrait lui, d'un genre de céphalées se manifestant de temps en temps sous forme de crises, pour avoir reçu accidentellement un choc. Le poids (masse de fer en boule usitée par les athlètes) lui avait percuté la tempe au cours d'un entraînement. L'autre souffrait tout simplement des maux de ventre (indigestions) pour avoir consommé, quelques heures auparavant, une nourriture très pimentée. Il avait d'ailleurs arrêté le véhicule deux fois en l'espace de quarante kilomètres pour aller se soulager. Ils me demandèrent donc de prier pour eux, et qu'ils deviendraient chrétiens sur le champ si jamais le Seigneur venait à les guérir. Je dus réunir suffisamment de courage pour pouvoir élever la voix au Seigneur, tellement ils avaient blasphémé que je faillis perdre le coache. Nous arrêtâmes le véhicule et j'adressai cette prière au Très-haut : "Eternel Dieu, afin que ces hommes sachent que tu es le seul vrai Dieu et que Jésus-Christ, ton Fils unique, est réellement ressuscité d'entre les morts et présentement assis à ta droite, accorde leur la guérison. Qu'ils aient, à l'instant même la preuve de ton existence. Ils ne croient pas en toi, c'est pour cela qu'ils blasphèment. Cependant, à cause de la foi de ton serviteur que je suis, opère en eux pour déloger toute force de maladie, quelle qu'elle soit. Montre leur que cette Parole que je leur ai donnée vient de toi et qu'elle s'accomplit, au nom du Seigneur Jésus-Christ mon Sauveur Amen''.

Lorsque nous ouvrîmes les yeux, je leur demandai de s'examiner pour s'assurer que le mal était bien parti. "Je vais te dire, mon frère, ce qui est vrai, commença le premier. Quand tu priais, j'ai senti comme si un ver ou une toile quittait mon œil et, au moment ou je parle, je vois clairement". Il ôta d'ailleurs les verres, prit la Bible de ma main et se mit à lire, ce qu'il n'avait pu faire depuis des années, nonobstant les soins de ses éminents oculistes Russes. L'autre m'apprit que son mal de ventre s'était subitement arrêté. Quant à son mal de tête, il nous fit savoir qu'à

Chapitre iv *Pour connaître Dieu, il faut s'approcher de Lui*

ma prière il a senti comme de l'eau glacée qu'on versait dans son cerveau. ''Croyez-vous à présent, leur demandai-je, que Jésus est Fils de Dieu et qu'il est le même hier, aujourd'hui et éternellement ?'' ''Oui, les entendis-je dire ; nous croyons !'' Je leur dis alors de lever la main droite pour dire gloire au Seigneur Jésus-Christ. Ils le dirent.

Jésus-Christ nous assure : *« Je vous dis en vérité, si vous aviez de la foi et que vous ne doutez point, non seulement vous feriez ce qui a été fait à ce figuier, mais quand vous diriez à cette montagne : ôte-toi de là et jette-toi dans la mer, cela se ferait »* (Matthieu 21, 21-22).

En définitive pour connaître et comprendre Dieu, il faut s'approcher de lui (Sa Parole) et croire qu'il existe. L'Apôtre Paul nous le confirme : *« Or sans la foi il est impossible de lui être agréable ; car il faut que celui qui s'approche de Dieu croie que Dieu existe, et qu'il est le rémunérateur de ceux qui le cherchent »* (Hébreux 11, 6).

Pour comprendre Dieu, il faut s'approcher de lui.

CHAPITRE V

Dieu est dans sa parole

Nous ne reviendrons pas sur ce que nous avons dit dans les précédentes pages. Nous allons nous borner à quelques rappels et nous placerons en suite notre propos sur d'autres plans. Notre vie dépend d'une question si importante qu'à côté d'elle toutes les autres questions sont d'ordre secondaire : Dieu existe-t-il, oui ou non ? Et si Dieu existe, alors il existe aussi une vérité absolue ; et dans ce cas notre droit à la liberté absolue n'est qu'illusion et aberration. Nous dépendons alors totalement de Dieu quant à notre vie présente et notre avenir. Dès cet instant ; nos conceptions, nos opinions n'ont plus bien grand effet, mais uniquement celles de Dieu à qui nous devons des comptes. Il existe donc une seule vérité et une seule justice au travers desquelles nous serons jugés. Et notre avenir dépend alors de l'état où nous nous trouvons au moment de la mort ; réconciliés avec Dieu ou non.

De prime abord, les déclarations de la Bible peuvent passer à nos yeux comme de la fabulation. Dieu, Satan, les esprits, ne cadrent pas avec notre conception rationnelle du monde. Pourtant nous sommes assez irrationnels pour accorder foi à l'horoscope, au talisman, à certaines manifestations occultes. Nous arrivons même à séparer les phénomènes naturels de leurs causes, parce qu'il est évident (comme nous l'avons établi) qu'ils ne se passent pas dans le vide. Chacun a ses convictions ; nous ne l'ignorons pas, mais la foi la plus sincère ne servirait à rien si elle ne se réfère au seul vrai Dieu, Maître de l'univers.

Nos sensations, nos opinions ne changent absolument rien à la réalité. Ce que les plus célèbres théologiens, prophètes, philosophes ou fondateurs de religions ont dit de Dieu n'a aucun effet sur la réalité. Si des milliers d'hommes respectables croient à quelque chose de faux, cela ne devient pas juste pour autant. Il ne s'agit donc pas de trouver des références dans telle idéologie, mais de découvrir la réalité ; car toutes les religions (et il y en a de très représentatives) prétendent posséder la seule vérité. Ces "vérités" se contredisent pourtant à tel point qu'elles ne peuvent pas toutes être vraies. C'est pour cette raison que beaucoup rebutent le phénomène de religion et préfèrent alors tout relativiser : "vérité en-deçà des Pyrénées, erreur au –delà", disait quelqu'un. Tous les intellectuels sont d'accord sur le principe. "Dans le monde du savoir, nul n'a totalement raison, personne n'a tout à fait tort." Ainsi la vérité n'est pas plus dans toi qu'en moi. Prêcher la non-existence de Dieu n'est il pas aussi une religion ? Nous appelons une telle religion l'athéisme, où l'homme prend la place de Dieu, parce qu'il croit qu'il n'y a pas de Dieu. C'est une philosophie qui fait autorité dans les milieux universitaires (humanisme, libéralisme, marxisme, anarchisme…). Certains par contre, pensent qu'il y aurait plusieurs dieux, parce qu'ils ne sauraient accepter les contraintes d'un Dieu unique et transcendant à qui l'on doive se soumettre. L'on croit aux esprits agissants des ancêtres. On craint les démons ou totems et on leur offre des sacrifices pour les apaiser. Nous appelons cette forme de religion le polythéisme. Pour d'autres personnes, il y a un Dieu universel, qui se retrouverait dans tout ce qui existe dans la nature : le bien et le mal, les êtres vivants, le soleil, l'eau, etc. Ce Dieu est impersonnel souvent conçu comme une loi (le karma, la puissance cosmique). Cette croyance tient ses racines dans l'hindouisme et le bouddhisme. Nous l'appelons le panthéisme. Voltaire n'en serait pas indifférent. Bien évidemment, d'autres personnes aussi croient en un Dieu unique apparaissant comme une personne ou un esprit supérieur. C'est le monothéisme (judaïsme, christianisme, islam). Même à ce niveau il existe de nombreuses divergences. Au demeurant, il ne suffit pas de croire que Dieu existe, qu'il est unique, que Jésus-Christ est son fils pour se croire dans la béatitude.

LA FOI QUI SAUVE

Tous ceux qui croient en Dieu cherchent la perfection, convaincus que Dieu est Saint. Qui plus est, si Dieu n'existe pas, les notions de justice et de sainteté seraient aléatoires car chacun serait son propre maître et pourrait alors suivre ses propres normes de conduite. Tout serait permis, que dis-je légitimé par la conscience de chacun. C'est dans cette optique que Pascal déclare : Aucun homme, n'est mauvais ; tous les hommes sont bons. Il le démontre par conjecture de cette façon : Tout individu cherche à faire le bien ; et l'homme se défend d'ordinaire quand on vient à condamner certains de ses actes. Si j'ai posé telle action, c'est parce que ... Ce sont les autres qui jugent de mauvais son acte, mais lui-même sait qu'il agit bien. Même ceux qui se font emprisonner pour homicide ou pour vol parviennent toujours à s'abriter derrière certains alibis et trouvent alors que la société est injuste à leur égard. Prenons l'exemple d'un homme qui est pris en flagrant délit d'adultère ; il se défendra en arguant que c'est parce qu'il aime (normal). Pour lui, il n'y a rien de tragique, puisque c'était irrésistible. Pour le voleur, c'est parce qu'il était dans le besoin et qu'il ne pouvait se passer de l'objet volé. Si Crawford, sans raison valable, porte la main sur Jacques, c'est parce qu'il ne l'aime pas ; il lui est antipathique, d'où la nécessité de le lui signifier. Il considère cette violence comme une correction et non un abus. Adolph Hitler, Fidel Castro, Saddam Hussein, Milosevic, Mobutu Sese Seko, Hosama Ben Laden, n'auraient jamais accepte qu'ils fussent dictateurs ou terroristes (je veux dire paranoïaques).En définitive tout homme est bon, car nul ne fait le mal intentionnellement. Quand bien même quelqu'un venait à se repentir, il garde toujours un motif implicite (qu'il juge sain) susceptible de justifier son acte. La relativité de la raison a fait des atrocités a travers les âges. Vous comprenez par là que l'on peut faire le mal avec une certaine conviction, le seul juge étant ici notre conscience. La conscience peut ainsi être empoisonnée et ne plus pouvoir à la longue remplir son rôle répressif. Voilà pourquoi elle est l'une des révélations (avec la nature) les plus subjectives de Dieu. Une foi que l'on bâtit sur la velléité de sa conscience ou sur la seule contemplation des phénomènes naturels est très souvent erronée, d'où l'extrême nécessité de report aux textes sacrés de la Bible.

Notre point de vue est que toutes les religions qui n'ont pas pour document de base la seule Bible ne sont pas de Dieu. Bien évidemment cela peut prêter à controverse. Il est écrit : « *la foi vient de ce qu'on entend ; et ce qu'on entend vient de la parole de Christ* » (Romains 10, 17). En somme la véritable foi vient de la parole Ecrite dans la Bible. Tout autre recueil parallèle, aussi vraisemblable et authentique puisse-t-il paraître, est approximatif.

Il est une observation déconcertante que le comportement si buté des hommes de notre temps. Dieu est devenu plus lointain, depuis que l'homme, en portant la main et le regard sur la nature, a accédé à une certaine maîtrise technologique. L'homme a bien fini par démystifier et soumettre la nature ; la question de Dieu devenant de ce fait un mythe. Malgré cette situation l'homme n'est pas plus satisfait dans sa raison que s'il n'avait eu accès à ce grand pouvoir explorateur et transformateur. Les phénomènes naturels continuent à l'éberluer, il est constamment en butte à ce gigantesque inconnu et miraculeux que constitue l'univers. Les pauvres explications de la science rationnelle ne parviennent plus à assouvir sa curiosité, à éteindre son angoisse, tant il est exacerbé dans son existence par des inquiétudes profondes. Alors l'homme commence à rechercher Dieu, franchissant de ce pas le mur du scepticisme, du rationalisme et de l'orgueil. Pendant qu'il est en proie aux idéologies et investigations philosophiques, une nouvelle forme de religion s'offre à lui : la métapsychique, ce qui est encore là une déviation déroutante. Dieu n'est pourtant pas si éloigné, mais c'est nous qui refusons de le découvrir ; et il est certain que sa présence sera toujours cachée, aussi longtemps que nous resterons rationnels. Cette présence n'est sensible qu'à ceux qui auront renoncé à imaginer Dieu à leur manière, à le chercher là où ils jugent qu'il devrait être. La Bible dit :

> *Le Dieu qui a fait le monde et tout ce qui s'y trouve, étant le Seigneur du ciel et de la terre, n'habite point dans des temples faits de mains d'homme ; il n'est point servi par des mains humaines, comme s'il avait besoin de quoique ce soit, lui qui donne à tous la vie, la respiration et toutes choses. Il a fait que tous les hommes, sortis d'un seul sang, habitassent sur toute la surface de la terre, ayant déterminé la durée des temps et les bornes de leur demeure ; il a voulu qu'ils cherchassent le Seigneur, et qu'ils s'efforçassent de le trouver en tâtonnant, bien qu'il ne soit pas loin de chacun de nous* **(Actes 17, 24-27).**

C'est le lieu de le dire ; Dieu est dans Sa Parole écrite dans la Bible, et Il n'est nulle part ailleurs. Il est saint, très saint, trois fois saint ; donc sévère. La véritable foi vient de ce qui est écrit (pas dit verbalement). Nous savons qu'un homme est devenu chrétien à partir du moment où il commence à porter crédit à ce qui est écrit dans la Bible. Même lorsque les circonstances tendent à faire admettre que les choses ne peuvent plus se passer que d'une certaine manière, lui continue obstinément à croire que Dieu peut tout bouleverser, parce que la Parole de Dieu le déclare. L'on devient chrétien lorsqu'on commence à croire que ce n'est pas au mérite de nos aptitudes naturelles que l'on réussit ; lorsqu'on commence à accepter que l'on peut être intelligent, méthodique, fort et rempli d'atouts, mais échouer, si l'on n'a pas la faveur de Dieu. Lisons ces propos d'un homme de Dieu au roi Amatsia : « *Si tu vas avec eux, quand même tu ferais au combat des actes de vaillance, Dieu te fera tomber devant l'ennemi, car Dieu a le pourvoir d'aider et de faire tomber* » (2 Chroniques 25,8). Pareillement on peut être sans moyens et sans aptitudes mais réussir, si Dieu, le Maître des temps et des circonstances, nous est favorable. L'Apôtre Paul était escorté par bateau comme prisonnier, à destination de Rome. Au cours de la navigation il averti l'équipage qu'il y aurait des difficultés et qu'il fallait prendre certaines dispositions. Le chef d'escorte écouta le pilote et

Chapitre V *Dieu est dans sa parole*

le capitaine de bord plutôt que les paroles de Paul, qu'il regardait tout simplement comme un prisonnier, un homme ordinaire. Il est évident qu'il ignorait presque tout le statut de Paul. Il ne savait pas que c'était un grand Serviteur de Dieu, et donc pas un simple homme. Ce qui devait arriver arriva ; un vent se leva et ce fut le naufrage. De là Paul s'écria : "Ô hommes, il fallait m'écouter et ne pas partir de Crète, afin d'éviter ce péril et ce dommage". Il fit un nouvel oracle : "un ange du Dieu à qui j'appartiens et que je sers m'est apparu cette nuit..." (Actes 27). Cette fois, ils prêtèrent attention à son massage, et les choses se passèrent bien. Quelques jours plus tard pendant qu'ils séjournaient dans l'île de Malte où ils avaient accosté fortuitement, Paul se mit à ramasser les branchages pour les mettre au feu qu'ils avaient allumé pour la circonstance. Une vipère le mordit et resta attachée à sa main. Quand les barbares virent l'animal suspendu à sa main, ils se dirent les uns aux autres : assurément cet homme est un meurtrier, c'est pour cela que la justice immanente n'a pas voulu le laisser vivre après qu'il ait été sauvé du naufrage. Voyant au bout d'un certain temps que rien ne lui arrivait, ils changèrent d'avis et dirent que c'est plutôt un dieu.

Un jour, alors qu'il faisait le ménage, le Pasteur E. Kamtchoum fut mordu à trois reprises par un serpent vert (l'un des plus venimeux dans la sous région). Au lieu de prendre les mesures habituelles (garrot, saignement du sang, antivenimeux), il se limita à maudire l'animal, à le condamner au nom de Jésus. L'animal trouva la mort sans qu'on ait besoin de le tuer. Alors une foule des habitants du quartier se mirent à insister auprès de lui. "Va à l'hôpital ; ce serpent est très dangereux ; tu vas mourir". Des commentaires fusaient de partout : "Quelle obstination que ces gens des sectes. Il est mordu par un serpent et il refuse d'aller à l'hôpital, quelle prière peut anéantir le venin du serpent !" Ce fut plutôt une occasion évangélique pour le Pasteur. Il prêche tranquillement jusqu'à ce jour dans l'Assemblée de Ngousso à Yaoundé.

Dieu est-il logique ?

Je connais un enfant de Dieu qui était en service dans une administration de la place. Il partageait le bureau avec deux de ses collègues. On leur confia la charge de recevoir les dossiers de candidature d'un recrutement du personnel organisé par l'Etat. Ce poste comportait des petits avantages financiers et même suspects. Ses deux collègues, qui ne connaissaient certainement pas ses convictions religieuses, conçurent un plan diabolique pour l'écarter de la commission. Ils étaient plus anciens dans le service et avaient des liens de parenté avec le Directeur. De plus ils étaient plus avancés en grade que ce chrétien né de nouveau. La stratégie consistait à créer un incident au niveau du bureau, afin de pouvoir l'accuser chez le patron. Le bureau comportait trois tables et trois chaises. Discrètement ils supprimèrent, l'une des tables, celle usitée par le frère et lui firent comprendre que celle-là devait servir de table de rangement et que sa chaise devait servir pour les visiteurs. Ils s'attendaient à ce qu'il se plaigne, mais ils les pris à contre pied en allant trouver au magasin une table de fortune, mystérieusement plus belle. Dans l'après-midi, il retrouva l'un des collègues déjà assis à sa place en véritable propriétaire. Au lieu de se plaindre il demanda plutôt à celui-ci la permission d'occuper son ancien bureau, dans le sens d'une permutation. Il lui dit d'aller y prendre place à condition de ne pas toucher à ses objets contenus dans les tiroirs dont les chefs restaient à sa charge. C'était une remarquable injustice. De là ils allèrent tumultueusement auprès du patron, avec à l'appui plusieurs chefs d'accusation : il a multiplié la clef du bureau pour souvent faire le faux. Il rançonne les usagers. Il tripote nos dossiers dans les tiroirs et nos objets personnels. Il nous chasse du bureau et laisse entendre aux usagers que c'est lui le patron. Il transforme le bureau en salle d'évangélisation au mépris de la laïcité et du secret professionnel. Il est évident qu'ils mentaient. Pendant qu'ils se rendaient chez le Directeur, en compagnie de deux autres faux témoins à qui ils avaient promis un service à titre de récompense, le frère entra dans les toilettes. Il fondit en larme devant le Seigneur. Tout était fait pour qu'il soit écroué par ses adversaires, qui étaient nombreux et qui avaient l'avantage d'être les protégés du patron. Il se passa alors quelque chose de spectaculaire. Sans même daigner appeler le frère à comparaître tous furent démis de leurs fonctions et le frère fut immédiatement désigné pour assurer l'intérim, sous réserve d'une confirmation de la haute hiérarchie. C'est Dieu qui décide des combats. Dès lors que l'on commence à programmer sa vie à partir de ce qui est écrit, l'on cesse d'être un simple homme ; l'on devient un être extraordinaire, et toutes les lois du cosmos changent à notre sujet. Les médicaments qui soignent tous les hommes ne peuvent plus avoir les mêmes effets sur notre organisme. Notre sang n'est plus le même ; les astres n'ont plus le même pouvoir sur nous ; l'on ne passe plus inaperçu. Tout individu qui a flirté avec Dieu, qui a accédé à une certaine connaissance ; son statut d'homme spirituel confère un certain pouvoir à sa parole. Ce qu'il dit est souvent revêtu d'une certaine puissance. Il y a une charge énergétique qui accompagne tout propos juste. Il peut prononcer un oracle et cela s'accomplit. L'exemple de Jésus qui maudit le figuier et celui-ci sèche instantanément. Le maître a faim et le figuier ne lui offre aucun fruit. Jésus demande à ses disciples d'aller dans le village avoisinant et de lui prendre un ânon, parce qu'il voulait s'en servir. Le propriétaire intervient : ''pourquoi le détachez-vous ?'' ils lui répondent : ''le maître en a besoin'', le Seigneur en a besoin. Dès lors qu'on croit en Jésus, on change de statut ; l'on devient une race élue, un sacerdoce royal, une nation sainte, un peuple acquis. Dès qu'on confesse ses péchés et les abandonne, l'on est investi d'un certain pouvoir, qui ne nous autorise plus à faire les choses comme les autres, même pas comme les gnostiques. Nous voyons l'apôtre Paul confronté tantôt aux philosophes épicuriens, tantôt aux petits exorcistes, mais il les supplante tous par la puissance de Dieu. Il avait la Parole de Dieu et rien de plus. Les disciples de Jésus furent étonnés après leur conversion de constater qu'ils avaient acquis un nouveau pouvoir et que les démons leur étaient soumis. Le Seigneur leur dit : *« Voici, je vous ai donné le pouvoir de marcher sur les serpents et les scorpions, et sur toute la puissance de l'ennemi ; et rien ne pourra vous nuire »* (Luc 10, 19). Ils avaient acquis ce pouvoir surnaturel par la pratique de la Parole de Dieu.

Le Pasteur Toukea tenait une compagne d'évangélisation dans une petite localité. La foule était nombreuse et le Seigneur opérait beaucoup de guérisons miraculeuses ; les aveugles recouvraient la vue, les paralytiques marchaient, tant et si bien que certaines autorités religieuses durent mettre toute une stratégie en œuvre pour le dénigrer. Elles mettaient en doute ces miracles. Trois jeunes gens conçurent un plan diabolique pour venir humilier l'Homme de Dieu. L'un des trois se coucha dans une brouette faisant le malade agonisant et les deux autres se mirent à le pousser jusqu'à la place de l'évangélisation. "Il est malade Pasteur, fais quelque chose, lui dirent-ils en pleurant". Après les avoir exhortés à la conversion, il se résolut malgré lui à élever la prière à Dieu, afin de relever le malade, sans succès. Il redoubla la prière, sans suite. Il pria une troisième fois toujours rien. Quelque peu confus, il dit "Ce n'est pas moi qui guéris, mais je sais que mon Dieu est fidèle". Les jeunes gens prirent le chemin retour et l'on se mit à faire des commentaires nuancés. Quelques mètres plus loin, les deux garçons qui poussaient firent signe à leur faux malade de se lever. Il ne le put pas. Ils tentèrent de le lever par force sans succès. Il leur dit qu'il ne se sentait plus en mesure de marcher, qu'il se sentait très mal en point. Il était tombé cette fois-ci réellement malade. Ils comprirent qu'ils avaient commis une erreur monumentale en venant tenter Dieu. Ils revinrent voir le Pasteur et lui avouèrent ce qu'ils avaient fait en le suppliant de prier. "Je ne peux plus, leur dit-il". Voyez de quelle lourde malédiction ils se sont chargés volontairement. Combien de personnes ont-elles refusé de croire en Dieu en voyant ce scénario. Dans quel hôpital va-t-on guérir ce cas ? Quel produit pharmaceutique va-t-il guérir cette maladie invoquée ? A quel Dieu vont-ils s'adresser ? Plusieurs personnes se chargent ainsi de malédiction en croyant confondre les serviteurs de Dieu, parce qu'on a réussi à braver quelques unités de valeur à l'université et qu'on se croit déjà important. Tu te crois important parce que tu ne sais pas que Dieu peut briser ton bonheur en suscitant juste un petit impondérable. Toute réussite sans Jésus est précaire.

Chapitre V **Dieu est dans sa parole**

Robert Escarpit cité par Hernry Gossot dans Les hommes communiquent, écrit :

> *La communication entre les hommes emprunte deux chenaux, le chenal de la communication sonore, visuelle, orale, éphémère et fugace et le chenal de l'écriture, c'est-à-dire de la pensée [...]. L'histoire gagne en précision sinon commence avec l'écriture. Celle-ci fixe la pensée des hommes et la transmet au travers des temps et des siècles avec une netteté extraordinaire.*

Tout ce qui n'est pas écrit est douteux et sujet à toutes les interprétations, aux falsifications de tous bords. Et le diable le sait mieux que nous. A ce propos Martin Luther disait : l'Ecriture est la seule norme en matière de foi et de comportement. Louis Evely (1966 : 23) nous fait remarquer : *« Pendant des milliers d'années, le peuple juif avait été préparé, nourri, averti, formé pour recevoir le Messie. Ils l'ont eu. Et ils l'ont raté »*. Ces gens-là, explique-t-il, croyaient en leurs scribes, en leurs docteurs, en leurs théologiens, en leurs curés, en leurs parents, ils avaient bien appris leur religion. Ils étaient le peuple élu de Dieu, les spécialistes des affaires de la religion, les spécialistes de tout ce qui concernait Dieu. Et Dieu était parmi eux (Jésus), et ils ne l'ont pas remarqué.

Croyons-nous en Dieu ou en ceux qui nous ont parlé de lui ? Croyons-nous en Dieu ou bien en notre religion ? Cela m'a souvent peiné d'entendre tant de personnes dire : si j'avais été au temps de Jésus, je ne me serais pas moqué de lui, je ne l'avais pas chassé de ma maison, je ne me serais pas associé à la masse pour demander sa crucifixion. Ils le font pourtant tous les jours sans le savoir. Prenons garde, nous israélites d'aujourd'hui, d'avoir si bien mis au point les formules de dogme que nous ne nous intéressons plus à son contenu. Prenons garde d'être si bien au courant des signes que nous oublions la chose signifiée, d'avoir cru depuis si longtemps en Dieu que nous ne croyons plus. Nous nous plaisons à témoigner : moi, je suis chrétien orthodoxe, presbytérien, catholique, adventiste, pentecôtistes ou témoin de Jéhovah. Chacun de nous est si bien ancré dans sa religion que Jésus même se présenterait à nous sous la forme physique, Bible en main, que nous le chasserions à coups de pieds, le taxant de faux prophète, d'imposteur... Tu es libre de me croire ou pas, le Seigneur Jésus se trouve précisément là même où tu es très sûr qu'il ne peut pas être. Si l'on n'apporte pas certains objets "saints", si le prédicateur ne se vêt pas d'une manière particulière, s'il ne justifie de la possession de certains diplômes et s'il ne prêche sous les poutres d'une certaine architecture, plusieurs ne croiraient pas qu'il parle de la part de Dieu. C'est une erreur irrémontable. Jésus, dans l'aspect, était semblable à tout le monde. Les gens qui ne s'arrêtent qu'aux apparences ne voyaient rien en lui qui le différenciait d'eux. Il était vêtu comme tout le monde (pas même le col blanc) ; il allait, venait, parlait, mangeait, dormait comme les autres ; hormis qu'il ne péchait point. Ce grand détail échappait à beaucoup de gens, et c'est pour cela qu'on contestait ses miracles, comme cela se fait aujourd'hui. On le trouvait alors prétentieux et sans éducation, parce qu'il indisposait tout le monde en dénonçant les œuvres secrètes des hommes à des moments et à des endroits peu indiqués ; ce qui est contraire à la décence.

Nous avons constaté que chaque fois qu'un homme ou une femme découvre la véritable foi, lorsqu'il commence à prendre Dieu au sérieux, à pratiquer ce qui est écrit, il commence généralement à scandaliser tout le monde, tous les "chrétiens raisonnables" qui ont "l'humilité" de faire comme tout le monde, et qui croient avoir la bonne et la plus ancienne religion. Nous voudrions souligner qu'il est impossible de croire en Dieu sans être transformé, et qu'il est impossible d'être transformé sans d'abord perdre sa forme. Dieu est égotique et essentiellement brutal. Rappelons-nous certaines de ses incartades : "Laisse tout, viens et suis Moi", "Tu n'auras aucun autre Dieu devant ma face – Tu ne te feras aucune image taillée, ni de représentation quelconque des choses qui sont en haut, sur la terre ou plus bas que la terre", "Je suis l'Eternel Dieu, et il n'y en a point d'autre".

Il ne s'agit pas de lire la Bible, mais d'expérimenter ce qui y est porté par la pratique. Elie discutait avec les 450 prophètes de

Baal et d'Astarté (1 Rois 18, 21-39). Pour trancher net avec le débat, il leur proposa de descendre sur le terrain expérimental. Il place d'abord les douze pierres, il rétablit l'autel... puis alors invoque l'Eternel, et le résultat arrive. C'est cette démarche qui affranchit du péché, qui guérit les malades, qui baptise du Saint-Esprit, qui assure le salut de l'âme. Nous l'appelons *"la foi qui sauve"*.

Dieu est dans sa Parole et il se manifeste dans la sainteté. Mais quelle place donnes-tu, mon frère à cette parole ? Tu voudrais bien t'évaluer ; alors je te propose ce questionnaire, qui n'est pas tant soit peu une forme de procès, mais un exercice de contrôle pour te permettre d'ajuster ta marche. Tu pourrais donc prendre un crayon ordinaire (il est possible que tu fasses lire ce bouquin à un de tes amis après, et tes réponses risqueraient alors d'influencer son point de vue, si jamais tu écris à l'encre).

Voici comment procéder : lis attentivement la question, en t'efforçant autant que faire se peut de bien cerner l'objet. Lis ensuite les réponses (toutes) avant de cocher celle qui se rapproche davantage de ton cas. Il est utile de te montrer sincère dans les réponses, sans chercher à plaire ni à Dieu ni à moi. Si tu te soucies de l'éthique et introduis intentionnellement une réponse qui ne cadre pas à tes convictions, ce test ne te sera d'aucune utilité. Voici à présent le questionnaire :

LE TEST

1) Crois-tu fermement que Dieu existe ?

   a- *Oui.*

   b- *Non.*

   c- *C'est possible.*

   d- *Je n'y ai jamais réfléchi sérieusement.*

2) Quelle est la place de la Bible dans ta vie ?

    a- *Qu'est-ce que la Bible ?*

    b- *C'est un livre comme les autres.*

    c- *C'est la révélation de Dieu.*

    d- *Certains de ses passages viennent de Dieu, d'autres prêtent à équivoque*

3) Qu'as-tu fait de tous les versets que tu as rencontrés dans ce livre depuis le début ?

    a- *J'ai cru qu'ils sont exacts, aussi n'ai-je pas trouvé nécessaire de les vérifier*

    b- *Je les sautais et continuais la lecture (ou bien je n'y ai accordé aucune attention.*

    c- *Ils m'indisposaient.*

    d- *J'ai ouvert ma Bible (ou bien j'ai regretté de n'avoir point de Bible sinon j'aurais vérifié leur authenticité).*

4) Que fais-tu d'ordinaire lorsque quelqu'un te révèle un passage de la Parole de Dieu qui te condamne ?

    a- *J'abandonne le sujet et puis m'efforce d'oublier.*

    b- *Je cherche un verset ou un argument contraire ou qui rendra son auteur aussi coupable*

    c- *Je le médite (ou bien je demande d'avantage d'éclaircissements).*

    d- *Je me console dans la pensée que je ne suis pas seul dans cette situation*

5) Comment t'y prends-tu lorsque tu découvres une vérité inattendu qui t'oblige à prendre une importante décision ?

a- Je regarde d'abord ce que font les autres.

b- Je prends la décision et j'attends la suite.

c- Je laisse les choses évoluer afin que le temps et les circonstances en décident d'eux-mêmes.

d- Je n'aime pas les grandes décisions.

Le résultat du test se trouve à la page suivante.

Nous avons dit que pour comprendre, Dieu il faut l'Esprit de Dieu. Et pour recevoir le Saint-Esprit, il faut aimer Jésus et garder ses commandements. L'amour de Dieu, quant à lui suppose la conviction de l'existence de Dieu et de la foi en Jésus-Christ son Fils. La foi, l'avons-nous aussi dit, vient de ce qu'on entend, et ce qu'on entend vient de la Parole de Christ. C'est ici le grand obstacle, car bien avant d'entendre ou de lire les premiers mots de l'Ecriture, nous sommes déjà, dans ce monde d'aujourd'hui, immergés, imbibés de scepticisme et de rationalisme, habitués à l'esprit déductif et aux types d'explications des sciences expérimentales. C'est de cette manière que Peguy disait : il y a quelque chose de pire que d'avoir une mauvaise pensée, c'est d'avoir une pensée toute faite. L'esprit critique de l'homme intellectuel constitue un obstacle sérieux à l'appréciation objective des choses. Avec beaucoup de connaissances, l'on devient incapable de voir les choses telles qu'elles sont, de les appréhender à leur juste valeur. Rappelons-nous l'embarras de Cosinus, qui n'arrive pas à apprécier le nombre de pieds qu'il eût, n'eût été l'intervention de sa domestique.

La meilleure manière de lire la Parole de Dieu consiste à le faire de la façon la plus simple, dans un esprit de recueillement. L'idéal serait de s'isoler dans un endroit solitaire, loin de toute distraction ; avec le vif désir d'y trouver la solution à notre problème. Il faut la lire comme une notice d'un médicament qu'on va ingurgiter. Nous voudrions bien mentionner que le premier sens qu'elle induit est presque toujours le meilleur. La seconde interprétation, souvent dite spirituelle, mystique ou ésotérique, est fonction de l'obédience, du cercle auquel l'on appartient et peut par conséquent être empreinte de subjectivité. Il n'est pas superflu de souligner que tout ce qui n'est pas clairement libellé de manière écrite dans la Bible, n'est pas considéré comme vérité, de même que tout ce qui tendrait, tant soit peu, à porter contradiction à la Parole écrite. Toute l'œuvre de Satan est de tordre le sens des Saintes Ecritures. C'est ce qui explique cette variété florescente des versions de bibles qui se bousculent dans nos rayons. Les versions françaises ; Louis Second et Darby, nous ont souvent semblé plus recommandables, à l'opposé de la Bible de Jérusalem, TOB et Traduction du monde nouveau. En version anglaise nous préférons la version King James. Nous pouvons lire la Bible comme une notice d'utilisation d'un appareil nouvellement acheté ou d'un médicament à prendre. Une telle lecture nous conduit à la pratique, à l'expérimentation. De même il est toujours bon de chercher à contextualiser les histoires de la Bible. Par exemple lorsqu'on parle du peuple d'Israël, il faut se reconnaître à travers celui-ci. Si Jésus s'adresse par exemple à Nicodème, l'on se met à la place de Nicodème. Si Dieu avertit le pécheur qui ment, il faut se dire que nous sommes aussi avertis nous, nous qui commettons la rapine ou l'escroquerie.

Voici à présent le résultat du test. Notre démarche bien sûr, n'a aucune prétention scientifique. Elle n'a non plus pour but de montrer aux autres qu'ils sont dans l'erreur ou éloignés de Dieu, loin s'en faut. Non plus qu'il faille obligatoirement pour eux se défaire de leurs convictions pour lesquelles nous avons sincèrement beaucoup de respect. Il ne s'agit pas de les jeter, mais de les mettre dans leur juste prospectif. Nul n'est jamais trop éloigné de Dieu, et notre point de vue n'est pas la sentence de Dieu. Ce n'est donc pas un jugement, mais une invite à la réflexion.

RESULTAT DU TEST

1- Crois-tu fermement que Dieu existe ?

La meilleure réponse pour celui cherche Dieu aurait été **a)** *oui*. Ceux qui disent non. **b)** ne sont pas nécessairement des sottes ou animés de mauvaise volontés. Ils ont sans doute une raison pour laquelle ils mettent en doute l'existence d'un esprit universel. Le rationalisme n'est ni plus ni moins que de la logique ; c'est de l'honnêteté, laquelle avec un peu plus de preuves, peut céder place à une foi indécrottable. Il n'y a pas meilleure manière de témoigner de la personnalité que de tenir une croyance qui sort de l'ordinaire. Ceux qui ont coché la réponse **c)** ou **d)** trahissent un esprit indécis ou spéculatif. Ils recherchent sûrement encore la voie. Bravo tout de même pour la tolérance, l'ouverture d'esprit.

2- Quelle est place de la bible dans ta vie ?

La réponse que nous estimons juste par rapport à cette question c'est **c)** : *"C'est la révélation de Dieu"*. Ceux qui trouvent que c'est un livre comme les autres **b)** ne l'ont jamais lue ou presque pas. Ils gagneraient à tenter l'expérience. Ceux qui ont coché **a)** *Qu'est ce que la bible ?* Sont des athées ou alors des rétrogrades, qui craignent d'être réprouvés en y mettant du crédit, sachant bien qu'elle rappellerait leurs fautes. Ceux qui ont coché **d)** : *Certains passages sont de Dieu et d'autres pas*, ont certainement lu d'autres documents apparemment plus convaincants, à l'exemple des enseignements ésotériques. Certains sont réalistes en croyant pouvoir concilier les textes bibliques à la tradition, à la science rationnelle ou à la philosophie. Ils sont alors plus proches du spiritisme, qui représente pour nous une grande dérive.

3- Qu'as-tu fait de tous les versets que tu as lu ?

La première réponse à cette question est **d)** *J'ai souvent ouvert ma bible (ou j'ai regretté de n'avoir pas de Bible)*. C'est une attitude sage. Ceux qui ont cru qu'ils sont exacts **a)** peuvent facilement être trompés par les "loups ravisseurs" qui ne manqueraient pas d'exploiter leur naïveté et les porter à croire à ce qui n'est pas écrit. Il faut vérifier. Parfois le diable réussit à tordre le sens d'un seul mot de la Parole de Dieu, il fait oublier une petite virgule, une citation mal libellée pour asseoir une autre idéologie. Ceux qui sautent les versets **b)** sont de deux groupes ; soit ils connaissent déjà bien la Parole de Dieu et lisent alors pour élargir leur savoir, soit ils sont passionnés par le thème. Un miracle accompli sous leurs yeux aurait alors plus d'importance que la Parole de Dieu ; ce qui est regrettable. Ceux qui disent que la parole les indisposait **c)** ont un problème de conscience, ou bien ils défendent certains intérêts auxquels ils s'accrochent désespérément.

4- Que fais-tu d'ordinaire lorsque quelqu'un te révèle un passage de la bible qui te condamne ?

La meilleure réponse pour celui qui prétend à la grâce de Dieu serait **a)** *Je le médite*. C'est un signe d'humilité, un acte de sincérité qui prouve une bonne disposition de cœur. Le Saint-Esprit convainc l'homme du péché pour le sauver et non pour le condamner. La réponse **b)** *Je cherche un verset ou un argument qui l'amènera à se taire ou qui le rendra aussi coupable*. C'est là le comportement type de l'antéchrist. L'orgueilleux n'aime pas qu'on lui fasse voir ses fautes. Beaucoup préfèrent mourir que de confesser leurs péchés à Dieu ; ils prennent Dieu pour rival, un adversaire à qui l'on résiste en face. Ceux qui ont coché la réponse **d)** *Je me console dans la pensée que je ne suis pas seul dans cette situation*, sont des irresponsables, des personnes faibles de caractère qui se laissent facilement influencer par la galerie. Au lieu de chercher la solution au dilemme, ils préfèrent replier dans une fuite en avant "si je vais en enfer, ce n'est pas grave, l'important est de ne pas m'y retrouver seul". La foi est une affaire individuelle, un chemin solitaire seul empreinté par les héros. La réponse **a)** *J'abandonne le sujet puis m'efforce d'oublier*, est une façon d'étouffer la conscience. L'on peut bien mettre en oubli le mal qu'on a fait, mais les conséquences n'arrêteront pas de tomber sur nous, jusqu'à ce nous nous suicidions (pour aller en enfer).

5- Comment t'y prends-tu lorsque tu découvres une vérité inattendue qui t'astreint à une importante décision ?

La meilleure attitude ici correspond à la réponse **b)** *Je prends la décision et j'attends la suite*. Ceux qui regardent les autres **a)** sont loin d'être des héros de la foi. Ils suivent la masse et ne peuvent par conséquent pas tenir devant certains combats de la vie chrétienne, comme la persécution. Ceux qui laissent les choses évoluer afin que les circonstances en décident d'elles-mêmes **c)** sont des laxistes, des êtres nonchalants qui finissent souvent par découvrir quand il est trop tard, qu'ils ont raté une grande opportunité, le moment où le Seigneur était là, où il les appelait. Le royaume de Dieu est forcé ; seuls les violents s'en emparent. Dieu veut qu'on se lève au moment où il nous appelle, et non le lendemain. C'est le grand secret de la vie chrétienne. Ceux qui n'aiment pas les grandes décisions **d)** sont des conformistes, qui pensent que la sécurité, c'est rester tel que l'on est. Ils trouvent que Dieu est trop exigeant, et ils ne l'aiment pas. Ils croient qu'ils peuvent bien s'en sortir dans la vie sans Dieu. Ils lisent la Bible pour se donner une certaine contenance intellectuelle, pour meubler leur temps libre. Ils portent critique à tout et répugnent tout ce qui appelle la sensibilité, qui suscite les émotions fortes.

Pour faire le décompte, sachez que chaque réponse a un nombre de points qui y est affecté. Le refus de répondre ne donne droit à aucun point. C'est 0 dans ce cas.

Question 1 :

a = 4   b = 1   c = 3   d = 2
Total = 10 points

Question 2 :

a = 2   b = 1   c = 4   d = 3
   Total = 10 points

Question 3 :

a = 3   b = 2   c = 1   d = 4
   Total = 10 points

Question 4 :

a = 2   b = 1   c = 4   d = 3
   Total = 10 points

Question 5 :

a = 3   b = 4   c = 2   d = 1
   Total = 10 points

Total = 1 + 2 + 3 + 4 + 5 = 20 points

Notre pensée est que celui qui, en faisant le décompte des points, n'a pas 18/20 est encore loin d'être chrétien. Celui qui a la moyenne de 20/20 nous semble sur la voie.

Il n'y a de vérité que dans l'émotion, tel est notre point de vue. Tout ce qui est rationnel comporte une marge de subjectivité. La raison bloque l'expression du cœur. Elle étouffe l'émotion et annihile la vérité. La première idée est toujours la meilleure, dit un adage bien connu. Cela parce qu'elle est originale et véhicule de la vérité. Exemple : l'enfant (qui a encore le jugement net) trouve que ce qui est sucré est bon. Les goûts amer ou aigre ne deviennent bons qu'à la suite d'un certain conditionnement, une certaine culture. L'automobile est un moyen de locomotion, sans plus. Mais avec l'éducation, l'apport du milieu, certains véhicules prennent du prestige et deviennent un luxe, une référence. Il en est de même pour certains breuvages, certaines tenues vestimentaires pourtant pas toujours très résistantes. L'homme de Cro-Magnon et de Neandertal devait certainement se trouver plus rapprochés de la vérité que nous. Tout ce qui est proche de la nature est vrai, pur et bon. L'artificiel, c'est de la supercherie. La première impression que dégage une chose est son réel aspect. Tout ce qu'on y ajoute par le vêtement du raisonnement est subjectif. Le premier sens que donne l'Ecriture Sainte est original, c'est celui qu'à voulu lui donner son auteur. Tout ce que l'on y ajoute est humain sinon douteux. La foi finit où commence la raison, et vis-versa. Or la foi est du domaine émotionnel. Lorsqu'un homme parle, l'on peut sentir tout de suite qu'il dit la vérité ou qu'il ment. En l'écoutant davantage, son message devient cohérent et remporte notre adhésion ; c'est cela l'envoûtement. La première pensée est toujours originale, authentique, les secondes sont de la contrefaçon.

Nous ne perdons pas de vue que Satan utilise nombre de subterfuges pour rendre les gens insensibles à la Parole de Dieu, et il nous a paru utile d'en rappeler quelques-uns :

Aux jeunes, Satan fait prendre conscience de leur importance, de leur beauté. ''C'est trop tôt pour t'adonner à Dieu, à la religion ; c'est une affaire de vieux. Il faudrait d'abord construire ta vie, mettre en valeur ta beauté, tes capacités juvéniles''.

Aux personnes âgées, il leur laisse l'illusion qu'il est trop tard, qu'ils ont beaucoup péché et perdu le temps qu'ils devaient consacrer à Dieu. ''A présent, tu n'as plus ni les capacités, ni les moyens de servir Dieu. Tout recommencer à zéro, à ton âge'' !

Aux intellectuels, il dit : ''Dieu est trop bon pour te punir. D'ailleurs tu as mené une vie honnête, tu n'as pas tué ni fait aucun mal volontairement à qui que ceux soit. De plus tu n'es pas seul à avoir péché, Dieu ne saurait punir tant de monde. Ce sont ceux qui n'ont pas été à l'école qui s'adonnent beaucoup à la religion, parce qu'ils n'ont pas l'esprit critique''.

Aux riches, il fait croire qu'il leur suffit juste d'organiser des œuvres de bienfaisance (orphelinats, construction des chapelles, aumônes) ou de financer les travaux de l'église pour avoir le salut ;

que leur participation physique n'est pas très indispensable. "Tu fais déjà beaucoup pour l'œuvre de Dieu ; les autres peuvent prier pour toi. Et à ta mort, un prélat dira une messe de requiem, à défaut d'un culte œcuménique regroupant Imams, cardinaux et apôtres de différentes obédiences. Parfois "tu as trop péché, Dieu ne peut plus te pardonner".

Aux pauvres, il dit : "tu es trop pauvre pour être utile à Dieu. Ta contribution ne serait pas très significative. En outre ce sont les riches qui pillent, qui tuent, qui abusent des autres, qui ont davantage besoin de Dieu. Dieu même sait que si tu ne te débrouilles pas, tu ne peux pas survivre ; il ne saurait donc t'en tenir rigueur. D'ailleurs ce sont les indigents qui vont aller au ciel par ce qu'ils sont déjà suffisamment disgraciés sur terre".

Le but de Satan est que nous restions tels que nous étions, c'est-à-dire pécheurs, qu'il ne nous vienne jamais le désir de changer.

Nombre d'hommes éloquents, pour la plupart des érudits, sont malhonnêtes ; ils brillent par leur aptitude à savoir exprimer leur pensée. Le problème moral, d'essence métaphysique est un problème complexe et délicat. Les religions, les courants idéologiques sont si variés et si pertinents qu'il n'est pas facile de concilier toutes les tendances et de mettre en relief la vérité. Malgré tout, nous savons que celui qui est de Dieu sait toujours reconnaître la voix de Dieu ; les brebis du Seigneur reconnaissent la voix du Berger. Ton prêtre ou ton pasteur commet la rapine et la fornication, il boit et fume, et très souvent cité pour des actes de sorcellerie ou des cas de rivalité avec ses confrères. Il ne peut pas prier sur un malade qui guérisse. Malgré tout cela tu continues obstinément à croire qu'il est serviteur de Dieu et qu'il appartient à la plus belle religion. L'on a beau s'efforcer d'éviter l'enfer aux gens, il y en aura toujours qui choisiront d'y aller, au nom de la religion.

Je sais que tu as compris, que tu as pu te mirer au travers de ce test. Au jour du jugement dernier, crois-moi, tout ce que tu auras étouffé dans ta conscience sera relevé au grand jour. Les décisions que tu as refusé de prendre risquent alors de constituer la chose la plus importante que tu aurais dû faire ; elles vaudront ce jour-là tout leur pesant d'or. Dieu te jugera selon ce qu'il t'aura relevé individuellement à travers les lectures, les causeries, les songes, les expériences de la vie. Il ne fera même pas mention de ce qu'auront fait tes amis, ton mari, tes parents ou ton pasteur. Tu peux continuer à cogiter comme tu veux, un jour tu te retrouveras seul devant ton destin, le jour où tes paupières se fermeront, lorsque les médecins ne pourront plus rien pour toi et qu'ils viendront annoncer aux membres de ta famille à la porte ''il a expiré, vous pouvez débarrasser le corps''. Tu te verras réellement couché dans un cercueil à côté d'un grand trou, enroulé dans un linceul blanc au milieu des chants funèbres et des cantiques religieux. Tes amis grinceront quelques notes de guitare pour te dire Adieux. Ton épouse balancera la main en signe d'Adieu, tes collègues de service, tes camarades de classe, ton prêtre, et même tes concubins se retireront en pleurs l'un après l'autre, te laissant seul là au cimetière, au milieu des morts. Ton corps sera descendu à 2m 50 plus bas, et les premières poussières de la terre tomberont fatalement sur ton cercueil. Et bientôt il fera nuit ; tu seras seul à cheminer vers l'inconnu. Alors ta vie terrestre te sera présentée ; et tu comprendras finalement que tu n'aurais pas dû t'accrocher aux choses passagères de ce monde et laisser passer ce temps sans te repentir. Pourquoi ne pas le faire tout de suite ?

OÙ SE TROUVE LA DEMEURE DE DIEU ?

Monsieur Ombagala Jean L'avenir, auteur du livre <u>La philosophie des dimensions et de la volonté redimentionniste</u>, s'adressant à moi un jour, me tint à peu près ce discours : Vous autres exégètes, vous prétendez que Jésus a promis d'être avec nous jusqu'à la fin du monde. J'ignore s'il faille prendre cela au sérieux, lorsqu'on se souvient de ses propres propos à lui-même :

Je vais au Père. Je m'en vais vous préparer une place, et je reviendrai vous chercher. S'il y est allé et qu'il n'est pas encore revenu vous chercher, cela suppose qu'il est encore là-bas auprès du père, et qu'il n'est par conséquent pas ici comme vous le soutenez. Il ne peut pas être et là-bas et ici au même moment ; cela est de simple logique. L'omniprésence de Dieu ne convainc pas la raison. Le monde, sans Jésus ni son Père, est ainsi livré à lui-même ; d'où ces multiples désordres, qui témoignent très bien du règne de Satan. J'ignore s'il pourra encore se faire une place parmi nous lorsqu'il reviendra, après tant d'années d'absence. Il a déserté ou bien on l'a chassé après qu'il ait échoué à la mission, peu importe. Mais je souhaite bien qu'il y reste, avec ses interdits, et qu'il nous laisse tranquilles. Nous savons pourtant bien résoudre nos problèmes sans lui. Son retour me paraît hypothétique. L'important pour lui était de venir. Son retour n'est pas opportun. Le discours de son retour a sa place dans la gestion de la vie terrestre. Les gens se moralisent en sachant qu'il reviendra. Le retour de Jésus est dynamique tel que si l'on y adhèrerait, il y aurait la paix. Mais les intérêts individuels bousculent ce discours. Au fait, dis-moi, toi qui n'es plus dans la caverne, où se trouve exactement Dieu et son fameux Fils, est-il au ciel, mort ou ici ?

> *Le véritable est athée, n'est pas celui qui dit : Dieu n'existe pas. C'est celui qui croit que Dieu n'est pas capable de le changer, lui qui nie la puissance de la transformation, l'infini pouvoir de la création, de la résurrection''. Est athée celui qui prétend qu'à son âge, on ne change plus, qu'il est trop tard, qu'on est trop vieux, trop faible, qu'on a déjà tout essayé* (Evely, 1966 : 135).

Ainsi le mécréant est celui qui ne croit pas que la Parole de Dieu soit assez puissante pour ressouder son problème, que le sang de Jésus est capable d'effacer ses péchés, de guérir sa maladie, de débloquer sa situation financière, de ramener son mari infidèle, de le protéger de l'action des sorciers, d'arrêter le venin du serpent, de provoquer sa promotion, de lui procurer à manger, d'ôter sa stérilité, etc. Est incrédule celui qui refuse de faire des efforts pour changer sa nature. Celui qui ne peut pas se laisser modeler par

Chapitre V **Dieu est dans sa parole**

Dieu, qui ne croit pas que sa vie peut être renouvelée par le Seigneur, qui refuse d'avancer quand il sent l'appel. Celui qui est incapable de prendre la décision, d'assumer les responsabilités d'une action est un homme vil. Le premier acte d'héroïsme est d'oser faire le contraire de ce que font les autres. Nous pouvons reprendre avec respect la définition énoncée par Alain au sujet de l'âme, quoique philosophique : L'âme, estime Alain, c'est ce qui refuse le corps. C'est-à-dire ce qui refuse de frapper quand le corps s'irrite, de boire quand on a soif, de prendre quand on désire, d'abandonner quand le corps a horreur.

Disons pour être précis que l'âme, c'est en quelque sorte ce qui dans l'homme, fait prendre conscience de sa propre existence et de l'existence de Dieu. C'est ce qui prend les décisions et qui assume les responsabilités de toutes nos actions. Ainsi la foi se révèle dans l'obéissance à la Parole de Dieu, dans l'adhésion de notre âme à ce qui nous est présenté dans une relation de transfert. Et dans ce cas, nous ne pouvons pas nous départir de l'émotion, qui tient ici sa place de choix. Notre âme convainc la raison, que ce message vient de Dieu ; que ce que dit cet homme est vrai. Nous l'avions dit tantôt avec Pascal ; c'est notre cœur qui sent Dieu et non la raison. Et que vaut toute la rationalité du monde devant la vérité des faits ? Quand on aime quelqu'un, ou qu'on éprouve de l'antipathie, mille arguments ne font pas une preuve et mille objections ne font pas un doute. La bible rapporte un fait singulier, pourtant extraordinaire. L'on avait envoyé des éléments de maintien de l'ordre pour arrêter Jésus (Jean 7,46). Etant arrivés à la place, ils l'ont bel et bien trouvé, justement entrain de prêcher, motif pour lequel il devait être appréhendé. Mais, et c'est là l'étonnant, ils n'ont pas pu mettre la main sur lui. Pourquoi ne l'avez-vous pas emmené ; leur demandèrent leurs supérieurs ? "Jamais homme n'a parlé comme cet homme, leur répondirent – ils". Ils ont tout risqué là-dessus ; leur situation, leur carrière, leur réputation, leur bonne vieille religion. Qu'ils niaient du même coup. Ils ont accepté affronter les railleries de leurs camarades flics au commissariat ou à la légion de gendarmerie, avec cet argument sentimental, ridicule : "Il parlait trop bien pour qu'on l'arrête'' ! Ils sont tombés sous l'effet magnétique de la vérité. Qui peut y résister ? Dieu ne se sert ni de la force ni de la raison. Il convainc, sans argument. Lorsque le message est ainsi accepté, et l'obéissance prompte, alors le miracle intervient tel celui de la veuve de Sarepta dans 2 Rois 6 devant la parole du prophète Elysée, ou encore la guérison de Naaman le syrien dans 2 Rois 5.

L'arme la plus usitée par Satan c'est le doute, et il se sert alors de la dissuasion. Il est capable d'inventer n'importe quelle sornette pour amener l'homme à douter de la Parole de Dieu. Il vous promène dans une certaine prospective. En telle année tu as été victime de tel coup, ensuite il t'est arrivé ceci. Regarde tel chrétien et vois ce qui lui est arrivé ; vas-tu emprunter le même chemin ? Vois ta condition matérielle, pense à tes études, à ton avenir... Ne vois-tu pas que tu es malheureux, qu'il est trop tard pour toi, que Dieu t'a abandonné ? Sache donc que tu es perdu, à moins que tu ne te compromettes. Il te dira tout, sauf que tu mourras d'ici quelques semaines et que tu devras laisser les biens de la terre auxquels tu es si attaché. Le Pasteur Tapah faisait remarquer, dans un ton pathétique au cours d'un sermon, que Dieu était capable de remplacer à l'homme toutes les années perdues, tous les efforts consentis sans succès (Joël 2, 25). Mais disait-il, les analyses scientifiques, les raisonnements cartésiens empêchent parfois Dieu de remplacer à l'homme ce qu'il a perdu, les années que lui ont dévoré la sauterelle, le djéleck, le hasil et le gazam. Dieu n'est pas limité par le temps et l'espace ; il est hors du temps. Sarah a pu mettre au monde un enfant à l'âge de la ménopause. Josué a vu son âge renouvelé par Dieu (Josué 14). C'est lorsque Daniel et ses compagnons avaient déjà été jetés dans la fournaise ardente que le Seigneur a opéré le miracle (Daniel 3). C'est la veille de son exécution publique que le Seigneur a envoyé l'ange sortir Pierre de prison (Actes 12). La modeste expérience que j'ai de la vie chrétienne m'a permis de comprendre que c'est lorsque le chrétien est déjà vaincu que Dieu intervient souvent, en tout dernier recours ; parce qu'il connaît nos limites (1 corinthiens 10-13). C'est pour cette raison qu'il nous a recommandé les armes spirituelles décrites dans Ephésiens 6. Bien que vivant en chrétien irrépréhensible, prends garde de te laisser un seul instant traverser la pensée qu'il est des situations qui ne peuvent plus t'arriver. Ne t'empresse pas de commenter sur la situation que connaît tel frère, parce que cela peut t'arriver. Certains enfants de Dieu mènent parfois une vie complètement meublée de difficultés tout simplement parce qu'ils offensent beaucoup le diable. La vie de l'Apôtre Paul m'a beaucoup instruit. Nous n'avons pas les mêmes combats ; ce que nous faisons est souvent secret, mais le diable et Dieu le connaissent. Notre âme n'a pas le même prix devant eux. Il faut bien savoir à quel bonheur l'on aspire, à quelle dimension spirituelle l'on veut être porté. Après cette petite mise au point, essayons de nous transcender pour lire sans le moindre préjugé ces propos qui sont du Maître : *« Comme Jésus parlait ainsi, plusieurs crurent en lui. Et Il dit aux juifs qui avaient cru en lui ; si vous demeurez dans ma parole ; vous êtes vraiment mes disciples ; vous connaîtrez la vérité, et la vérité vous affranchira»* (Jean 8, 30-32).

Jésus s'adressait ainsi à ceux qui avaient cru en lui, à ceux qui avaient accepté sa parole, aux chrétiens. Tous ceux qui croient en Jésus-Christ sont chrétiens, comme toi peut-être. Il leur disait : *''si vous demeurez dans ma parole''* (celle écrite dans la bible, que tu lis présentement). Demeurer dans la Parole de Dieu, c'est admettre au préalable que celle-ci est vraie en totalité et qu'elle n'a pas besoin d'être complétée. Eviter de lui donner une autre interprétation que celle présente. Certains diront ; la parole dit ceci, c'est vrai mais… Il faut ensuite s'appliquer à mettre parfaitement en pratique ce que l'on lit, et ceci dans n'importe quelle situation devant laquelle l'on peut se trouver confronté. Prenons l'exemple de deux croyants affamés se trouvant dans des conditions où ils ne peuvent se procurer de la nourriture que de façon frauduleuse. L'un dira : les écritures disent que le voleur n'a pas part à la vie éternelle ; je ne puis voler. Et il se figera là. Tandis que l'autre dira : certes il est écrit ; tu ne voleras point. Mais voyons, dans de telles conditions, la nourriture ne tombera tout de même pas du ciel… Des deux qui est chrétien ?

Reprenons un peu Kant : Toute connaissance des choses tirée uniquement de l'entendement pur ou de la raison pure n'est qu'illusion Il n'y a de vérité que dans l'expérience [...]. Aucune connaissance ne précède l'expérience, et toutes commencent avec elle. Tu veux acquérir la connaissance des mystères divins, tu veux connaître la logique dont Dieu se sert pour gouverner l'univers, et tu refuses d'expérimenter sa parole. Comment accéderas-tu à cette connaissance ? Commence dont par vivre la Parole de Dieu, sans restriction. A ce sujet Jésus dit : « *Vous sondez les écritures, parce que vous pensez avoir en elles la vie éternelle ; ce sont elles qui rendent témoignage de moi. Et vous ne voulez pas venir à moi pour avoir la vie* » (Jean 5, 39-40).

"Si vous demeurez dans ma parole, vous êtes vraiment mes disciples". Est disciple de Christ celui qui suit sa discipline. Et la discipline de Christ c'est la pratique de sa parole. Quiconque suit cette discipline, Jésus rend témoignage en lui par le don du Saint-Esprit, qui désormais l'instruira sur les grands mystères divins.

"Vous connaîtrez la vérité et la vérité vous affranchira". C'est ceux qui demeurent dans la Parole de Dieu, ceux qui sont disciples de Christ, qui ont le privilège d'accès à la vérité. Or la vérité c'est Jésus-Christ, parce qu'il dit : *"Je suis le chemin, la vérité et la vie"* (Jean 14, 6). Jésus voulait donc dire aux croyants : si vous demeurez (par la pratique) dans Ma Parole, c'est alors seulement que vous êtes mes disciples (chrétiens). Vous me connaîtrez (Moi la vérité) et je (Moi la vérité) vous affranchirai. Affranchir de quoi, demandera-t-on ? De tout ce qui nous opprime, le péché et ses conséquences.

Dans son billet du 21 mai 2005, <u>La Bonne Semence</u> raconte un petit fait intéressant. Attablé dans un restaurant, un discours s'efforçait de démontrer scientifiquement que la Bible n'était qu'un recueil de légendes. A la table voisine, un autre client l'écoutait, en finissant de sucer une orange. Il l'interpella :

- Dites-moi, cher Monsieur : cette orange était-elle bonne ?

- Comment le savoir puisque c'est vous qui l'avez consommée et pas moi !

- Eh bien, voilà justement ce que je vous reproche ! Reprend le croyant. Vous parlez des choses que vous n'avez pas goûtées personnellement.

L'on ne saurait mieux décrire une chose que si l'on s'y est approché, que si l'on a mis en pratique les enseignements bibliques. Exemple, avoir un ordinateur performant sans s'en être servi, ne nous permet pas de savoir que celui-ci est de bonne marque.

Il est certain, estime Helen White, que si Dieu se présentait devant nous sous la forme visible et palpable, le premier devoir de l'homme serait de refuser l'obéissance. L'homme ne considérerait plus Dieu comme un être supérieur, mais comme un égal avec qui l'on dialogue, avec qui l'on discute. Ne constate-t-on pas que les commandements de Dieu déjà ne sont plus considérés comme émanant d'un être transcendant à qui l'on se soumet, mais l'homme les a ramenés au niveau du raisonnement humain. Il ne prend plus les ordonnances de l'Eternel comme des prescriptions inamovibles, mais il les examine à la lumière de la philosophie et des traditions humaines. Il adopte ce qu'il y trouve bon et rejette ce qui le rebute. Lorsque Dieu dit : ne fais pas ceci ; l'homme réplique : pourquoi Dieu a-t-il dit de ne pas faire ceci ; n'est-ce pas lui même qui a créé cela ? Beaucoup de religieux préfèrent même obéir à leur chef hiérarchique plutôt qu'à Dieu. Ils font ce qu'a institué le Pape, le Pasteur ou l'Evêque au mépris de ce qui est écrit dans la Bible. Et avec tout ceci, ils osent attendre une réaction de la part de l'Eternel Dieu pour opérer des miracles. De tous les temps les hommes se sont évertués à chercher la face de Dieu, aussi oscillent-ils entre les différences idéologies, croyant chaque fois avoir trouvé la vérité. Ils entreprennent des voyages dans des pays éloignés, des excursions dans les terres saintes, ramenant toute une horde de scories, de papyri et vestiges, convaincus d'avoir trouvé enfin la prière philosophale, tant et si bien qu'au bout du compte les sots qui les environnent finissent par les déclarer illuminés. De retour ils organisent des conférences dans de grands amphis théâtres et se font acclamer par un auditoire certes intellectuel, mais aussi ignorant qu'eux de la Parole de Dieu. Ils côtoient pourtant le Seigneur tous les jours sans se douter le moindre, s'attendant peut-être à l'apercevoir sous une forme matérielle, du moins cadrant avec le Dieu de leur imagination. Et ce n'est pas très condamnable si Voltaire a pu leur jeter cette taquinerie : *"On prétend que Dieu a fait l'homme à son image ; l'homme le lui a bien rendu"*.

Afin que nul ne l'ignore, Dieu est Esprit (Jean 4, 24) et il se trouve dans sa Parole. *"Au commencement était la parole, et la parole était avec Dieu, et la parole était Dieu [...] toutes choses ont été faites par elle, et rien de ce qui a été fait n'a été sans elle"* (Jean 1, 1-3). Dieu dit encore *"Le ciel et la terre passeront, mais mes paroles ne passeront point"* (Marc 13, 31). En définitive nous voyons qu'avant toutes choses, la parole était, et après toutes choses, la parole restera ; parce qu'elle ne connaît pas les limites du temps de l'espace. Dieu n'a ni début ni fin, ou du moins Dieu (qui est la parole et qui n'est pas visible) est le début et la fin de l'existence, l'alpha et le l'oméga. Cette parole qui a crée toutes choses, a pris une forme humaine en la personne de Jésus-Christ et a vécu parmi les hommes (créatures). Le verbe s'est donc incarné (il a pris une chair, il s'est matérialisé) lorsque l'ange a parlé à Marie. Cette parole de l'ange (esprit envoyé de Dieu) avait une puissance créatrice. Ainsi quiconque a connu Jésus–Christ a connu Dieu. Car tout de Dieu est en Jésus-Christ et tout de Jésus est en Dieu, sauf la chair (Jean 10, 30). Ils sont une seule et même personne, puisque étant liés par le même Esprit. Nous l'appelons l'Esprit Saint (Jean 14, 23). Si donc quelqu'un a le Saint-Esprit en lui, c'est qu'il a Dieu en lui, c'est-à-dire le Père et le Fils. Et cet Esprit là, c'est lui qui nous enseigne toutes choses (Jean 14, 26). Nous ne pouvons le recevoir que dans la pratique de la Parole de Dieu. Un esprit reçu au cimetière ou dans quelque autre lieu n'est pas de Dieu, parce que Dieu n'a pas sa demeure au cimetière ; ce sont les morts qui y séjournent. Dieu se manifeste là où on médite sa parole. Si quelqu'un désire recevoir le baptême dans le Saint-Esprit (esprit qui est saint, et qui est donné aux saints) sans façon, qu'il pratique la Parole de Dieu, et le Seigneur qui est fidèle, ne manquera pas de se manifester. Les miracles au nom de Jésus ne sont possibles qu'à travers la Parole de Dieu. Sinon l'on se trouvera en train de soutenir comme plusieurs prélats aujourd'hui, que le Saint-Esprit n'était qu'au temps des apôtres, tout comme les guérisons miraculeuses et autres prodiges. Voilà l'un des signes par lesquels l'on distingue les enfants de Dieu de ces multiples pêcheurs en eaux troubles.

Le vrai Dieu est puissant. De l'ancien au nouveau testament, Dieu a rarement envoyé quelqu'un sinon jamais, sans miracles. Pour se rendre en Egypte, Moïse a demandé à Dieu un signe par lequel il devait persuader les enfants d'Israël et Pharaon. Aussi l'Eternel Dieu lui a-t-il remis une verge, à travers laquelle il humilia les magiciens d'Egypte. Elie a eu raison devant les 450 prophètes de Baal à travers le miracle du feu venant du ciel, qui consuma l'holocauste. Elysée, Moise et tout le reste ont opéré des miracles. ''Ce qui a différencié l'Evangile de Jésus d'avec les sermons des pharisiens et scribes, disait le Pasteur Benoît Nanseu, c'était les miracles''. Jésus prêchait et il opérait des prodiges. Les apôtres en ont fait autant, tout comme le reste des disciples, jusqu'à nos jours. Il est écrit : « *Ils s'en allèrent prêcher partout. Le Seigneur travaillait avec eux et confirmait la Parole par les miracles qui l'accompagnaient* » (Marc 16, 20). Paul dit :

> *Et ma parole, et ma prédication ne se reposaient pas sur les discours persuasifs de la sagesse, mais sur une démonstration d'esprit et de puissance, afin que votre foi fût fondée, non sur la sagesse des hommes, mais sur la puissance de Dieu, afin que votre foi fut fondée, non sur la sagesse des hommes, mais sur la puissance de Dieu* (I Corinthiens 2, 4-5).

Au demeurant un Evangile sans puissance est douteux, un Dieu sans miracles est imaginaire. Le miracle est la preuve que la parole a été prêchée selon la vérité, par des lèvres sanctifiées. Jésus

Dieu est-il logique ?

porte alors sa signature en guérissant le malade, tel qu'il le faisait de son vivant sur terre ; parce qu'il a promis d'être avec nous jusqu'à la fin du monde. Il est vivant en esprit parmi nous ; il ne change pas.

J'avais été sollicité par un jeune frère dans le Seigneur pour aller prier pour son oncle à l'hôpital. Le frère n'arrêtait pas de m'importuner à ce sujet. Je lui fis alors comprendre que je ne me sentais pas disposé à prier pour un malade interné dans un centre hospitalier. Ce qui serait à la fois indélicat et peu utile pour le progrès de l'Evangile. Le malade peut choquer et cela vous être mis à charge. S'il guérit on dira que ce sont les médicaments qui ont agi. Or il me semble que Jésus guérissait non par un sursaut d'altruisme ou de philanthropie, mais d'avantage dans le but d'amener les hommes à croire en lui, à croire en sa parole. « *Croyez du moins à cause de ces œuvres* » (Jean 14, 11). Malgré toutes ces explications le frère continuait d'insister. Alors pour ne pas le perdre (puisqu'il était nouveau dans la foi), je résolus de me rendre à l'hôpital, mais pas dans le but d'aller prêcher, encore moins prier sur les malades. Ce que je ne savais pas c'est que le jeune frère avait déjà pris soin d'avertir son oncle malade et admis en réanimation, qu'il viendrait avec un serviteur de Dieu qui prierait pour lui. Je fus bien gêné lorsqu'il fit les présentations : « Oncle, voilà le serviteur de Dieu de qui je t'avais parlé ». J'étais vraiment pris au dépourvu ;

Mais pour le remonter psychologiquement, je me crus en devoir de lui adresser de petits propos d'espoir. Il y prêta curieusement une très grande attention, ce qui m'encouragea à continuer, cette fois en ouvrant la bible. Il ne s'asseyait pas, ne mangeait pas, parlait à peine. L'infirmière de salle se mit à nous narguer, et j'avais du mal à supporter ses propos. Signalons que la scène se passe en 1992, au pavillon Lagarde de l'Hôpital Central de Yaoundé. La salle devait porter les numéros 34 ou 36. Nous en étions là lorsque deux prêtres exorcistes furent intrusion dans la salle. L'infirmière s'empressa de nous inviter à vider les lieux : « Partez, les vrais gens sont venus. Vous dérangez les gens

*Chapitre V **Dieu est dans sa parole***

avec vos sectes là ! » Les prêtres firent sortir de l'eau bénite qu'ils se mirent à asperger dans toute la salle, ensuite du parfum et une grosse croix. Ils firent le signe de croix avant d'engager une prière très solennelle reprise en chœur par toute l'assistance. La salle comptait six lits avec des malades dessus. Il y avait aussi des gardes malades et quelques visiteurs. Alors il se produisit une scène pour le moins inattendue : les prêtres se mirent à effectuer la ronde des lits, priant et posant la croix sur chaque malade. Il ne restait plus que le lit où était couché notre malade. ''Y a-t-il encore quelqu'un qui a besoin de la prière, demandèrent-ils, davantage à l'intention de notre malade ?'' Je lui demandai s'il voulait de cette prière. Il répondit par la négative. Je reçus un drôle de sensation ; un mélange de gêne et de courage. Gêné parce que j'aurais donné n'importe quoi pour ne pas avoir à prier sur ce malade dont l'état était désespéré. J'aurais alors trouvé là un prétexte pour ne pas prier sur lui. Encouragé parce que c'était là une preuve de foi de sa part. Spontanément sans savoir ce qui m'y poussait, je l'invitai à regarder tous les cinq lits sur lesquels les prêtres avaient prié. ''Y a-t-il un malade qui s'est levé là, lui demandai-je ?'' il secoua la tête. ''Toi, lui dis-je, tu vas marcher tout à l'heure, avant que nous ne sortions d'ici''. Par là tu sauras que Dieu dont nous te parlons est vrai. Ces propos, dont je n'avais pas vite perçu le caractère tendancieux, suscitèrent un grand soulèvement de la foule. Des you you fusaient de partout. L'infirmière accourut dans le couloir appeler le major : ''Ces gens, ces menteurs prétendent que le malade-ci va marcher tout à l'heure, attendons voir le miracle... Et vous là, sachez que s'il arrive quelque chose à ce malade, vous serez responsables !''. Les prêtres s'arrêtèrent à la porte pour nous regarder faire, prêts à faire des leçons à la foule après notre échec. Rarement je me suis senti dans une position aussi inconfortable. Je tremblais d'effroi. Crois-tu que Jésus-Christ peut te délivrer de ta maladie, demandai-je au malade ? Il acquiesça. Crois-tu que je peux prier pour toi et tu marches ? Oui. Alors je me tournai du côté de la foule : voyez, je n'ai ni bague, ni crucifix, ni encens. Je n'ai lu que la Parole de Dieu et, conformément à cette Parole, j'impose les mains à ce malade. ''Homme, le Seigneur a pardonné tes péchés ; lève-toi et marche au nom de Jésus-Christ''. A la grande surprise de tout le monde (et même de moi-même) le malade se leva du lit, marcha jusqu'aux toilettes puis revint tout seul. Il se mit à sauter, à danser, à parler, puis demanda de l'eau à boire, de la nourriture... Le lendemain quand nous revînmes le visiter, il était déjà sorti de l'hôpital, tous les tests indiquant R.A.S. Les prêtres étaient bouche bée. Un Évangile vrai est puisant.

Si vous demandez quelque chose à Dieu, faites usage de Sa Parole ; citez ce qu'il a déclaré ; il se trouvera obligé d'agir pour soutenir Sa Parole, à condition d'être sanctifié.

Dieu est dans Sa Parole.

Chapitre V *Dieu est dans sa parole*

CHAPITRE VI

"Tout est possible à celui qui croit."

Je me trouvais un jour dans un car de transport public. Nous discutions, mes compagnons de voyage et moi, sur les Saintes Écritures. Mes propos étaient vivement contestés par nombre d'auditeurs. Le car se trouva ainsi divisé en trois groupes ; il y avait cette majorité qui désapprouvait mes propos. Il y avait un deuxième groupe, ceux-là qui me soutenaient et qui trouvaient pertinent ce que je disais, mais ils étaient minoritaires. L'autre groupe était constitué de ceux qui semblaient indifférents à notre débat. Ils n'affichaient aucun signe d'attention ; et l'expérience m'avait montré que c'est de ce dernier groupe apparemment désintéressé que se reconnaissent souvent les brebis du Seigneur, toutes choses égales par ailleurs. Très souvent ils se convertissent au Seigneur. Je savais aussi par expérience que ceux du premier groupe (les contestataires) étaient pour la plupart des hommes en quête de vérité mais qui, pour des raisons narcissiques se gardent de dévoiler leur intérêt. Quelquefois ils défendent une idéologie, étant de telle ou de telle obédience. Ils vous contredisent juste pour vous mettre hors de vous, vous obliger à dire davantage, toutes choses dont ils se serviront plus tard. La conviction de votre intégrité acquise, ils finissent souvent par vous approcher furtivement au bout du chemin. Ils se livrent au Seigneur et deviennent finalement des chrétiens corrects. Dans ce groupe cependant, l'on rencontre aussi des hommes qui, convaincus de leur culpabilité, cherchent une échappatoire, et la hargne apparente n'est qu'un refoulement, une manière de couvrir leurs insuffisances. S'ils ne parlent pas bruyamment pour vous faire taire, ils cherchent tout au moins à vous prendre au mot, à vous confondre à partir de vos propos, question de prouver que comme eux vous êtes aussi imparfait. Dans ce groupe il peut aussi se trouver des rétrogrades, qui ont connu cette vérité, qui ont confessé leurs péchés et qui ont même vécu la sainteté de Dieu pendant un certain temps, mais qui sont retournés dans leurs travers. Ainsi jaloux de voir les autres accéder à ce statut, ils font tout, jouent de tous les artifices pour leur dresser des herses. Ce sont les agents du diable.

Ceux qui prennent votre défense pendant que vous annoncez l'Evangile sont généralement membres actifs d'une communauté religieuse et ils savent que ce que vous faites est un ordre du Seigneur (Matthieu 28,19). Mais j'ai souvent préféré m'en méfier. D'abord lorsque quelqu'un vous soutient dans cette tâche, il le fait parce qu'il pense que vous avez les mêmes convictions, que vous êtes comme lui, dans la doctrine et dans les actes. Ainsi vous ne pouvez plus rien lui apprendre, parce qu'il est sensé posséder les mêmes connaissances que vous, du moins le croit-il. De tels individus croient difficilement en Jésus-Christ, à cause du trop de suffisance. Lorsque vous leur parlerez de la prière, ils vous diront : Oui, je prie chaque matin et chaque soir ; je ne me sépare jamais de mon chapelet et de mon bréviaire. Quand vous leur direz de mettre leur confiance en Dieu, ils vous diront : justement, c'est ce que je fais. Quand j'étais tout récemment chez le guérisseur, le grand médium de l'autre côté, avant même de prendre la potion qu'il préparait souvent pour la maladie, je priais d'abord ; et voici le Seigneur m'a guéri. Que peut-on encore apprendre à ce genre de personne ? D'autres par contre vous soutiennent par affinité, parce qu'ils vous trouvent "sympa" ; ils ont parfois pitié de vous, à vous voir ainsi assiégé, alors se rabattent-ils de votre côté pour faire l'équilibre. Par la suite lorsque vous parlerez sérieusement d'abdiquer la vie de débauche, ils ne pourront plus vous soutenir.

Tous ceux qui posent des questions et qui discutent, quoique caustiques, cherchent la vérité. Ceux qui ne disent rien ne sont pas tous indifférents ; ils ont seulement le souci de la personnalité ou des problèmes de tempérament. La meilleure stratégie du diable c'est d'empêcher qu'on écoute celui qui prêche ; alors suscite-t-il vite des prédateurs pour vous frustrer.

JESUS EST-IL LA SEULE VOIE ?

Nombreux sont les hommes illustres dont l'influence reste forte dans l'histoire du monde, plusieurs siècles après leur disparition. Cependant leur célébrité et la pertinence de leurs réalisations n'influencent pas beaucoup le cours de notre existence. Il en est bien autrement pour Jésus-Christ. Car notre attitude vis à vis de lui est véritablement une affaire de vie ou de mort, plus exactement tel que le disait un auteur, de vie éternelle ou de mort éternelle. Vous en percevrez tout l'intérêt au terme de cette lecture.

J'étais donc, disais-je, en cours de voyage. Le car était surchauffé par la discussion et des divisions s'étaient formées comme nous venons de le décrire. Nous nous trouvâmes obligés de faire un arrêt précipité, car notre bus venait d'avoir une crevaison. Or nous n'avions plus de roue de secours, aussi nous trouvâmes-nous condamnés à ne miser plus que sur la providence. Nous mîmes long en ce lieu, attendant qu'un véhicule de la même agence de voyage vienne à passer. Après les sarcasmes des passagers, qui me demandaient de prier pour que la roue de notre véhicule se regonfle toute seule, le silence finit par couvrir la place. D'aucuns étaient étendus sur les herbes, d'autres grignotaient du pain dans un coin. Un garçon qui approchait la trentaine, se porta à mon niveau.

- Excusez-moi, Monsieur ; je suis persuadé, à vous entendre parler, que vous pratiquez réellement ce que vous dites. Je vous suis attentivement depuis que nous sommes partis. Mon premier constat est que vous ne répondez pas aux provocations dont vous faites l'objet ; plutôt vous avez su conserver votre sourire pendant que les autres s'emportaient. Ensuite toutes les questions qui vous sont posées, vous lisez la réponse dans la bible ; pourtant vous m'avez l'air d'un brillant intellectuel et que vous pourriez

Chapitre VI "Tout est possible à celui qui croit.

convaincre et confondre même plusieurs sans avoir besoin de lire quelque part.

Je ne disais rien, et cela parce que j'ignorais où il voulait en venir. Pour des raisons de bienséance et de convenances sociales, j'ai souvent jugé prudent de laisser parler suffisamment quelqu'un avant de prendre parole. Mes expériences dans le monde de la pensée et les règles du débat dialectique m'ont appris à savoir montrer de la réserve devant tout orateur qui semble de prime abord vous flagorner. Le monde est rempli d'hommes si fins qu'il est facile de se trouver ridicule, si l'on ne s'arrête qu'aux préliminaires ; vous pouvez vous faire complètement démonter par la suite. L'autre raison de mon silence est que nombre de personnes, lorsqu'elles vous soumettent un problème, finissent souvent par indiquer elles-mêmes sans s'en rendre compte, le remède convenable à leur situation ; il suffit de les suivre avec une certaine attention. C'est une technique d'anamnèse que n'ignore aucun psychologue qui pratique la relation d'aide. Mon silence le gêna un peu, il reprit néanmoins.

- J'ai aussi remarqué que jamais vous n'avez coupé la parole à personne parmi vos interlocuteurs, pourtant vous n'êtes pas moins bavard. Vous faites tout avec beaucoup de sérénité, et je sens que ce que vous avancez est certain, vous ne mentez pas. J'aimerais être comme vous, mais moi, j'ai beaucoup de faiblesses.

Cette fois, je crus avoir bien compris.

- Vous pouvez être meilleur que moi, lui répondis-je ; et cela en peu de temps, croyez-moi.

- Meilleur que vous ? Ah non, vous maîtrisez beaucoup la Bible et vous avez beaucoup de qualités.

Je m'apprêtais à répliquer lorsqu'il reprit.

- J'aimerais vous posez une question. Au juste pourquoi y a-t-il le mal sur terre ? Pourquoi le Dieu Tout-puissant permet-il qu'il y ait le mal, ne peut-il pas débarrasser le monde de tout ce qui est mauvais ?

- Le mal, lui dis-je, émane de Satan, c'est l'œuvre du diable. C'est lui qui est instigateur de toutes ces mauvaises actions que commettent les hommes. C'est lui qui agit à travers l'homme, l'amenant à faire ce qui est nuisible tant à lui-même qu'au prochain. Et pour ce qui est de l'éradication du mal, je te fais lire cette parabole (et j'ouvris la Bible).

> *Le royaume des cieux est semblable à un homme qui a semé une bonne semence dans son champ. Mais, pendant que les gens dormaient, son ennemi vint, sema l'ivraie parmi le blé, et s'en alla. Lorsque l'herbe eut poussé et donné du fruit, l'ivraie parut aussi. Les serviteurs du maître de la moisson vinrent lui dire : Seigneur, n'as-tu pas semé une bonne semence dans ton champ ? D'où vient-il donc qu'il y a de l'ivraie ? Il leur répondit : c'est un ennemi qui a fait cela. Et les serviteurs lui dirent : veux-tu que nous allions l'arracher ? Non, dit-il, de peur qu'en arrachant l'ivraie vous ne déracinez en même temps le blé. Laissez croître ensemble l'un et l'autre jusqu'à la moisson. Je dirai aux moissonneurs : arrachez d'abord l'ivraie, et liez la en gerbes pour la brûler, mais amassez le blé dans mon grenier* (Matthieu 13,24).

Ainsi, dis-je au garçon, il est normal que le mal soit, car si l'on venait à ôter les méchants, les justes souffriraient aussi. Mais le trie se fera à la fin. Par ailleurs, lui dis-je, Dieu ne veut pas la mort des méchants, il leur accorde une longue existence avec l'espoir qu'ils se repentiront, qu'ils se convertiront pour avoir la vie.

- Vous venez de dire, reprit le garçon, que le mal est l'œuvre du diable. Je me dis que nous n'en serions pas là si Dieu n'avait commis la maladresse de lâcher le diable, comme nous le dit la Bible, avec toute sa force. Voilà qu'il lui crée des problèmes. Je pense moi, qu'il aurait mieux fait de le tuer.

Chapitre VI "Tout est possible à celui qui croit.

- Il faut d'abord partir du fait que Dieu est bonté et amour. Autant il nous aime, autant il a aimé les autres belles créatures que sont les anges. En réalité Lucifer (ou le diable) était un ange de lumière, l'ange le plus choyé par Dieu ; aussi lui a-t-il accordé toutes ses faveurs : force, beauté, intelligence, gloire. Mais plutôt que de se montrer reconnaissant, Lucifer s'est enorgueilli, au point de vouloir arracher la gloire qui devait revenir à Dieu, entraînant avec lui plusieurs anges qui étaient demeurés fidèles à Dieu. Toi, m'adressai-je au garçon, si tu avais ton fils qui t'aurait désobéi, le tuerais-tu ? Dieu est bon, il est amour. Comment Dieu si bon peut-il aller jusqu'à refroidir un être qu'il a si chèrement aimé ? Il a préféré chasser Lucifer avec ses anges. Ils ont été précipités sur la terre (Apocalypse 12, 7-12), leur ôtant la belle vie du ciel ; certainement avec l'espoir qu'il prendra conscience, qu'il se repentira. Le diable, plutôt que de s'humilier, a cru bon de faire de la terre son empire, séduisant les humains et les portant à se révolter contre le Créateur. Son ambition était d'entraîner le maximum d'anges à sa suite avec tous les humains. Car il arrivera bien un temps où il devra passer devant la barre. Et sa part, naturellement, est réservée dans l'étang de feu, avec tous ceux qui l'auront suivi. Nous autres humains, nous nous conduisons de même envers Dieu. Quand nous n'avons pas les conséquences de notre faute, nous disons : pourquoi Dieu ne m'a t-il pas puni, s'il était Tout-Puissant ?

- Il y a tout de même beaucoup d'injustices sur la terre. Ne feignons pas de le méconnaître et Dieu très juste, semble se complaire dans cette situation.

- Ce que tu dis est pertinent. Mais peut-être ne me comprendras-tu pas si je venais à te relever que l'injustice n'existe pas. Tout est programmé et se déroule selon la sainte volonté du Tout-Puissant. Nous pouvons consulter le livre des Lamentations

> *Quand on foule aux pieds tous les captifs du pays, quand on viole la justice humaine à la face du Très Haut, quand on fait tort à autrui dans sa cause, le Seigneur ne le voit-il pas ? Qui dira qu'une chose arrive, sans que le Seigneur l'ait*

> *ordonnée ? N'est-ce pas de la volonté du Très Haut que viennent les maux et les biens ? Pourquoi l'homme vivant se plaindrait-il ? Que chacun se plaigne de ses propres péchés* (Lamentations 3, 34-39).

Dieu laisse punir le présumé innocent parce qu'il a péché quelque part avant. Mais bien souvent nous ne savons pas faire le rapprochement entre la faute commise et le châtiment y afférent. Quelquefois Dieu se sert de la souffrance pour nous éprouver. La difficulté, disait quelqu'un, est comme une balise pour nous orienter vers d'autres voies, vers d'autres domaines de réflexion. Celui qui est victime d'une injustice réfléchira beaucoup et comprendra que Dieu est grand. ''Le prix de la liberté, me confiait une camarade à l'université, s'apprécie dans le malheur''. Elle était immigrée Rwandaise et avait vu tous ses deux enfants mourir l'un à coups de machette, l'autre de typhoïde. Elle avait dormi dans la boue, avec son mari ; des semaines durant sans rien manger. Elle déféquait dans les habits, se lavait avec et sans savon pendant toute une année, parcourant en pleine brousse des milliers de kilomètres. Elle avait, pour sa subsistance, consommé des bêtes en décomposition, des lézards crus, des vers de terre, des feuilles mortes. Partie d'un parc automobile de trois véhicules et un compte bancaire fourni à 35 millions de francs CFA, elle s'était retrouvée très loin de son pays, avec pour unique fortune sa seule vie et une robe déchiquetée sans dessous et qui lui servait à la fois de torchon, de serviette hygiénique, de couverture, de natte de couche et de mouchoir. ''Le prix de la liberté, me disait-elle, s'apprécie dans le malheur''. Un bout de pain reçu ou un morceau de savon est un motif grandiose de joie et de reconnaissance à Dieu. Avec larmes on remercie le Seigneur pour cette aide. Quand on sait qu'on a péché et qu'on mérite pour cela un emprisonnement et que Dieu décide de pardonner ; c'est à ce moment que l'on peut mieux appréhender les notions de miséricorde et de bonté de Dieu. Je souligne bien que le diable est à l'origine de la souffrance.

- Si je comprends bien, reprit le garçon, c'est lors de sa déchéance que le diable a décidé d'en découdre avec Dieu en s'acharnant sur Adam et Eve, les premiers êtres se trouvant sur la terre ?

- Exact, répondis-je.

- Je ne sais pas si vos arguments sauront assumer efficacement la défense de Dieu. J'ignore dans quel cadre pouvons-nous situer l'action de Dieu au moment où il précipitait le diable sur la terre. Il ignorait que celui-ci allait avoir l'idée de corrompre l'agent humain, ou bien il ne s'est pas beaucoup soucié du pauvre être humain qu'il avait pourtant fait à sa ressemblance. Ignorance ou malveillance, de quoi pouvons-nous accuser Dieu à ce niveau ?

- Ce n'est ni de l'ignorance ni de la malveillance. Parler d'ignorance reviendrait à remettre en question l'omniscience de Dieu, c'est nier sa puissance. Et parler de malveillance serait l'accuser de méchanceté, de manque de bonté. Dieu a logé l'homme au paradis, cadre le plus exquis où se trouvaient toutes les bonnes choses imaginables et susceptibles de rendre la vie de l'homme agréable. Nous savons que l'on ne se révolte que lorsqu'on vit une situation d'injustice, lorsqu'on est dans le besoin, quand on ne jouit pas de tous les privilèges auxquels l'on a droit. Or l'homme était parfaitement comblé au jardin d'Eden, c'était un être parfaitement repu. Seulement l'Eternel voulait rester maître de sa création, parce qu'il est jaloux de sa souveraineté. Aussi a-t-il laissé au milieu du jardin l'arbre de la connaissance du bien et du mal. Cet arbre était le sceau de sa gloire, un stigmate de sa souveraineté. Peut-on taxer d'exigeant ce père qui livre tous ses biens, toute sa maison à ses enfants, et qui leur demande juste de ne pas mettre son chapeau suspendu au-dessus de la pendule ?

- Ne pouvait-il pas enlever ce chapeau une bonne fois pour toutes, d'autant plus qu'il n'ignorait pas que les gosses allaient tôt ou tard, finir par s'en emparer ?

- Oter le chapeau de sa propre maison ? Mais pour aller le garder où ? Autrement dit, ce n'est plus sa maison. Il faut bien admettre que le paradis, avant tout, était sa propriété, et qu'il y a logé l'homme par amour. C'est une immense grâce qu'il a accordée à l'être humain, de lui donner autorité sur toutes ses créatures, l'homme étant lui-même déjà une créature.

- Voyons, quel était donc ce fruit défendu ? Bien des gens me parlent de l'acte sexuel ; auquel cas pourquoi Dieu aurait-il manifestement créé Eve pour la placer à côté d'Adam ? Personnellement je me dis que ça devait être un fruit rare, ou tout au moins quelque chose de délicieux.

- Le fruit de la connaissance du bien et du mal n'était ni un produit agricole quelconque, ni les rapports intimes entre Adam et son épouse. C'était bien sûr quelque chose d'attrayant ; mais la Bible n'a pas déterminé, et nous devons nous en tenir là. Tout ce que la Parole de Dieu n'a pas révélé lisiblement, tout ce que nous pouvons avancer à ce sujet n'est que supputations. Et c'est à ce titre que nous pouvons emprunter la pensée d'Helen White. Le fruit de la connaissance du bien et du mal serait en quelque sorte le fruit du raisonnement humain. Le diable avait pour objectif, séduire l'homme et l'attirer dans son camp, de le liguer contre Dieu. Et la tactique usitée était fort simple ; présenter à l'homme les déficiences de l'architecte suprême, les injustices de Dieu et lui faire voir ce qu'il a à gagner en se révoltant. Même de nos jours Satan fait les mêmes suggestions à l'homme et, très souvent y réussit, davantage auprès des intellectuels. Il dit à Eve : *"Dieu a-t-il réellement dit que vous ne mangerez pas de tous les arbres du jardin ? ... Vous ne mourez point ; mais Dieu sait que le jour où vous en mangerez, vos yeux s'ouvriront, et vous serez comme des Dieux, connaissant le bien et le mal"* (Genèse 3, 1-5). Remarquons ici que le diable se sert du raisonnement, il fait usage de la philosophie pour amener l'homme à désobéir. Il miroitait à Eve la grandeur à laquelle elle accéderait si jamais elle désobéissait à Dieu *" vous serez comme des dieux"*. Cela se remarque de nos jours. D'ailleurs la toute première tendance, dans nos premiers contacts avec la philosophie, c'est de nous révolter contre Dieu, de repousser les Saintes Ecritures. Nombre de théologiens, pour justifier l'existence de Dieu, évoquent d'ordinaire la grandeur et la diversité de la création pour conclure en dernière instance que l'univers ne s'est pas fait au hasard et qu'il a bien fallu un créateur. Mais ce raisonnement est souvent vite récusé par la même cause qui l'a justifié. Les plus grandes promesses de la philosophie se sont révélées dans cette démarche dialectique qui veut toujours qu'il y ait le pour et le contre, une remise en question perpétuelle davantage au sujet des grandes questions existentielles. Pourquoi a-t-il interdit ceci ? Est-il réellement juste, est-il bon, pourquoi telle chose et pas telle autre ? Finalement l'homme se réclame indépendant de Dieu ; il clame haut ses imperfections, ses défaillances, parce que la philosophie lui a ouvert les yeux. Il se croit au même pied d'égalité que Dieu qu'il déclare finalement inexistant, sinon mort. Quelquefois il pousse un peu plus loin avec la philosophie, avec en toile de fond la quête de la preuve d'où la parapsychologie ; et de là au spiritisme. Alors s'ouvre à lui un nouveau monde ; l'univers parallèle. L'homme peut désormais se débarrasser de son corps physique et faire des excursions à travers le monde (voyage astral). Il connaît parfaitement le bien et le mal. Il est capable de tuer et de faire vivre. Il peut faire une projection sur un individu et lui ôter la vie ou lui porter malheur. Il peut également y pallier. Il peut avoir des communications avec les défunts (médium) à volonté. Il prédit l'avenir et explique le passé. Il connaît à travers l'aura magnétique, la force spirituelle de chacun. Bref il est comme un dieu. Cette sorte d'investigation est formellement proscrite par la Parole de Dieu ; mais l'homme se plaît à contester : Pourquoi telle prophète a-t-il fait ceci ? Jésus lui même n'a-t-il pas fait cela ; et pourquoi n'en ferais-je pas autant ? Voilà le fruit défendu ; c'est le fruit du raisonnement humain. L'homme ne considère plus les commandements de Dieu comme venant d'un être transcendant, mais il les a rabaissés au niveau de la logique humaine, les défaisant l'un après l'autre. Il entre ainsi définitivement en belligérance avec Dieu.

Le garçon, pendant que je parlais était resté coi. Il ne semblait visiblement perdre aucun de mes propos. Je me vis dans le devoir d'appuyer d'avantage.

- Ne constates-tu pas que si Adam et Eve avaient eu les yeux ouverts comme le serpent le leur avait prévenu, ils ne furent pas si heureux, puisque tout ce que Dieu leur avait dit devait s'accomplir ? Et leur premier constat fut qu'ils étaient nus, aussi ont-ils commencé à tresser le feuillage pour leur protection. Lorsqu'un homme transgresse la loi divine, la protection du Seigneur le quitte et il reste nu. Adam et Eve se trouvent à présent obligés de se débrouiller d'eux-mêmes, alors qu'ils étaient nus depuis longtemps et ils n'en étaient pas conscients. Dieu leur voilait les yeux et les protégeait. Quand l'homme prend conscience des forces maléfiques qui végètent autour de lui, ne pouvant bénéficier de la protection de Dieu à cause de sa désobéissance, il est obligé de se procurer des écorces d'arbres, des talisman, des potions protectrices ou de se trouver un gourou derrière qui il s'abrite. C'est même là le début de la souffrance. L'immortalité a été ôtée à l'homme. Il fallait maintenant que l'homme laboure le sol pour trouver du pain.

- Mais, reprit le garçon, c'est le comble de la méchanceté ! Tout le monde est capable de commettre une erreur. Dieu ne pouvait-il pas pardonner, ce d'autant plus que c'était le premier péché de l'homme, lui qui nous recommande tant la clémence ?

- Effectivement, Dieu est miséricordieux ; il châtie mais il pardonne. C'est pour cette raison qu'il a livré son fils unique Jésus-Christ, afin que quiconque croit lui en ne périsse pas, mais qu'il ait la vie éternelle (Jean 3, 16).

- C'est absurde. Jésus est mort il y a belle lurette, l'homme continue tout de même à subir les conséquences de son péché à travers la mort. Vous venez de dire que la mort est arrivée à partir du péché. Et le paradoxe c'est que même les chrétiens souffrent ; mettez quand même du bon sens en ce que vous dites.

- Qu'est-ce que tu veux ? On t'envoie au bagne pour vol. En prison tu apprends à ne plus voler, tu abandonnes même le vol. Va-t-on te sortir pour autant de prison ? Tu dois quand même finir de

Chapitre VI ''Tout est possible à celui qui croit.

purger ta peine. Ensuite tu sembles mettre en oubli qu'il y aura résurrection des morts. Et voilà notre immortalité retrouvée, parce qu'il y a une vie éternelle qui nous est réservée, et Jésus-Christ en a montré l'exemple par sa résurrection.

Je m'aperçus, pendant que nous parlions, que j'étais à nouveau cerné par la foule de voyageurs. Cette fois ils étaient moins agités. Je voyais quelques-uns approuver d'un geste de la tête, signe que mes explications requéraient d'avantage du crédit. Dans les yeux de quelques-uns se lisait l'envie de me questionner, mais mon attitude indifférente les décourageait. Un quinquagénaire qui trêvait de retenue me toisa sans crier gare.

- Vous prétendez que Dieu a envoyé son fils pour nous rachetez par sa mort ; qu'en est-il de ce ceux qui ne croient pas en Jésus ? Je vous rappelle qu'il y a plusieurs religions qui ne connaissent pas Jésus. Crois-tu que tous ces hommes iront en enfer ?

- Je ne saurais l'affirmer ; c'est au Créateur Suprême d'en décider. Toutefois les Saintes Ecritures ne me laissent pas croire qu'il puisse exister une seconde voie qui conduise à Dieu en dehors de Jésus-Christ. Vous pouvez lire 1 Timothée 2, 5 ; Actes 4, 12 et Jean 14, 6).

- Voilà ce qui me barbe dans vos sectes là, reprit-il avec hargne. Vous vous figurez Dieu en train de laisser perdre tant de musulmans, tant de Bouddhistes, etc. pour ne sauver que la petite poignée de chrétiens, et de votre espèce seulement. Ne voyez-vous pas que vous êtes hautain ?

- Honnêtement je n'ai jamais fait cette sorte de déclaration, lui répondis-je. Il n'appartient pas à moi de désigner qui ira en enfer et qui n'ira pas, même si les Ecritures me permettent de le savoir. En consultant la Parole de Dieu, je sais qu'elle s'adresse à moi en tant qu'individu, sans beaucoup me soucier de ce que croient les gens en Asie ou en Australie. Pour ce qui est de la justice de Dieu, croyez-moi, autant il est bon, autant il est sévère dans ses

Dieu est-il logique ?

exigences. Rappelez-vous qu'il a dû décimer par le déluge tous les habitants de la terre, ne sauvant que Noé, avec sa petite famille, soit huit personnes. Une autre fois il fit consumer par le feu deux grandes villes, Sodome et Gomorrhe ; et là encore il n'épargna que Lot et ses deux filles. Dieu n'est pas laxiste comme vous le pensez. S'il a bien réussi à livrer Son fils Unique Jésus-Christ, je veux dire une partie de lui-même, j'ai des doutes que ce soient de piètres créatures de notre acabit qu'il puisse épargner.

- Mon ami, ne nous prends pas pour des imbéciles. Et ceux qui sont décédés avant Jésus ; et ces coins de la terre où l'on n'a même jamais entendu parler de la Bible ?

- Jésus n'a pas passé trois jours dans la tombe pour rien. Fallait-il qu'il aille, en Esprit, prêcher aux incrédules d'autrefois, ceux qui sont mort sans l'avoir connu et qui n'avaient pas pensé devoir se plier à la loi de Moïse. Vous pouvez lire 1 Pierre 3, 19-20. Pour le reste et ceci pourrait prêter à controverse, leur jugement sera certainement plus sévère. Lisons Romains 2, 12-16 :

> *Tous ceux qui ont péché sans la loi périront aussi sans la loi, et tous ceux qui ont péché avec la loi seront jugés par la loi. Ce ne sont pas en effet, ceux qui écoutent la loi qui sont justes devant Dieu, mais ce sont ceux qui la mettent en pratique qui seront justifiés. Quand les païens, qui n'ont point de loi, font naturellement ce que prescrit la loi, ils sont eux qui n'ont point la loi, une loi pour eux-mêmes ; ils montrent que l'œuvre de la loi est inscrite dans leur cœur, leur conscience en rendant témoignage, et leurs pensées s'accusant ou se défendant tour à tour. C'est ce qui paraîtra au jour où, selon mon Evangile, Dieu jugera par Jésus-Christ les actions secrètes des hommes.*

Le garçon revint à la charge.

- J'ai souvent pensé que l'essentiel pour l'homme était d'éviter le mal et faire le bien ; n'est-ce pas là ce que nous demande Dieu ? Je dirais même qu'il n'est pas nécessaire de croire en Dieu, encore moins en Jésus-Christ. Voltaire le disait bien, qu'il y a deux façons de manquer de respect à Dieu ; la première, de ne

Chapitre VI "Tout est possible à celui qui croit.

rendre pas assez d'honneur à son fils ; et la seconde, de lui en rendre autant qu'à lui. Nous l'avons étudiée, cette œuvre lorsque j'étais en classe de Terminale ; je crois dans "Lettres philosophiques". Si nous pouvons éviter le mal, je crois, moi que nous aurons fait l'essentiel.

- C'est vrai que le problème de l'homme avec Dieu, c'est le péché. Toutefois la foi en Jésus-Christ reste une condition *sine qua non*. Vous le comprenez à travers cette lecture. (Et j'ouvris la Bible).

« *Car c'est par grâce que vous êtes sauvés, par le moyen de la foi. Et cela ne vient pas de vous, c'est le don de Dieu. Ce n'est point par les œuvres, afin que personne ne se glorifie* » (Éphésiens 2, 8-9). Remarquons ici qu'il parle de grâce. La grâce est une faveur imméritée. Autrement dit nous étions destinés à périr tous, n'eut été le sacrifice de Jésus-Christ. S'il ajoute *"Par le moyen de la foi"*, c'est que nous ne pouvons jouir de cette grâce qu'en croyant d'abord à celui qu'il nous a envoyé. C'est comme le tenancier d'une boîte de nuit qui déclarerait au public : l'entrée est libre, il y a à boire à l'intérieur pour tout le monde, mais à une petite condition ; vous passez chercher un billet d'entrée au guichet, gratuitement bien sûr. La boîte de nuit c'est le royaume des cieux, le guichetier c'est Jésus-Christ et le billet c'est la marque de Jésus, ce qui prouve que vous avez cru, que vos péchés sont pardonnés, c'est en quelque sorte le Saint-Esprit (qui est le témoignage de Dieu, le sceau de la Rédemption) lire Jean 3, 5 et Actes 15, 8. Certes la grâce est pour tout le monde, mais il faut transiter par Jésus-Christ. Imaginons cet entretien de Dieu avec l'homme aux portiques des cieux : - J'ai droit d'entrer au Ciel. – D'accord, l'entrée est libre mais voyons, as-tu vu mon Fils Jésus-Christ ? – J'ai fait ta volonté, j'ai observé tout ce que tu as prescrit Père. – Peu importe. Il faut un billet délivré par mon Fils, sinon tu n'entres pas. Et Jésus nous dit : « *Je suis la porte. Si quelqu'un entre par moi, il sera sauvé* » (Jean 10, 9).

- Et si quelqu'un préfère lui passer par Bouddha ? Je me dis qu'il y a quand même possibilité de choix. Mahomet, Confucius, Baha'ullah... Ce sont tous des fils de Dieu voyons.

- Pardonnez-moi de devoir m'exprimer cette fois-ci en chrétien, au risque de me voir qualifier de fanatique. Ces personnalités dont vous venez de citez les noms sont peut-être des prophètes (ce qui est encore vérifiable). Jésus est le seul Fils de Dieu. Il convient de souligner que Jésus était de double nature : homme et Dieu. La preuve ; il n'a pas été conçu des rapports entre un homme et une femme, à l'instar de tous les humains. Marie, sa mère, était encore vierge mais fiancée à Joseph. Elle s'est surprise enceinte après la parole de l'ange, sans avoir connu d'homme. Voilà le premier mystère. Il a opéré des miracles qu'aucun autre prophète n'a pu accomplir. Figurez-vous quelqu'un qui gronde le vent et qui l'anéantit, qui marche sur la mer, qui maudit le figuier et le fait sécher en un instant sans y porter la main, qui ressuscite un homme quatre jours après son inhumation, déjà en pleine décomposition. Si Jésus dominait sur la nature, s'il soumettait l'univers, ceci prouve qu'il en était le maître, le créateur. Les pharisiens lui faisaient savoir qu'il n'y a que Dieu pour pardonner les péchés. Alors Jésus disait : *pour vous montrer que j'ai ce pouvoir (divin), j'ordonne au paralytique ; tes péchés te sont pardonnés ; prends ton lit et va dans ta maison.* Il disait à Marthe devant la tombe de Lazare : c'est moi la résurrection et la vie, tu dois croire. Autrement dit : c'est moi Jésus (ou Dieu) qui donne la vie et qui programme la mort. C'est moi (Dieu) qui ressuscite les gens. En outre Jésus a accepté (volontairement) la mort pour le salut de l'homme, ce qu'aucun prophète n'a pu faire, puisqu'ils sont tous morts de façon naturelle. Il est ressuscité d'une tombe, pourtant gardée, le troisième jour après sa mort (avec sa chair) ; alors que les autres prophètes gisent encore dans leurs sépulcres, attendant la résurrection de tous les morts. Tout ce que Jésus a fait établissait clairement qu'il était maître de l'Univers, qu'il était Dieu. Et c'est pour cette raison que les Mages, détenteurs de grands pouvoirs magiques et maîtres du monde occulte, ont dû partir si loin de l'Orient (Inde) pour venir lui rendre hommage, reconnaissant par ce geste qu'il était supérieur à eux. Ils lui ont offert de l'encens, de la myrrhe et de l'or, tout ce qu'ils avaient de très précieux. Tout un astre (l'étoile) a paru au ciel pour leur servir de guide. Je ne vous empêche pas de conserver votre chère religion, mais les valeurs s'apprécient mieux par comparaison que par contemplation. Essayez aussi de voir ce que les autres ont fait.

- Vous ne pouvez pas prouvez que Jésus était ressuscité. On nous le dit, mais il faut l'établir.

- Le seul fait qu'il ait marqué l'histoire à ce niveau est déjà une grande preuve de la place de choix qu'il tient dans l'univers. La chronologie du temps a dû en être bouleversée. Nous comptons aujourd'hui mil neuf cent.. l'an deux mille... Le temps existait bien avant Jésus-Christ ; mais tout semble avoir été repris à zéro dès sa venue sur la terre. On dirait que le temps réel commençait avec lui et que par conséquent tout ce qui s'était passé auparavant ne comptait pas. Sa présence a su si bien s'imposer que même en Russie tout comme en Chine l'on a consacré son passage sur terre.

- Ne dit-on pas que ses disciples étaient venus voler son corps pour faire croire qu'il était ressuscité ?

- Avec tous ces soldats qui montaient la garde autour de la tombe ? et les disciples si craintifs, comment ont-il pu ? A moins que ce ne fut les anges, et auquel cas il était Dieu. Si les juifs et les romains avaient pu présenter le corps de Jésus, le message de la résurrection aurait été réfuté sans contredit. C'était la raison je pense, de la présence des gardes devant la tombe. Ils étaient allés dire à Ponce Pilate : nous nous rappelons bien que cet imposteur avait dit qu'il ressusciterait le troisième jour. Alors ordonne la garde de sa tombe de sorte que ses disciples ne viennent nous faire croire un jour qu'il est ressuscité. Cette imposture serait pire que la première. La tombe a donc été gardée sévèrement, mais son corps est resté introuvable. Les Ecritures mentionnent bien que les gardes avaient été corrompus pour alléguer que ses disciples étaient venus le chercher. C'est que la terre a tremblé et Jésus est sorti de la tombe. Les gardes étaient impuissants devant la situation. Leur alerte et leurs coups de feu n'auraient rien donné...

- Mais, il n'est apparu qu'à ses disciplines après sa résurrection. C'est malin ça !

- Pas seulement à ses disciples. Pendant quarante jours il apparaissait à plusieurs personnes. Une fois c'était devant cinq cents témoins oculaires. Ce n'était donc pas une séance d'hypnose. Il ne faut pas oublier que les disciples eux-mêmes ne croyaient pas à la réalité de la résurrection de Jésus et qu'il a fallu beaucoup de preuves de sa part pour convaincre ses disciples, à l'exemple de Thomas, resté sceptique jusqu'au jour où il le vit en Esprit et en chair.

Le garçon ne disait rien. Alors je repris.

- Il est ensuite monté au ciel en présence de plusieurs témoins, défiant de ce fait votre fameuse loi de la pesanteur. En priant par son nom nous avons au moins la certitude qu'il est vivant. Quant aux autres prophètes, comment nous adresserons-nous à une personne qui est dans la tombe ? Notre esprit critique ne nous l'autorise pas. Je dois souligner que plusieurs religions, sinon toutes, font mention de Jésus, même si elles refusent obstinément de se soumettre à sa doctrine. Prenons cet exemple : Vous avez offensé votre père, alors il vous maudit. Vous sentez sa colère peser effectivement sur vous, cela dans tout ce que vous entreprenez et, conscient, vous prenez la décision de refaire la paix avec lui. On vous conseille de préparer un présent significatif, de sacrifier un mouton, d'en offrir à votre père afin qu'il ôte sur vous sa colère et que la sanction soit levée[1]. Ainsi vous égorgez le mouton, symbole de repentance. Le sang du mouton rétablit ainsi la paix entre votre père et vous. Très souvent l'on asperge ce sang sur le fils repentant afin de le purifier de sa faute. De la même manière l'homme a péché contre Dieu. Et Dieu dit qu'il punit

---

[1] Cette pratique est courante en Afrique noire

l'iniquité et la rébellion de la première à la quatrième génération (Exode 34, 7) mais qu'il fait grâce jusqu'à mille générations.

Le garçon m'arrêta.

- Mais alors là, c'est injuste ! Tous les hommes n'ont pas péché. Pourquoi imputer la peine du péché des parents aux enfants innocents ? Faudrait-il que Dieu soit illogique pour...

- Vous êtes loin d'imaginer jusqu'à quel niveau le péché des parents peut perturber la vie des enfants. C'est ce qui explique certains échecs et la fameuse notion de la destinée. Dans le livre des Rois, nous avons un remarquable exemple. Josias a fait disparaître l'idolâtrie, renversant avec beaucoup de passion les autels de Bal et d'Astarté (faux dieux). Il portait le peuple à retourner à l'Eternel Dieu et à observer sa loi. Malgré tout cela Dieu l'a trouvé coupable, à cause des péchés commis par son père (lire 2 Rois 23,25-26). Vous vivez en Allemagne et avez pour parents des Sénégalais. Vous êtes né en Allemagne de parents Sénégalais. Vous avez grandi en Allemagne. Vous vous exprimez en allemand, jamais avoir mis pied au Sénégal. Jusqu'à la décrépitude. Malgré tout cela vous demeurez sénégalais. Il en est ainsi du péché. Vous pouvez penser n'être en rien redevable à Dieu, mais le péché de vos parents vous rend coupable et vous devez en subir les conséquences. Pour Dieu c'est ainsi, à moins que vous ne vous repentiez et vous convertissiez. Et dans ce cas Dieu vous sort de la lignée de la malédiction et vous met à part *« car tous ont péché et sont privés de la gloire de Dieu ; et ils sont gratuitement justifiés par sa grâce, par le moyen de la rédemption qui est en Jésus- Christ »* (Romains 3, 23-24). *« Vous dites : pourquoi le fils ne porte-t-il pas l'iniquité de son père ? C'est que le fils a agi selon la droiture et la justice, c'est qu'il a observé et mis en pratique toutes mes lois, il vivra »* (Ezéchiel 18,19).

- Je reviens donc à ce que je disais ; l'homme ayant péché en désobéissant à Dieu, sa colère est tombée sur lui. Au juste l'humanité était destinée à la perdition à cause de son péché. Alors

Jésus implora notre cause auprès du père : Ne laissons pas mourir tous ces hommes. Si on leur parle, si quelqu'un va vers eux, je suis sûr que beaucoup se repentiront et feront ta volonté. Ils ont seulement été trompés par Satan.- Je ne peux leur accorder grâce qu'à condition que tu acceptes porter leur faute, lui rétorqua-t-il. J'accepte d'être puni à leur place père, et je te jure qu'ils m'écouteront, qu'ils changeront de conduite. –Va, s'ils t'écoutent c'est que c'est moi qu'ils écoutent. Toutefois je n'accorderai grâce qu'à ceux-là seuls qui croiront en toi. Aussi Dieu, à maintes reprises déclare-t-il explicitement : *"Voilà mon fils bien- aimé en qui j'ai mis toute mon affection, écoutez –le !"*. Le sang de Jésus réconcilie ainsi l'homme avec Dieu, Si tu demandes par exemple à Dieu de te guérir de ta maladie, voici ce qu'il répondra : vous les habitants de la terre m'avez désobéi tu oses demander la santé ! Non, père, interviendra Jésus, celui-ci a accepté ma parole, il a cru en moi et a fait ta volonté, souviens-toi que je suis mort pour lui ; regarde mes mains qui ont été transpercées par les clous, vois mes côtes, mon sang qui a coulé à cause de lui. Ah, s'écriera le Seigneur, le sang de mon fils ! Que désires-tu mon enfant ? Et il t'accordera la santé. Nous sommes donc sauvés par grâce, par le moyen de la foi en Jésus-Christ.

La foi justifie le croyant. Ceci ne signifie pas pour autant que ceux qui sont devenus enfants de Dieu peuvent se payer le plaisir de vivre délibérément en déphasage avec les normes sociales. Lisons Romains 4, 4-5 : « *Or, à celui qui fait une œuvre, le salaire est imputé, non comme une grâce, mais comme une chose due ; et à celui qui ne fait point d'œuvre, mais qui croit en celui qui justifie l'impie, sa foi lui est imputée à justice* ». Il peut arriver, dans des cas exceptionnels, qu'un chrétien se retrouve coupable de certains travers au même moment que d'autres individus. S'il s'humilie et dévoile ce qu'il a fait, s'il prend le sac et la cendre pour implorer la miséricorde de Dieu, le Seigneur peut accorder grâce et le préserver de la sanction. Si la faute commise méritait par exemple un emprisonnement, les circonstances seront telles que son compagnon soit emprisonné et qu'il reste libre. C'est Dieu qui justifie et il peut voiler les yeux des autorités judiciaires pour ne pas voir son implication ou la gravité de sa faute, et peut-être même ne pas comparaître, afin que le nom de Dieu ne soit pas blasphémé parmi les païens. Mais plus tard, le Seigneur trouvera un autre moyen pour le châtier, car nous sommes ses enfants légitimes.

Dieu peut parfois bouleverser le cours d'une affaire pour défendre ou favoriser son enfant. Il fait parfois des "combines" pour faire réussir son enfant. Dans une compétition, il crève les roues des chars des adversaires de son enfant pour lui permettre de remporter la victoire. Un pasteur disait qu'il faut se méfier du chrétien qui prie. Cela est assez pertinent parce que Dieu peut changer la situation en un instant, en sorte que celui qui était debout se retrouve à terre et vis versa. Il n'est rien, absolument rien qui soit impossible à Dieu. Cette vie que nous menons ici bas est très précaire. J'ai souvent trouvé les non-croyants trop sûrs d'eux-mêmes. Ils sont si sûrs de leur situation qu'ils sont très vite brisés par le sort. Il ne faut jamais se croire définitivement supérieur à quelqu'un. Tout peut être renversé en un jour et l'on se retrouve peut-être dépendant même de celui de qui l'on se moquait et qu'il doive décider sur notre sort. Celui que tu emploies aujourd'hui comme domestique peut être demain ministre. Ta situation que tu crois si bien bâtie peut péricliter et tu te retrouves en train de mendier. Je souligne que cela peut arriver, car tout est précaire sur la terre. Un méchant décret est facilement tombé pour te destituer et mettre à ta place le plus abject de tes collaborateurs. Et à toi qui crois en Dieu, ne t'imagine pas que ta situation soit déjà arrêtée. Dieu peut te sortir de tes difficultés même en un jour et faire de tes ennemis ton marchepied. Espère en Dieu et garde sa parole. Un jour il te lavera la face. Rappelons-nous que lorsque Dieu approuve les voies d'un homme, il dispose favorablement même de ses ennemis. Haman, collaborateur rapproché du roi, avait préparé du bois pour pendre Mardochée, simple esclave. Dieu a transformé la situation en sorte que c'est Haman qui soit plutôt pendu sur son propre bois et que sa place soit accordée à celui qui, quelques heures auparavant était esclave (lire Esther).

Cela est admis dans les normes militaires internationales ; on ne tire pas sur celui qui se rend. De même Dieu ne peut plus frapper celui qui est déjà à terre. Il ne brise pas le roseau courbé. Quand le vent vient, tu te couches et dès qu'il passe tu te remets debout et pas à pas ainsi nous évoluons vers la fin du combat. A l'exemple de son chien que l'on veut frapper. Dès qu'il le sent, il tombe à nos pieds, plie la queue et commence à s'enrouler. On n'a plus le courage de le frapper. Quand on sait qu'on a péché, il est urgent de s'abaisser avant que les coups ne viennent. Abaisse-toi, va vers ton prochain et demande pardon, réconcilie-toi avec lui, reconnais ta faute avant que Dieu ne t'humilie. Quelle que soit la faute que l'on a commise, Dieu peut pardonner. Si nous nous jugions nous-mêmes nous ne serions point jugés, dit la Parole de Dieu. L'arme la plus usitée par le diable est de susciter en le chrétien le désespoir devant certaines fautes. Nous nous laissons ainsi abattre par le désespoir puis nous nous résignons. Lorsque tous les événements tendent à nous faire croire que notre cause est entendue, qu'il n'y a plus rien à faire, alors nous cédons, et le diable prend pouvoir sur nous. Le sang de Jésus est assez puissant pour laver n'importe quel péché ; il faut simplement y croire. La foi justifie le croyant. *« Et mon juste vivra par la foi ; mais s'il se retire, mon âme ne prend plus plaisir en lui »* (Hébreux 10, 38).

L'HOMME EST-IL LIBRE ?

Nous ne le dirons jamais assez, l'homme est un être à la fois sceptique et critique. C'est à peine si l'on peut réunir toutes les preuves irréfutables de la réalité de notre idéal spirituel. Nos croyances, notre foi sont sans cesse exposées aux attaques, aux assauts irrésistibles des idéologies. Le chrétien le mieux ancré se trouve lui-même souvent dans une perpétuelle joute afin de maintenir dans son éclat la lanterne de la foi. Ce serait manquer de tolérance que de tenir les non-croyants pour plus sots que nous, ou animés d'une bonne volonté moindre que la nôtre. Mais si, impressionné par la multiplicité des philosophies, des idéologies et de religions, nous allions tomber dans un scepticisme vide et lâche, aurions-nous donc plus de chance d'atteindre la vérité qu'en conservant notre foi chrétienne ? Sûrement pas. De quel côté se trouverait l'héroïsme, à hésiter perpétuellement devant la corde sans jamais la franchir, ou s'engager, fusse-t-il au risque de péril à la suite de son mauvais choix ? Si plusieurs personnes ont souvent porté préférence à la réserve, elles n'en sont pas moins justifiées à leurs regards, accusant tantôt le destin qui les a durement condamnés, tantôt la grâce du bon Dieu qui ne leur a jamais été offerte. Et nous voilà choir en résignation dans le fatalisme.

Le problème n'est pas moins actuel aujourd'hui qu'il n'ait coulé des salives dans le temps, à savoir si l'homme est libre de ses actions. Leibniz, très sympathique à l'idée, affirme dans Théodicée : « *Tout est certain et déterminé par avance, dans l'homme comme partout ailleurs, et l'âme humaine est une espèce d'automate spirituelle* » (Mantoy, 1969 : 274 textes). Avant d'aborder la question, nous voudrions bien remonter à la notion du bien et du mal. Nous désignons par mal toute attitude, toute action qui peut être source de souffrance, de difficultés à notre personne ou à notre semblable. Le bien en est l'opposé. La question est de savoir si l'homme peut avoir conscience du bien ou du mal qu'il fait. Sait-il en posant son acte qu'il agit bien ou mal ? Peut-il en avoir conscience et le faire délibérément ? Négligeons au préalable le motif qui peut me porter au mal ; ne puis-je donc pas manifestement prendre la décision de faire ce qui n'est pas bien ? Si je peux distinguer le bien du mal, cela suppose bien évidemment que je suis capable de choisir ce qui est bon et éviter ce qui est mauvais. La latitude de choix dont je dispose constitue ainsi le garant de mon autonomie. Tout compte fait l'homme est libre.

Dans un autre sens l'homme peut s'estimer non libre en ce qu'il considère que la conduite qu'il adopte, le caractère qu'il affiche n'est que fonction de sa nature. Rien ne prouve par exemple que j'aurais eu le caractère que je possède aujourd'hui si j'étais né autrement que je ne le suis. Pour Spinoza « *les hommes se trompent en ce qu'ils se croient libres. Et cette opinion consiste en cela seul qu'ils ont conscience de leurs actions et sont ignorants des causes par lesquelles ils sont déterminés ; ce qui constitue donc leur idée de la liberté, c'est qu'ils ne connaissent aucune cause de leurs actions »* (Mantoy, 1969 : 275 textes). Cette pensée renvoie à notre capacité à l'autodétermination voir à l'essence même de l'homme. Aurions-nous accepté ou rejeté l'Evangile si nous étions nés autrement que nous ne sommes ? Nous aurions peut-être été de fervents croyants si nous étions nés physiologiquement et morphologiquement autrement. Et que dire si Dieu doit nous juger à travers notre conduite et notre foi ; et ce serait là le comble de l'arbitraire.

L'homme est-il le produit de son hérédité ou de sa volonté ? C'est la question essentielle du présent thème et à laquelle tente de répondre Vandel dans L'homme et l'évolution, cité par Mantoy (1969 : 108). *« Le milieu social, l'éducation, la culture de l'esprit jouent un rôle prépondérant dans leur développement et leur tonalité ».* Il résulte de l'examen des jumeaux séparés dès l'enfance que si, dans quelques paires, les tempéraments des deux partenaires sont très voisins, ils sont, par contre, très différents dans d'autres couples. Le tempérament n'est donc déjà plus un caractère rigoureusement héréditaire qu'une particularité physique. Si l'on envisage les caractères purement intellectuels tels que l'intelligence, la volonté, le caractère, l'influence de l'hérédité est moindre. En conclusion, nous reconnaîtrons que, si les caractères physiques et physiologiques sont quelque peu sous la dépendance étroite des facteurs héréditaires, les qualités proprement intellectuelles se trouvent profondément affectées par l'éducation et le milieu social. L'hérédité n'est point toute puissante. *« Les mécanismes matériels ne sauraient asservir l'homme en sa totalité. Malgré la lourdeur de la matière dont il est formé et de l'hérédité qui préside à sa conjonction, il a le pouvoir de diriger sa destinée par l'effort conjugué de son intelligence et de sa volonté »* (Mantoy, op. cit: 110).

Il nous faut bien reconnaître que l'homme est un être insatiable et remarquablement inconstant. Dieu nous aurait fait naître costaud que nous aurions demandé à être de petite corpulence. Il nous aurait donné moins d'intelligence que nous en aurions demandée davantage. Quand les africains se blanchissent la peau, parce qu'ils admirent les européens, ceux-ci à leur tour se bronzent pour casser leur éclat, pour paraître noirs. Prenez deux filles, une jolie et une laide et donnez-en le choix à un célibataire. Il optera tout de suite pour la plus belle. Ne vous étonnez pas qu'au bout d'un certain temps, il revienne nous demander d'échanger la jolie fille à la laide qu'il a laissée. Quelque temps après il reviendra vous demander s'il ne peut y en avoir une troisième. Je parie ma tête que Dieu vous ferait devenir à l'instant ce que vous voulez être que vous vous plaindriez quelque temps après, si ce n'est pour replier à votre première situation. Si nous ne sommes pas certains que nous aurions eu les vertus auxquelles nous aspirons tant, si nous étions nés autrement que nous ne sommes, rien ne nous garantit que notre conduite aurait été meilleure si nous étions venus au monde différemment. Cette puissance indicible que constitue l'Evangile recèle une structure très complexe. Son message, toujours actuel, s'adapte harmonieusement à tous les types de conscience et de desseins. Chacun y trouve son compte.

La justice, nous dit le petit Larousse, c'est la vertu qui inspire le respect absolu du droit des autres. Qui sont ces autres ? Ce sont nos semblables à qui nous devons des égards. L'animal, bien que se situant dans la classe des êtres animés, n'est point semblable à l'homme et que par conséquent il ne saurait se prévaloir d'aucun droit dans le règne humain. Aussi Dieu nous l'a-t-il offert pour nourriture, parc qu'il est d'une nature inférieure. L'homme a sa justice, un code de vie propre à lui. L'animal en a aussi le sien, et les végétaux doivent certainement en avoir. L'on ne saurait donc parler d'injustice lorsque l'homme supprime la vie à certaines plantes pour s'en servir ou quand il égorge son mouton pour recevoir les étrangers, car ils n'ont pas la même justice, n'étant pas de même nature. Si Dieu était de la même nature que nous, nous l'accuserions d'injustice. Dès lors qu'il est d'une nature supérieure, il nous semble normal qu'il doive nous traiter comme il lui plaît, ce d'autant plus qu'il n'a pas la même logique que nous, du moins en proportion. Au lieu de bouder, il vaut mieux s'abaisser devant le

Créateur, dussions-nous par-là abdiquer notre raison de vivre. Comme nous, croyez-moi, Dieu a aussi des faiblesses. Et la grande sinon l'unique faiblesse de Dieu c'est l'humilité. L'on peut tout obtenir de lui si l'on sait fléchir sa volonté à la sienne, si l'on sait s'humilier devant lui, si l'on sait s'effacer. De deux jumeaux vivant dans les mêmes conditions qui écoutent la Parole de Dieu, l'un peut décider d'y accorder crédit, de confesser ses péchés et d'y renoncer, tandis que l'autre restera spéculer, incapable de la moindre initiative, toutes choses égales par ailleurs. Croyez-vous que l'un aura été plus prêché que l'autre ? Il se trouve que lorsque la parole sort, notre psychisme se met en action ; aussi trouve-t-il souvent vite un rempart contre les assauts de l'évangile. L'homme prend alors conscience de sa réelle condition, de la gravité de ses fautes, de sa grande misère morale. Il s'établit aussitôt en lui un complexe et, pour l'effacer, l'on adopte certaines attitudes à tout le moins désagréables vis-à-vis du prédicateur ou des Ecrits Saints. Une lutte s'engage alors entre deux forces inconscientes : le « Ça » et le « Sur-moi », laquelle aboutit à tous les conflits intérieurs décrits par les psychanalystes. Nos désirs coupables sont alors renvoyés dans l'inconscient. On les nie, on les justifie, l'on se compare aux autres, l'on remet en question l'existence de Dieu, l'on repousse l'éventualité de la mort. C'est le refoulement et la rationalisation. L'âme s'enkyste pendant que la parole poursuit son bonhomme de chemin. Peut-on parler d'insuffisance de grâce dans ce cas ? Assurément les deux jumeaux ont été appelés, l'un a résisté. *« Il y a beaucoup d'appelés, mais peu d'élus »* (Matthieu 22, 14).

C'est le lieu de le dire, il y a une part d'aventure dans toutes les grandes réalisations humaines. Les grands hommes sont ceux qui ont accepté courir certains risques ; d'affirmer ce qui est réfuté de tous, de tenter une expérience truffée de tous dangers, de s'aventurer en solitaire dans une voie jamais explorée, vers un idéal, vers l'inconnu. En tout cas il y a toujours un moment dans la vie où l'on est obligé de faire un choix et d'assumer les conséquences de son choix.

Beaucoup d'individus se préoccupent de savoir où est la véritable religion, la trouvent même et continuent à spéculer. Ils demandent un signe et Dieu apparaît. Mais quand il faut avancer ils se cabrent ; ils trouvent un prétexte pour ne pas s'engager : ce n'est pas le moment, il me faut d'abord réaliser ceci, et les autres ?... jusqu'à ce que l'opportunité passe. Et toi, mon frère qui lis cet ouvrage, n'es-tu pas libre de décider de changer de vie, d'abandonner le péché sous toutes ses formes, de renouer les liens avec ton Créateur ? Tu peux le faire maintenant, là même où tu te trouves et, crois-moi, Dieu t'assistera dans ton engagement, si tu y tiens fermement. Il te suscitera des compagnons de sainteté, avec qui tu vas le servir. Les apôtres ne se comptent pas seulement parmi les morts, tu peux en être un, si tu le veux ; si tu es prêt à faire route avec le Christ. Une sagesse orientale dit : ''lorsque le disciple est prêt, alors le maître apparaît''. L'expérience que tu vis présentement est une expérience solitaire. Ton entourage ne la connaît pas, c'est pour cela qu'ils te découragent, qu'ils blasphèment. Mais Dieu t'a accordé à toi un cœur sensible. Ce n'est pas un fait du hasard que tu sois tombé sur ce livre. Au dernier jour, sois –en certain, tu rendras compte de ces passages que tu es en train de parcourir. Tu es donc libre de toute décision maintenant.

LES HOMMES NAISSENT–ILS EGAUX ?

Cette question est aussi vieille que le monde, à savoir si à la naissance nous sommes tous identiques. De la réponse à cette question tient notre position sur la capacité à l'autodétermination. Faudrait-il que nous naissions coupables, disait Pascal, sinon Dieu serait injuste. Et si nous sommes coupables à la naissance, à quoi rimerait-elle encore, cette fameuse notion d'équité entretenue par Dieu, partant du fait que nous ne sommes pas égaux à la naissance, alors ne devrions-nous pas être jugés par la même loi, n'étant pas capables des mêmes performances. Anthropologues, biologistes, métaphysiciens, chacun tente d'aborder la question en sa manière et les hypothèses s'affrontent et s'entremêlent dans une mosaïque indescriptible.

Platon, philosophe grec du IVe siècle avant Jésus-Christ, croyait que l'être humain naissait avec certaines connaissances et capacités mentales innées. Les gnostiques ont récupéré cette pensée pour bâtir la doctrine de la réincarnation ; ces connaissances innées prétendent-ils, sont l'héritage de notre vie antérieure et dont nous devons assumer la continuité au travers de la loi karmique. John Locke, philosophe anglais du XVIIIe siècle lui, pensait qu'à la naissance, l'esprit humain était une sorte de *tabula rasa* (tableau vide) sur laquelle s'imprimeraient les idées venant toutes de l'expérience. Phrénologistes et Typologistes quant à eux, croient que la configuration du crâne, la carrure des épaules, le prognathisme facial, l'aspect du visage révèlent certains traits de la personnalité et déterminent certaines caractéristiques du comportement. La psychologie essaie donc de répondre à la question de savoir si le comportement et les performances de l'individu résultent des caractéristiques innées (influences héréditaires) ou de quelque effet de l'apprentissage (influences du milieu). C'est le duel entre l'innée et l'acquis. Les études menées depuis la nuit des temps par les astrophysiciens ont révélé que la planète terre était sous forte domination du magnétisme astral. De là naquirent deux sciences, l'une physique, l'autre métaphysique : l'astronomie et l'astrologie. Les astrologues postulent que l'homme naît sous l'influence d'un astre, ce qui déterminera ses inclinations, ses facultés, son caractère. D'aucuns seront davantage portés aux actions vertueuses, d'autres aux bavures. Tout compte fait, l'homme n'est que ce que le zodiaque en fait, le cosmos en étant le régulateur. Les naturalistes pour leur part, pensent que l'être humain, c'est avant tout de la matière, soit un assemblage de cellules organiques. La génétique a ainsi prouvé que les gènes chromosomiques des parents et arrières grands parents transmis à travers l'ADN influaient beaucoup sur le comportement du sujet. Alors les défauts et les facultés de nos ancêtres, à quelque proportion près, somnolent dans chaque individu à la naissance, sur sa descendance jusqu'à plusieurs générations. L'homme hérite

Chapitre VI "Tout est possible à celui qui croit.

donc beaucoup de ses géniteurs, proches ou lointains. Les psycho physiologistes de leur côté ont pu mettre en évidence la liaison entre les fonctions organiques et les fonctions psychiques ; c'est-à-dire que le comportement est le résultat du fonctionnement du système nerveux central. Ainsi les fonctions psychologiques ont un déterminisme. La neuropsychophysiologie tente donc de répondre par exemple à la question suivante : Quelles sont les raisons qui poussent un organisme vivant à manifester tel ou tel comportement selon les circonstances ? Les expériences réalisées à ce sujet par Jameson, Olds et Milner, ensuite Kluver et Bucy sur le singe Macaque Rhésus et le rat sont très édifiants. Il va de soi que la carrure de l'individu et son sexe sont eux aussi des facteurs ataviques quant à la manière de penser ou d'agir.

A la synthèse de toutes ces théories, force est de révéler que l'homme est, à n'en point douter, le fruit d'une interaction entre divers éléments naturels, l'absolu et le milieu ambiant. Nous voudrions bien dire, comme l'aura si bien établi le Dr Félicien Ntone, psychiatre : Ce qui semble être un enfant, porte en lui le bagage et les fautes de plusieurs générations avant lui et qu'à deux mois, cinq ou dix ans, l'on est déjà très vieux. Lorsque les parents ont eu des conflits ou des dettes sociales de toutes natures, il peut arriver qu'un membre de la descendance soit frappé de malédiction, de la culpabilité de ses ascendants. L'enfant est apparemment innocent, mais il faudrait voir de quelle manière est-il né, qui était son père, comment son père attendait-il sa venue au monde, dans quelles circonstances sa mère a-t-elle conçu cette grossesse et qu'a-t-elle tenté de faire pour détruire cet enfant dans le ventre ? Quel est le projet que le père et la mère ont-ils voulu réserver à cet enfant ?

Autant de questions qu'il est de notre intérêt de se poser avant de porter notre jugement. Voici un extrait de la Sainte Bible.

> *L'Eternel Dieu, miséricordieux et compatissant, lent à la colère, riche en bonté et en fidélité, qui conserve son amour jusqu'à mille générations, qui pardonne l'iniquité, la rébellion et le péché, mais qui ne tient point le coupable pour innocent,*

et qui punit l'iniquité des pères sur les enfants et sur les enfants des enfants jusqu'à la troisième génération et à la quatrième génération ! (Exode 34, 6-7).

L'on peut donc comprendre pourquoi tant d'inégalités à la naissance. Plusieurs recherchent la cause de leurs échecs dans la kabbale et font alors des régressions dans leurs vies antérieures. L'on jette parfois la responsabilité de sa situation au mauvais sort des sorciers, d'autres accusent le destin, le zodiaque, l'hérédité ou l'entourage. Qu'importe, Dieu n'est-il pas maître de tous ces éléments ? La Bible dit : « *Arrive-t-il un malheur dans une ville, sans que l'Eternel en soit l'auteur* » ? (Amos 3, 6).

Afin d'être au clair sur cette question, j'ai dû m'adresser dans un entretien nourri, au Pasteur Toukea. Nous parlâmes entre autres de la liberté de l'homme, des inégalités sociales en passant par la prédestination, ceci me référant au texte d'Ecclésiaste 9, 11, que je me permets de rappeler : « *J'ai encore vu sous le soleil que la course n'est point aux agiles, ni la guerre aux vaillants, ni le pain aux sages, ni la richesse aux intelligents, ni la faveur aux savants ; car tout dépend pour eux du temps et des circonstances* ». Voici à peu près notre entretien.

- Quel commentaire faites-vous Pasteur, de ce passage de l'Ecriture ?

- Je sais que le temps est à Dieu et qu'il est le maître des circonstances.

- Quelle est donc la portée de l'effort, si la course n'est point aux agiles ?

- Celui qui fait la volonté de Dieu obtient les faveurs de Dieu.

- Pour consentir quelque effort, faudrait-il déjà que Dieu nous le permette. Je pense que nous ne sommes pas libres.

- L'homme est libre de choisir entre le bien et le mal ; Dieu lui a donné cette latitude.

- Croyez-vous que nous sommes égaux à la naissance ?

- Oui. Mais je sais que l'homme naît avec des facultés.

- Des facultés oui, mais pas les mêmes chez tous les hommes ; et dans ce cas nous ne sommes plus égaux.

- C'est à nous de développer ces facultés virtuelles, d'où l'effort.

- Deux enfants jumeaux se retrouvent étrangement différents l'un de l'autre. Ils évoluent sous la même éducation, étant sous le même toit, mais curieusement différents tant dans les goûts que dans le caractère, ceci dès même la naissance.

- Savez-vous que le seul fait que l'on prenne l'un des enfants pour aller le promener au marché, laissant l'autre, peut déjà beaucoup jouer sur son destin ? Certaines facultés se réveilleront et provoqueront des modifications comportementales.

Je dus m'arrêter là.

Il est une déconcertante réalité que l'homme que nous sommes, ne voulons pas souvent accepter, c'est que nous sommes tous l'œuvre architecturale d'un être infiniment transcendant. L'homme se révolte souvent à l'idée qu'il n'est qu'une piètre matière à laquelle Dieu a donné vie. Certes certains rétorqueront qu'il ne nous serait jamais venu l'idée de contester avec lui si le bon Dieu s'était gardé de nous accorder de l'intelligence. L'homme va-t-il donc contester avec son Créateur ; le vase d'argile dira-t-il au potier pourquoi m'as-tu fait ainsi ? Pour Dieu, nous demeurons l'ouvrage de ses mains, peu importe si nous pensons autrement. C'est pour cela qu'il nous humilie par la maladie, la mort et les impondérables de la vie. S'il a fait de nous des êtres pensants et intelligents, c'est dans le souci de nous rendre libres et parfaitement semblables à lui. Ce qui nous échappe très souvent c'est cette notion selon laquelle nous sommes à l'image de Dieu. Puisque Dieu n'est pas un être matériel, cette image ne saurait donc être cette silhouette visible et palpable, mais plutôt spirituelle et morale. L'image de Dieu dans l'homme se révèle à trois niveaux : dans la capacité créatrice ou *fonction scientifique*, dans la capacité représentative ou *fonction cognitive* et dans la capacité sentimentale ou *fonction affective*. La fonction scientifique permet à l'homme de créer, d'accéder à la science, de concevoir et mettre en réalisation des systèmes tels que les navettes spatiales, les Technologies de l'Information et de la Communication (TIC), la radiologie etc. Ainsi par essai/erreur l'homme parvient à mettre au point certains appareils, alors que Dieu lui, ordonne seulement et les choses se meuvent ; il n'apprend pas par tâtonnement, il ne suit aucun processus. La fonction cognitive donne à l'homme des capacités de projection, de représentation, de souvenir. J'ai la capacité d'être ici au bureau et me retrouver en même temps dans ma maison au village ou à New-York aux Etats-Unis, par la voie de l'imagination et donc de l'esprit. Je vois même et j'entre dans les chambres de ma maison, je contemple les gratte-ciel de l'Orient étant à la fenêtre de mon appartement situé au neuvième niveau. Je le peux par la pensée, en esprit. Mais Dieu lui s'y retrouve dans la réalité, parce qu'il est Esprit. Il n'apprend pas et il ne peut oublier. Bien plus il peut être partout au même moment. Nous le disons alors Omniprésent. L'image de Dieu vient du fait que nous avons des aptitudes, des sentiments, des pensées et des caractères à peu près semblables à ceux de Dieu. La fonction affective donne à l'homme la possibilité d'avoir des sentiments. Il peut aimer, être content ou triste. C'est cette image qui a été détériorée par Satan en sentiments de colère, de haine, de jalousie et qui le poussent au meurtre, à l'adultère, à la délation. L'homme est un être intelligent et connaissant, mais limité. Mais Dieu lui, est capable de tout. Nous le disons alors Omnipotent. Si nous avons de l'amour propre, de l'orgueil, Dieu en a aussi. Pourquoi ne pas admettre que Dieu puisse se mettre en colère, qu'il soit capable de punir ou de se laisser flatter ? L'homme n'aime-t-il pas la gloire ; et pourquoi Dieu n'en voudrait-il pas ? Lorsque nous nous demandons ce que le grand Dieu peut avoir à faire de la gloire que peuvent lui concéder les êtres inférieurs de notre acabit ; pour quelle raison, Dieu s'est-il pris à nous créer donc ? N'est-ce pas pour que nous lui donnions de la gloire, que nous le servions ? Il dit qu'il est en mesure de susciter même des pierres pour le glorifier. C'est comme un homme se ferait un instrument de musique ou un appareil audiovisuel pour agrémenter ses moments de détente.

La génétique, emboîtant le pas à la Parole de Dieu, laisse croire que la plupart des infirmités des hommes ont pour source le péché. Celles-ci peuvent être héréditaires ou accidentelles, est-il toujours qu'elles proviennent du mauvais choix de l'homme entre le mal et le bien. Je devais réaliser un ''vox Pop'' sur le thème ''choix et destin''. Alors je fis la rencontre d'un homme d'affaires français à qui je posai la question de savoir s'il croyait à la prédestination. ''Le destin, me dit-il, c'est ce que l'on subit tous les jours parfois avec amertume. Vous pouvez modifier quelques pages de votre vie, mais vous ne pouvez échapper à l'emprise du destin''. ''C'est vrai répondait le Pr. Mfoulou de l'Université de Yaoundé I que certains échecs s'expliquent difficilement, mais je dis que mon intelligence ne peut pas tout prévoir. On n'est jamais totalement innocent''. A l'évidence il existe toujours une part de responsabilité qui incombe à l'individu, cette aptitude à pouvoir modifier ne fusse que certaines pages de sa vie. Perçue comme telle, la notion de prédestination peut donc voler aux éclats. A quelque proportion près, l'être humain dispose de la liberté de choix et peut par conséquent modifier, que dis-je changer sa destinée au moyen de l'effort. Nous pouvons naître égaux, mais notre avenir dépendra de la manière dont nous appréhenderons les notions pédagogiques qui seront mises à notre portée. De plus l'on peut présenter à la naissance moins d'atouts et, partant d'un complexe d'infériorité, nous transcender jusqu'à nous retrouver à un degré de supériorité inexprimable. C'est cette croyance à l'autodétermination qui est à base de la pédagogie et des Sciences de l'Education. Ce que la nature ne nous a pas dotés, nous pouvons l'acquérir par l'éducation, l'essentiel étant de prendre conscience de ses insuffisances, qui peuvent être d'ordre biologique. C'est donc l'intérêt des sciences sociales, de la religion. Mais la Parole de Dieu et la prière peuvent mieux que toutes les théories modifier la nature humaine. L'on a vu des brigands transformés et devenir de bons prédicateurs, des prostituées se convertir jusqu'à devenir de grandes servantes de Dieu ; c'est cela la puissance transformatrice de l'Evangile de Christ.

C'est de manière intentionnelle que l'Architecte Suprême a bien voulu nous laisser sans lumière sur ce mystère qui veut que nonobstant toute notre détermination, nous ne soyons jamais semblables. Et la Bible déclare : *« Les choses cachées sont à l'Eternel, notre Dieu ; les choses révélées sont à nous et à nos enfants à perpétuité »* (Deutéronome 29, 29). Nous avons le même âge mais pas le même poids, la même morphologie mais pas les mêmes caractères. Nos empreintes digitales sont si diversifiées que toute la chiromancie ne saurait expliquer. Si Dieu est juste, doit-il alors juger les humains sur la même base, ou en d'autres termes pouvons-nous, chrétiens, servir Dieu de la même façon ? Nous disons non. C'est à tort que nous nous escrimons dans nos sermons à vouloir tailler tous nos fidèles sous le même modèle. C'est un défaut très courant parmi les enfants de Dieu, de vouloir juger de plus souillé et non spirituel tel frère qui confesse la convoitise peut-être, mais on reste coléreux, paresseux dans la prière ou bien l'on pratique la corruption. Dieu a bien voulu qu'il y ait diversité de fonctions dans le service de Dieu. Les uns prêchent, d'autres exécutent des tâches matérielles souvent plus importantes que la prédication, d'autres animent la chorale, d'autres encore témoignent pour amener les âmes à Christ et se font même outrager par les païens à cet effet. Certains prient pour l'avancement de l'œuvre de Dieu, d'autres contribuent financièrement. Les plus grands théologiens et exégètes ne sont pas capables d'expliquer ce mystère qui a bien voulu que chacun de nous ait un talent propre à lui, un atout personnel et unique que le Seigneur se réserve le droit de déterminer et d'en jouir. La seule beauté corporelle peut être l'unique motif pour lequel le Seigneur nous a appelés dans sa maison, afin de soumettre ceux qui se croient tels et qui s'enorgueillissent au dehors. Il est nécessaire que dans la maison de Dieu l'on trouve des chrétiens médecins, magistrats, hommes d'Etat, artistes, ingénieurs, officiers d'armées ou anciens champions olympiques. Le sacrifice qu'ils offrent à Dieu est parfois plus coûteux que tous nos sermons. Il n'est pas facile d'abdiquer la gloire du monde. Il y a aussi plusieurs Ministères, parce que nous ne pouvons pas tous, malgré nos efforts, être Apôtres, Prophètes ou Diacres. Nous prêchons, mais pas tous de la même manière. Ce qui compte c'est le résultat qui est le témoignage de Dieu. Certains Pasteurs en arrivent ainsi à freiner l'œuvre de Dieu en marginalisant tel frère qui n'agit pas comme lui. On le trouve insoumis, subversif ou prétentieux. Très vite il est interdit de sermon, de tout service dans la maison de Dieu sans motif valable et, voilà un Serviteur de Dieu éteint. Et le diable s'en réjouit. Parfois nous perdons la communion pour une simple question d'opinion, et c'est à tort que nous décrions aujourd'hui les conséquences de l'intégrisme et de l'éréthisme religieux. Au demeurant nous sommes égaux devant le Seigneur, mais chacun devrait à son niveau savoir fructifier le talent que Dieu lui a donné. Car nous rendons compte à Dieu chacun par rapport au nombre de mines reçues.

J'ai beaucoup apprécié la théorie motivationnelle de la personnalité d'Alfred Adler. Selon lui, la clef de la personnalité et du succès consiste en une compensation de complexe, une recherche de supériorité. L'individu reconnaît en lui des déficiences, se sent inférieur et décide d'agir pour compenser cette infériorité. Il croît que dans de telles conditions une personne peut développer un complexe d'infériorité et devenir grand. Reprenons M. Korda (1998, op cit.): *l'audace a bâti plus de fortunes que la prudence et les conséquences de l'action s'avèrent plus intéressantes que celles de l'immobilisme (...) l'on ne peut jouer au jeu du pouvoir sans déplacer ses dés.* Ainsi notre réussite dépend plus de notre caractère que de nos connaissances. Qui plus est, c'est nous qui créons les circonstances, ou bien nous ne savons pas souvent en saisir les opportunités. Disons que le premier pas est de sentir sa misère, que l'on est réellement pécheur, que l'on est perdu, ou tout au moins imparfait. Ensuite entreprendre de changer, de sortir de sa condition. Tout ceci n'est possible que par la foi. Croire que l'on peut être meilleur que ce que l'on a été depuis lors, croire qu'il n'est pas tard pour changer, croire enfin que Jésus-Christ peut réellement nous venir en aide si l'on fait appel à lui, croire que l'homme peut être saint sur terre, que l'on peut être parfait. Disons avec Watchman Née : Si vous voulez être sauvé et aller au ciel, il faut croire en Jésus-Christ. Et si vous voulez aller en enfer, il faut rester tel que vous êtes.

L'HOMME PEUT-IL ETRE PARFAIT ?

Une question qui n'a jamais requis l'unanimité des croyants, c'est la notion de sainteté et de perfection. Beaucoup soutiennent à cris à sang que tous les humains portent plus ou moins des déficiences et que la morale et la religion ne serviraient qu'à atténuer les plus nocives des tendances, plutôt que de les occire totalement, comme l'estiment Givaudan **et** Meurois (1966 : 244) *« Le maître ne désirait pas former des ascètes mais modifier les habitudes »*. Nous nous joindrons volontiers à Norbert Hugédé qui dit que les hommes nient la morale parce qu'ils sont esclaves de leurs fautes. Il est en effet fastidieux de persuader un menteur qu'il puisse se trouver autour de lui des personnes de la bouche de qui il ne peut s'échapper aucun propos mensonger, ou à un adultère qu'il y a des époux fidèles. L'on rencontre partout dans la vie des individus notoirement irréligieux, mais tellement disciplinés au point que l'on en viendrait à mépriser et le salut en Jésus-Christ et tous nos principes de sainteté. Allez donc vous représenter de pareilles gens en contact avec l'Evangile, quel obstacle y aurait-il à ce qu'elles accèdent à la perfection ? L'on ne peut comparer que des choses de même nature, le jargon scientifique pourrait mieux l'exprimer. Et les valeurs, le savons-nous, s'apprécient mieux par comparaison que par contemplation. Pour parler par exemple de meilleur plant, il faut l'avoir mis en comparaison avec les autres se trouvant dans une plantation, mis en terre à la même période et traités dans les mêmes conditions. Bien que ce bananier, qui se veut parfait comparé aux autres, ait pu atteindre une taille suffisamment grande, il ne saurait en aucune façon égaler la taille d'un baobab. Une souris a beau être replète, elle ne saurait atteindre la taille d'un chien. L'être humain ne peut donc être parfait que par rapport à ses semblables. Il a beau être parfait, jamais il n'égalera la sainteté d'un ange, encore moins celle de Dieu. Guilhem et Magueres (1977 : 63). L'ont peut être mieux compris dans cette pensée : *« Chaque âge, chaque état de la vie a sa perfection convenable, une forme de maturité qui lui est propre »*. Il existe donc des hommes parfaits, ceux-là qui ont été sanctifiés et qui se soucient de mener une vie irrépréhensible à l'égard des saintes prescriptions. Ce n'est point par inadvertance que l'Apôtre Paul désigne par saints les chrétiens d'Ephèse : *« ... aux saints qui sont à Ephèse et aux fidèles en Jésus-Christ »* (Ephésiens 1,1). *« Ne savez-vous pas que les saints jugeront le monde ? Et si c'est par vous que le monde est jugé, êtes-vous indignes de rendre les moindres jugements »?* (1 Corinthiens 6, 2). Il s'agit bien des personnes vivantes, de la même nature que nous. Les saints ne sont pas nécessairement ceux qui gisent dans les sépulcres. Si nous les appelons saints, ce n'est point parce qu'ils sont morts, mais parce qu'ils ont mené sur terre une vie conforme à la parole de Dieu, à travers leurs actes et leurs propos. Ils ne se sont pas conformés au mode de vie des hommes de leur temps. Ils ont accepté vivre en ascètes, alors que les autres s'empiffraient d'alcool, mangeaient à leur faim, changeaient de partenaire à volonté et se livraient à toutes sortes de plaisirs sans inhibition. Eux, ces saints, dont nous osons porter les noms aujourd'hui avec plaisir, jeûnaient quand les autres mangeaient, ils allaient en prière alors que les autres se rendaient en boîte de nuit, ils pleuraient quand les autres riaient. Qui plus est, l'on se moquait d'eux partout, on les traitait avec mépris, on les chassait partout où ils entraient pour prêcher, l'on avait honte d'être leur ami, on les trouvait fagotés alors que les jeunes de leur temps étaient vêtus à la mode. Ils vivaient comme des vieillards alors qu'ils étaient jeunes. A leurs propos tout le monde pouffait de rire. On les giflait et personne n'intervenait. On les qualifiait de villageois, de bornés, de fanatiques, d'aliénés. Ils ont, ces ''clown'', ces ''malheureux'', accepté leur condition ; perdre toute dignité et tous les avantages de la vie, au nom d'une soi-disant vie éternelle dont on n'est pas certain. Tous les saints sont morts pour le seul motif de prétention. Ils faisaient des déclarations tendancieuses et on les trouvait alors hautains et intolérants. Ce qui fâchait leur entourage, c'est qu'ils disaient du mal des autres religions. Ils fustigeaient pharisiens, scribes et saducéens. Ils dénonçaient les œuvres secrètes des prêtres, évêques et pasteurs. Les hommes se voyaient attaqués par leurs propos. Ils voulaient enseigner sans avoir fait une école de théologie, sans avoir même le Certificat d'Etudes Primaires. Ils pénétraient dans les propriétés des gens pour parler de leur secte et détournaient ainsi le cœur des faibles. Ils créaient des divisions dans des familles, emmenant les gens à quitter leur emploi, à se défaire de leurs biens pour devenir malheureux. L'on ne peut plus faire une bonne coiffure, se rafraîchir avec une bière, se divertir avec le partenaire qu'on aime, gagner un petit sou de plus sans qu'on ait à vous rappeler que Dieu dit ceci. Alors débarrassons le monde de ces imposteurs ! Ils disent qu'ils ont l'Esprit Saint, qu'il ne faut pas... Ceux qui tuaient les saints ignoraient qu'ils faisaient d'eux des martyrs. Nous en faisons beaucoup aujourd'hui sans le savoir, parce que le comportement de ces gens nous énerve, nous qui avons été à l'école et qui avons appris à respecter le point de vue des autres, à faire la synthèse des opinions et qui connaissons très bien les conséquences de la passion. Sais-tu aujourd'hui que tu portes le nom d'un hérétique, toi qui as choisi de t'appeler Jean, Elie, Mary ou Timothée ? Ceux-là croyaient à la sainteté, à cette perfection que beaucoup nient aujourd'hui.

J'ai une cousine qui est moralement irréprochable et à qui je dois beaucoup d'estime. Elle fit un jour cette observation à mon frère cadet et bien-aimé dans le Seigneur : "j'ai essayé d'observer le comportement des gens de ta religion, vos nouvelles religions. En général vous vous conduisez biens et vous dites beaucoup de bonnes choses. J'apprends beaucoup à vous côtoyer. Seulement il y a un esprit qui vous anime et qui me gêne ; vous êtes orgueilleux, vous méprisez les autres. Sais-tu que je vous trouve quelquefois pédant ?" Tu nous trouves pédants, lui rétorqua t-il, parce que tu ne sais pas qui nous sommes nous autres chrétiens nés de nouveaux. Si Dieu te permettait de vivre tous les combats que nous livrons dans le monde des esprits, les défaites que nous infligeons à Satan... Lucifer nous connaît, il sait que nous sommes des rebelles, les seuls qui lui résistons dans ce monde, parce que nous refusons de pécher. Notons que le péché par lequel Satan domine le monde aujourd'hui c'est l'adultère, une forme d'expression de ce que Freud appelle libido. Le sexe est l'une des pulsions les plus puissantes de l'être humain. Satan domine même sur les religieuses en voile, sur les évêques et les pontifes. Il faut que tu saches qu'il y a deux grands péchés qui conduisent à la géhenne, c'est l'idolâtrie et la souillure sexuelle. Ceux qui refusent l'adultère le jour le commettent dans la sorcellerie, dans l'occultisme. Si l'on savait quel est le grade de chacun de nous dans l'armée de Jésus-Christ, l'on ne nous trouverait pas orgueilleux. Si les hommes savaient que nous sommes la seule petite poignée d'hommes sur qui compte Dieu sur la terre, si l'on savait quel prix nous avons à ses yeux et ce que nous subissons à cause de son nom, l'on ne nous trouverait pas hautains. Sais-tu toi qui lis le prix qu'on paie pour se maintenir dans la sainteté, lorsque toutes les circonstances de la vie plaident pour nous faire tomber ? Si tu connaissais quelle croisade il faut engager, quels dangers l'on encourt à vouloir arracher une âme entre les griffes de Satan. Lorsque tu vois ma femme ou mes enfants malades et, sans aller à l'hôpital ils guérissent. Lorsque tu me vois dire à celui qui agonise, lève-toi et marche ; tu ne peux t'imaginer quel prix je dois laisser pour tout cela. Quand on maltraitait Etienne et qu'il disait qu'il voyait le ciel ouvert et Jésus assis à la droite de Dieu, les juifs exultaient. C'était pour eux le comble de la prétention. Ils sont tombés sur lui sans ménagement et l'ont tué à coups de pierres (lire Actes 7, 51-60) convaincus qu'ils commettaient le crime d'honneur ; et pourtant... Les hommes nous trouvent orgueilleux parce qu'ils ne connaissent pas leur condition devant Dieu et ce que nous sommes dans le monde invisible.

Je devais assumer l'encadrement d'une jeune âme, étudiante à l'Université de Yaoundé I, qui venait de confesser publiquement ses péchés à Dieu. Sa famille se souleva contre moi avec une violence inexprimable et, à grand renfort de mensonges, portèrent contre moi de nombreuses charges. La jeune fille était bastonnée tous les jours par sa sœur aînée et son mari, lesquels tenaient lieu de tuteurs. Elle était pourtant majeure (21 ans révolus) et pare conséquent libre de ses convictions religieuses. J'assistai en compagnie de mon épouse, à l'une de ces scènes de violence. On tapait sur elle, on la traînait sur le godron par les cheveux, devant de nombreux spectateurs impuissants. Les habits se détachaient de son corps l'un après l'autre, le tee-shirt, ensuite la jupe, le sous-vêtement, puis ... elle se trouvait nue, tout cela parce qu'elle avait pris la résolution de ne plus pécher, de devenir chrétienne. Sa carte d'identité, ses effets vestimentaires ainsi que ses effets scolaires avaient été confisqués, ceci à une semaine des examens de fin de semestre. On lui exigeait de renoncer à Christ pour récupérer ses effets. Elle était au bout du rouleau. Durant ce temps l'Eglise m'avait lâché, et je devais gérer le cas tout seul avec ma pauvre épouse. Chaque fois qu'on la battait, la jeune fille se réfugiait chez nous. Mon épouse lui donnait une jupe ou une paire de babouches, qu'on allait encore détruire le lendemain. Il faut noter que ce couple justifiait d'une situation sociale aisée. Ils étaient bien conscients de leur supériorité par rapport à moi. Toujours endettés, nous habitions un taudis au sous-quartier, nous marchions à pied et trouvions à peine quoi manger. A la vérité nous vivions dans une indigence indescriptible. Ce couple cherchait le moyen par lequel ils pouvaient nous écrouer devant l'autorité judiciaire ; car le motif de l'enfant converti à Christ n'était pas suffisant dans un pays de droits. La stratégie consistait à retenir les effets de l'enfant jusqu'au jour de l'examen, afin de pouvoir nous accuser d'avoir entravé son année académique. Nous nous trouvions à la veille des partiels ; elle n'avait ni sa carte d'identité, ni son reçu de versement des droits universitaires, ni ses supports de cours, encore moins un habit de rechange. De plus l'on avait cassé ses verres optiques pendant la bastonnade. Il fallait récupérer ces effets pour sortir de la berge. Alors nous en appelâmes à l'intervention des services de maintien de l'ordre, qui malheureusement, nous exigèrent un pourboire. Or il fallait payer le même jour la dernière tranche de la pension ; et nous n'avions rien. Ils nous remirent une

Chapitre VI "Tout est possible à celui qui croit.

simple convocation à l'adresse du tuteur de l'enfant, et c'est moi qui devais exécuter le service. Je compris tout de suite que le temps était venu pour moi de souffrir pour la cause du Christ. Car il n'y avait que deux alternatives, ou lâcher la fille (et ce serait une âme perdue) ou affrontés l'épreuve, au risque de perdre ma vie. Je crus bien faire de me faire annoncer par téléphone avant de transporter sur la demande de l'intéressé, au niveau du garage qu'il dirigeait, convocation en main. Comme je m'en doutais bien, sept individus de forte carrure m'accueillirent au niveau du portail et commencèrent à me ruer de coups. La dame, tutrice de l'enfant, me tirait par la cravate ; elle me donnerait des soufflets, elle crachait sur ma figure "espèce de va-nu-pieds" ! On me transporta au commissariat accompagné d'une grande foule, exactement comme on escorte un voleur pris en flagrant délit. Des gens m'injuriaient partout sur le passage, l'on me jetait les cailloux. Tout le monde venait de me voir disant que j'ai envoûté la fille et l'ai détournée de ses études. C'était visiblement la version que leurs avaient donné mes persécuteurs. A chaque occasion où je voulais ouvrir la bouche pour me justifier, un coup de poing s'appliquait sur mon nez. J'avais du sang partout sur le corps. Je me rappelai que les mêmes choses avaient été imposées sur Jésus et c'est à ce moment que je compris très clairement la dimension du sacrifice qu'il avait consenti. Même devant le Commissaire de Sécurité Publique, l'on continuait à me frapper. J'eus les deux os de la tempe fracturés, donnant lieu à une hémorragie interne... Je perdis connaissance. Ils avaient corrompu le commissaire, qui me connaissait pourtant bien pour avoir été chargé d'assurer ma sécurité quelques années auparavant lorsque j'avais été champion de karaté, avant ma conversion à Christ. Il était étonné que je ne réagisse pas, et cela le troublait. Il eut à peu prés la même attitude que Ponce Pilate. Ils disaient s'adressant à ma personne : "espèce de va-nu-pieds, fils de Satan". Le seul propos que je pus prononcer devant le commissaire était celui-ci. "Si vous connaissiez celui sur qui vous frappez, vous comprendriez la gravité de votre acte. Je suis serviteur de Dieu. Je prie le Seigneur de vous pardonner". Sur ces propos ils tombèrent encore sur moi. Au bout de quelques jours, après que le Seigneur m'ait guéri au cours d'une nuit de prière, je tombai sur l'article publié dans le grand quotidien national Cameroon Tribune (n°7059/3348 du 14 mars 2000). Les faits étaient tous tronqués, rien à voir avec la réalité. Mes deux droits de réponse n'ont pas été pris en compte. ''Ne fallait il pas que le Christ souffrît ces choses ?''.

CAMEROON TRIBUNE - Tuesday, March 14 2000   13

CENTRE

Un adepte de la Vraie Eglise du Christ molesté à Efoulan

Yaoundé (Mfoundi) - M. Elanga Claver, adepte de la "Vraie Eglise du Christ" a été molesté vendredi, le 25 février 2000 par une famille en colère.

En effet, selon des informations recueillies auprès de ladite famille, M. Elanga Claver est accusé d'avoir complètement dérouté leur fille, étudiante à l'Université de Yaoundé 1, qui ne s'adonne plus entièrement à ses études. Malgré de nombreux avertissements adressés à M. Claver Elanga, celui-ci n'a pas obtempéré. Le vendredi 25 février 2000, alors que M. Elanga s'entêtait à pénétrer dans la concession familiale, les frères et sœurs de l'étudiante se sont dressés et l'ont molesté. Il s'en est sorti avec une blessure assez profonde au niveau de l'oreille gauche. M. Elanga qui a déclaré avoir des problèmes auditifs se propose de porter plainte contre cette famille qui l'accuse faussement d'entretenir des relations intimes avec leur fille, sous le couvert de l'évangélisation. Une enquête est ouverte au niveau du commissariat de police du 7è arrondissement.

Martin ABANG MENDOMO
(CAMNEWS)

Chapitre VI "Tout est possible à celui qui croit.

Je sais que le lecteur de ces lignes peut se prendre à banaliser ces choses ou à y donner les pires interprétations. Mais je dois bien révéler que ces gens qui m'ont molesté sont tous morts dans une souffrance atroce, après avoir perdu tous leurs biens. D'abord la dame qui me disait "espèce de va nu pieds", ensuite le mari, tout cela en l'espace de quelques mois. Deux autres parmi ceux qui m'avaient frappé dont un Gardien de Paix, viennent de mourir il y a quelques mois. C'est une entreprise très risquée que de combattre un enfant de Dieu.

Un jeune chrétien discutait un jour avec son camarade du lycée. Celui-ci portait à son doigt une bague et se disait membre d'un ordre initiatique puissant. Il persuadait ses camarades que nul ne peut toucher à cette bague le jour où il la mettait sans encourir de risques. Il la disait capable de précipiter au trépas quiconque y portait la main. Tous ses camarades le savaient puissant et capable de beaucoup de choses mystérieuses. Il lança ce défi au jeune frère : si ton Dieu est puissant comme tu le dis, porte un peu ta main sur cette bague et tu en auras pour ton compte. Le jeune frère lui fit savoir qu'avec Jésus on ne s'amuse pas. Si je porte la main sur cette bague, lui disait-il, tu peux avoir quelques représailles. Tout le monde riait aux éclats, et il dut céder à la pression de l'entourage. Mais en y portant la main, il prononça ces propos : "Je condamne cet objet diabolique au nom de Jésus". Alors se produisit un fait mystérieux ; la bague quitta la main de son camarade et disparut. C'était suffisant pour son camarade de comprendre qu'il allait désormais entamer une série noire. Il avait pourtant été averti.

J'étais en voyage vers la région de Somalomo. Je suis arrivé dans un village où je devais passer la nuit et, pour des raisons de sécurité, je résolus de la passer dans ma voiture, là sur la cour. Or il y avait dans ce village un guérisseur traditionnel. Il jouissait d'une grande réputation. Plusieurs membres du gouvernement, diplomates et autorités militaires n'hésitaient pas à effectuer plusieurs centaines de kilomètres dans une route escarpée pour aller le retrouver dans ce lieu austère. On le disait puissant, très puissant même, et tout le monde se pliait à ses oracles. Au bout du petit matin, l'on vint me réveiller pour me faire savoir que le guérisseur voulait me parler. Je dus m'excuser poliment en leur expliquant que je n'entre jamais chez les guérisseurs, parce que je n'avais rien à traiter avec eux, et que par conséquent s'il tenait à me voir, qu'il veuille bien se porter à mon niveau. On revint me dire avec insistance que c'était pour mon bien et qu'il y avait un danger éminent qui me menaçait et dont il voulait me préserver. Ma réponse fut la même. Alors vint à son tour un homme qui se présenta à moi comme étant le chef du village. "Monsieur j'ai le devoir d'identifier tous ceux qui arrivent dans ce village, parce que je rends compte à l'autorité administrative. Je ne vous connais pas, mais je vous invite à aller voir le guérisseur. Cela vaut aussi votre séjour dans ce village. Même les Ministres qui viennent ici, ainsi que les prêtres, se plient à cette condition". "Si tel est le cas, lui dis-je, je vais m'exécuter. Mais rappelez-vous bien que j'ai dit que je n'entre pas chez les guérisseurs. Je voudrais que vous reteniez que je suis chrétien et pas comme les autres. Je suis prédicateur de l'Evangile". Naturellement en pénétrant dans la maison, je dus lier et condamner toutes les puissances ténébreuses au nom de Jésus-Christ. Le guérisseur me fit savoir qu'il faisait de la magie indienne alliée à la sorcellerie africaine et qu'il traitait avec les esprits. " J'étais cette nuit, couché là sur mon lit de bambous, m'apprit-il, lorsque les esprits vinrent me révéler me disant qu'il y avait sur ma cour un grand Serviteur de Dieu. Ils me disaient que tu es un homme sacré, mais qu'il y avait un grand danger qui te menaçait et qu'il fallait que je t'avertisse, que je te protège". Je dus l'arrêter net pour lui faire savoir que je ne me laisse pas aller aux prédictions d'un devin et qu'il veuille bien garder ses révélations. S'il y avait à bénir l'autre, lui fis-je savoir, c'est plutôt moi qui devais le conseiller ou le bénir. Pour me persuader, il me fit savoir qu'il utilisait, lui aussi, la Bible comme moi, et que par conséquent nous étions tous serviteurs du même Dieu. C'était la bible de Jérusalem ; elle avait la couverture rouge. Je lui renvoyais que je n'étais pas disposé à entrer en contestation avec lui et qu'il gagnerait à mettre un terme à cet entretien. Ses ouailles me regardaient avec étonnement, jamais homme ne s'était adressé ainsi que grand-maître. Je voulais donc consulter sa bible dans l'espoir de lui faire comprendre qu'elle n'était pas la meilleure traduction. Dès que j'y portai la main, il se produisit une scène bizarre. Le miroir qui était posé sur sa table se brisa avec la détonation d'une arme à feu. Il se leva brutalement et se mit à rouler à terre dans un râle indescriptible. Il prit des herbes, une écorce et du citron et se mit à mâcher. "Non, non, disait-il, c'est assez... Il ne viendra pas tout de même me commander chez moi... je n'ai rien fait". Il se mit à courir, pénétra nu dans la brousse sous le regard interloqué de la foule. L'erreur qu'il avait commise c'était de n'avoir pas cru en mes paroles, de m'avoir pris pour un simple homme. Le chrétien sanctifié est un homme extraordinaire.

Tout homme est pécheur de nature. Cela est vrai, mais tant qu'il n'a pas connu le Seigneur Jésus. Dès lors qu'on l'accepte comme Sauveur, qu'on se repent de ses fautes et qu'on se convertit, l'on devient une nouvelle personne, exempte de péché. Ce qui nous échappe c'est la force de résister au péché, malgré notre bonne volonté. Ceci nous réduit à une sorte d'esclavage. Nous sommes prisonniers de nos passions. Nous voulons nous y soustraire mais, en avons-nous le pouvoir ? Le Pasteur Martin Fouda simulait cette situation au train de ce monde et qui serait piloté par Satan (Ephésiens 2, 1-2). Ce train, expliquait-il conduit inexorablement tous les hommes en enfer. Le train, le savons-nous, est doté d'une puissance extraordinaire, aussi serait-il hasardeux de tenter d'y descendre avant l'arrêt en gare. L'on peut bien s'apercevoir que l'on a emprunté un train qui ne nous était pas destiné, que l'on s'est trompé de ligne, cela ne change rien à la situation, puisqu'on ne peut ni arrêter le train ni descendre avant la gare. De la même façon l'homme est prisonnier de ses passions. Il peut bien prendre conscience de ses inconduites, il peut même en avoir déjà subi les conséquences, mais il n'y peut rien, et beaucoup se résignent ainsi dans ce dessein. Chaque jour l'on se lamente : qui me délivrera de cette tyrannie ? Qui me sortira de ce train infernal ? Que faut-il faire en ce moment ? Crier à celui dont la force dépasse celle du train foudroyer : Jésus-Christ. Il faut appeler

Jésus au secours, lui avouer qu'on a emprunté un mauvais train (que l'on a péché) et que l'on voudrait en être délivré. Alors il interviendra, non pour arrêter le train, mais pour vous sortir de son puissant bras et vous mettre au large ; et le train continuera avec les autres. Curieusement, pendant que vous serez à l'abri en train de regarder piteusement comment le train continue avec les autres, il peut arriver que ceux qui y sont restés se mettent à se moquer de vous, ne sachant pas qu'ils sont des victimes à plaindre. C'est de cette façon qu'un homme délivré et converti peut avoir à subir des persécutions et des outrages. Sont dans le train de ce monde, tous ceux qui continuent à blasphémer, qui se délectent des plaisirs de ce monde, des passions de la jeunesse, tous ceux qui volent, qui commettent des meurtres, qui se confient aux astrologues, qui font la course au pouvoir par des moyens louches qui rendent de faux jugements... sans se douter qu'ils chevauchent vers un gouffre irrémontable. Nous reconnaissons qu'une personne a cru en la Parole de Dieu lorsqu'elle commence à prendre conscience de la gravité du péché. Rappelons-nous, la crainte de l'Eternel est le commencement de la sagesse. Or la crainte de Dieu c'est la haine du mal. Certains péchés sont si graves et si saillants qu'on est obligé de les confesser et de les abandonner le même jour, à l'exemple de l'adultère ou fornication et de l'idolâtrie. Ce sont des péchés volontaires, que l'on commet toujours avec conscience. Nous pouvons dire beaucoup de choses là-dessus. Lisons ce texte de la Bible :

> *Or, vous le savez, Jésus a paru pour ôter les péchés, et n'y a point en lui de péché. Quiconque demeure en lui ne pèche point ; quiconque pèche ne l'a pas vu, et ne l'a pas connu. Petits enfants, que personne ne vous séduise. Celui qui pratique la justice est juste, comme lui-même est juste. Celui qui pèche est du diable, car le diable pèche dès le commencement. Le fils de Dieu a paru afin de détruire les œuvres du diable. Quiconque est né de Dieu ne pratique pas le péché, parce que la semence de Dieu demeure en lui ; et il ne peut pécher, parce qu'il est né de Dieu. C'est par là que se font reconnaître les enfants de Dieu et les enfants du diable* (Jean 3, 5-10).

Les enfants de Dieu nés de nouveau disposent d'une fourchette de moyens leur permettant de distinguer parmi les hommes qui est réellement chrétien et qui ne l'est pas. Il suffit d'en posséder le secret. Le Saint-Esprit a tellement d'aptitudes qu'il faudrait beaucoup de finesse pour échapper à son scanner.

Plusieurs personnes ont souvent pensé que se repentir, s'humilier devant Dieu, c'est reconnaître intérieurement qu'on est coupable, c'est sentir profondément en soi l'offense portée contre Dieu ou contre son prochain. Une telle repentance ne saurait apporter aucun changement dans notre vie. Tout le monde peut sentir sa culpabilité et en avoir du remords. Mais combien sont-ils capables de le dénoncer en public ? Il ne suffit pas de se reconnaître pécheur ou d'appréhender la gravité de son offense, d'en éprouver de la honte. Il faut pouvoir le déclarer de sa bouche devant les hommes, de manière audible, avec détails et précisions, il faut être capable de dire à celui à qui l'on a porté préjudice ''Voici ce que j'ai fait contre toi ; si tu veux bien me pardonner, dans le nom de Jésus-Christ''. Naturellement cela est éprouvant si non le comble de la mortification. C'est cela l'humiliation. Ensuite il faut se disposer à réparer le tort, à restituer ce que l'on a pris dans la mesure du possible. *« Plusieurs de ceux qui avaient cru venaient confesser et déclarer ce qu'ils avaient fait. Et un certain nombre de ceux qui avaient exercé les arts magiques, ayant apporté leurs livres, les brûlèrent devant tout le monde »* (Actes 19, 18-19).

La repentance, ce n'est pas faire pénitence et accomplir des actes méritoires qui auraient la vertu de compenser les fautes commises. Toute confession des péchés qui n'est pas suivie d'une conversion est nulle. Il en est de même de toute tentative de conversion qui n'est pas précédée de la confession des péchés. L'obsolescence de la pratique de la confession publique semble être l'une des causes fondamentales de la perte de spiritualité aujourd'hui dans l'Eglise. Il en est de même des prières dites dans le cœur, par le récital ou encore le symbolique des gestes pieux. La parole est une puissance. Les prières de David, celles de Daniel tout comme celles de Jésus ont pu être rapportées, parce qu'elles étaient expressément exprimées de façon audible. La vraie prière ne se récite pas, elle se conçoit. De même l'on confesse les péchés à Dieu, dans l'assemblée des saints, mais de manière à se faire entendre ; et ceux qui sont anciens convertis, dont les péchés ont déjà été pardonnés par Dieu, pourront alors prier pour le néophyte, la nouvelle âme qui se repent (qui répand son âme devant Dieu).

Chapitre VI "Tout est possible à celui qui croit.

Au demeurant, pour obtenir le pardon des péchés, il faut à la fois confesser ses fautes à Dieu et les abdiquer. Les deux vont de paire et dans cet ordre : confession des péchés ensuite conversion. Ceux qui travaillent dans le laboratoire ont bien conscience de la gravité qu'il y a à intervertir l'ordre des choses. Prenez de l'eau (H_2O), introduisez la dans un tube à essai. Ensuite prenez de l'acide concentré, acide sulfurique par exemple (H_2SO_4), et introduisez-en dans le même tube. Résultat : aucune réaction illustration 1. Maintenant changez l'ordre des éléments. Mettez d'abord l'acide dans le tube, ensuite de l'eau. Résultat : il y a effervescence (dégagement de chaleur avec éjection de projectiles dangereux) illustration 2. Ce sont pourtant les mêmes produits. Dans le premier tube il y avait $H_2O + H_2SO_4$ = pas d'effet. Dans le second tube il y avait $H_2SO_4 + H_2O$ = effervescence.

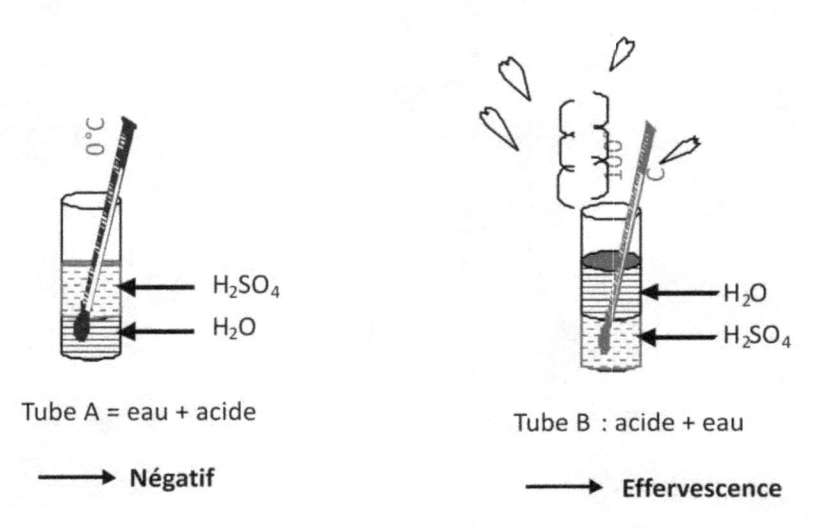

Tube A = eau + acide   Tube B : acide + eau

⟶ Négatif   ⟶ Effervescence

De même **conversion avant repentance** = aucune réaction de Dieu. Mais **repentance avant conversion** = action rédemptrice du Seigneur. Une repentance sans conversion est nulle, et une tentative de conversion sans repentance n'aboutit à rien de durable. « *Repentez-vous donc et convertissez-vous, pour que vos péchés soient effacés, afin que des temps de rafraîchissement viennent de* *la part du Seigneur »* (Actes 3, 19-20). Avant de tenter de changer de conduite, il faut d'abord avouer ce qu'on a fait.

Prenez un récipient qui a servi à la conservation du pétrole. En aucune façon l'on ne peut l'usiter dans la conservation de l'eau à boire. Car toute l'eau qu'on y mettrait serait souillée par l'odeur du pétrole, d'où la nécessité de procéder à un nettoyage complet et systématiquement. De la même manière, l'homme ne saurait passer de l'état de pécheur à une vie de sainteté sans au préalable se décharger de ses souillures au moyen de la repentance, c'est à dire de la confession des péchés. La Bible souligne qu'aucune souillure n'entrera dans le royaume des cieux. Quelque belle action qu'un individu puisse poser sans s'être repenti est aussitôt annulée par le péché non confessé qu'il porte. Contrairement à ce qui est prêché dans certains milieux, les bonnes œuvres n'effacent pas les péchés mais la confession et l'abandon. Nous mettons cela en relief. Il est écrit :

> *Personne ne déchire d'un habit neuf un morceau pour le mettre à un vieil habit ; autrement il déchire l'habit, et le morceau qu'il en a pris n'assortit pas au vieux. Et personne ne met du vin nouveau dans de vieilles outres ; autrement, le vin nouveau fait rompre les outres, il se répand, et les outres sont perdues. Mais il faut mettre le vin nouveau dans des outres neuves* (Luc 5, 36-38).

Il convient donc de se défaire d'abord du péché ensuite s'efforcer de se maintenir dans la sainteté. Lorsque vous avez une plaie au pied, il ne sert à rien d'y appliquer un pansement si la plaie est sale. Il convient de la nettoyer au préalable. Bien évidemment cela est douloureux, tout comme confesser ses péchés en public, mais hélas, c'est bien là le chemin de la vie, la voie obligatoire. C'est cela la porte étroite dont parle Jésus dans Matthieu 7, 13. C'est lorsque la plaie est parfaitement nettoyée que l'on peut mieux faire son pansement, avec la certitude qu'elle guérira. Jeûner, prier, faire de l'aumône sont tous des actes pieux, mais tout cela ne sert à rien tant que l'on couvre le péché, qui se trouve être comme une gangrène et dont les conséquences s'étalent parfois à grande échelle. C'est pour cette raison que tous ceux qui croyaient dans la Bible étaient pressés de s'en défaire. C'est à vrai dire le premier acte de foi (relire Actes 19,18-19).

Le 23 octobre 2004, nous nous trouvions à une rencontre des serviteurs de Dieu à Ayos. Le Pasteur Philippe Andang adressa cette question à l'assistance : quel danger y a t-il pour un serviteur de Dieu à dissimuler un péché ? Tout péché conduit en enfer, nous apprit-il. Quand on confesse, c'est à notre avocat Jésus-Christ que nous confessons et il plaide pour nous auprès du Père. Si tu te gardes de confesser ton péché jusqu'à ce que ce soit l'Eternel Dieu qui le dévoile, il n'y a plus de jugement. Alors ta condamnation est prononcée. Et c'est Dieu qui juge à cet instant, sans aucune autre procédure ultérieure. Tu es donc jugé avec le monde, comme Acan dans le livre de Josué chapitre 7, qui n'a pas voulu avouer ce qu'il avait fait, et qui a été puni de mort. Si tu dissimules, ton péché ne peut ne peut pas être pardonné, parce que tu n'as pas voulu avouer à ton avocat Jésus. Mentionnons qu'il y a deux manières d'expier une faute ; soit en en subissant les conséquences (châtiment), soit en s'humiliant en proportion. S'humilier intègre à la fois la reconnaissance devant les hommes (action publique), la demande de pardon (infériorisation du couple devant l'altérité, qui a été offensée) et enfin la demande de grâce adressée au juge suprême, qui prononce sur la base du processus suivi. Mais force est de constater que nombre d'individus se disant chrétiens préfèrent s'adresser à Dieu plutôt que de demander pardon à leur semblable qu'ils ont offensé. C'est de l'orgueil. La conversion quant à elle consiste à ne plus retourner dans les mêmes pratiques. Mais plusieurs se justifient après avoir confessé. Ils ne réalisent pas souvent que c'est là une manière d'annuler ce qu'ils ont fait. Là il faut reprendre sa confession à zéro. Quand on s'abstient de se justifier, alors Dieu nous justifie. Même un sorcier ne peut plus nous atteindre lorsqu'on a confessé le péché commis, encore moins le châtiment des hommes. Ainsi la différence entre le Chrétien (nous entendons par-là celui qui a confessé publiquement ses péchés à Jésus) et le sceptique est que le chrétien dispose d'une arme supplémentaire ; la prière. Lorsqu'il se trouve dans une position inconfortable, il fait appel à l'intervention d'un être surnaturel, à travers Jésus-Christ à qui il avoue préalablement son forfait souvent certaines circonstances s'organisent afin qu'ils échappent au châtiment, alors que ses complices sont mis en examen. Ordinairement, l'avocat Jésus plaide le manque à gagner ses complices son mis en, examen. C'est un important privilège, de posséder ce secret. Ordinairement, l'avocat Jésus plaide le manque à gagner de son client. Il met en exergue le préjudice subi par son client, avec à l'appui son humiliation publique. Il fait valoir que celui-ci ne saurait être puni deux fois, ce d'autant plus que lui-même (Jésus) avait déjà été puni à sa place à travers la mort de la croix.

Dans son billet du samedi 13 novembre 2004, le calendrier <u>Bonne Semence</u> raconte un petit fait amusant. Un homme était venu voir le missionnaire. Il avait quelque chose sur la conscience et désirait lui en parler en termes de confession. Après un moment d'hésitation, il finit par avouer qu'il avait volé. Volé quoi ? – Oh juste une corde – Eh bien, dit le missionnaire, rapporte-la à qui tu l'as prise. Dis-lui que tu regrettes ton geste et l'affaire se réglera sûrement. Quelques jours plus tard, le voleur apparut de nouveau et dit qu'il n'avait pas retrouvé sa tranquillité d'esprit. Le missionnaire lui demanda : "est-ce que tu m'as bien tout dit"? "Non, c'est que, au bout de la corde, il y avait autre chose". "Quoi donc" ? demanda le missionnaire. "Il... il y avait... une vache" !

Dieu est un Dieu de pardon. Il vaut mieux lui dire tout ce que nous avons fait, au point d'en avoir honte, du moins si nous voulons en avoir le pardon. Le Seigneur se chargera lui-même de nous restituer notre dignité. Vous ne pouvez pas imaginer combien la confession sincère brise l'ennemi ; elle brise les difficultés. Les hommes peuvent avoir déjà pris certaines résolutions contre vous ; mais dès que vous confessez tout cela est annulé d'un coup. La foi est du domaine de la production pure, *ex nihilo*. Nous n'ignorons pas combien il est fastidieux de vouloir convaincre un non croyant que la meilleure manière de gagner un procès c'est de dire la vérité plutôt que de mentir devant la barre. Dès qu'on avoue sa faute, on désarme l'ennemi, l'accusateur. C'est pour cela qu'il se dit communément qu'une faute avoué est à moitié pardonnée. Quand vous confessez, Satan ne peut plus dire à Dieu : "il a péché, il faut le punir". Dieu lui rétorquerait avec tout le naturel : "mais il a avoué, il ne peut plus assumer les conséquences d'une faute avouée". Dès que vous prononcez le mot "pardon", cette expression si difficile à articuler surtout en public, mais combien précieuse, rien ne peut plus vous arriver. C'est un grand secret dans le monde spirituel.

La meilleure manière de faciliter l'exaucement à la prière est de confesser ses péchés à Dieu, plutôt que d'emprunter le bréviaire ou de réciter les psaumes incantatoires. La prière ici est comme le pansement qu'on applique à la plaie. Elle ne saurait porter que si l'on a enlevé d'abord cette croûte insalubre que constitue le péché. Une plaie bien nettoyée peut guérir sans traitement. Il en est de même d'une bonne confession, qui peut apporter la solution à notre problème, déclencher la miséricorde de Dieu, sans que l'on ait besoin de prier. Dieu n'est pas aussi éloigné que nous le pensons. C'est nous qui ne savons pas nous adresser à lui de manière à nous faire entendre. Ceux qui pratiquent le karaté ou l'aïkido connaissent bien le principe : il n'est pas besoin tant soit peu d'être très fort pour mettre son adversaire hors de combat. Mais il faut savoir où, comment et à quel moment porter son coup. Que disent les Saintes Ecritures à ce propos ?

> *Non, la main de l'Eternel n'est pas trop courte pou sauver, ni son oreille trop dure pour entendre. Mais ce sont vos crimes qui mettent une séparation entre vous et votre Dieu ; ce sont vos péchés qui vous cachent sa face et l'empêchent de vous écouter* (Esaïe 59, 1-2).

« *Nous savons que Dieu n'exauce pas les pêcheurs, mais si quelqu'un l'honore et fait sa volonté, c'est celui-là qu'il exauce* » *(Jean 9, 31).*

Nous pouvons reprendre avec bonheur cette définition d'Alain.

> *L'âme, c'est ce qui refuse le corps. Par exemple ce qui refuse de frapper quand le corps s'irrite, ce qui refuse de boire quand le corps a soif, ce qui refuse de prendre quand le corps désire ; ce qui refuse d'abandonner quand le corps a horreur. Ces refus sont les faits de l'homme... L'examen avant de suivre est la sagesse ; et cette force de refus, c'est l'âme* (Mantoy, op. cit : 202).

La différence entre l'homme et l'animal se situe dans le fait que l'homme possède une âme, alors nous semble-t-il évident que l'homme soit en mesure d'abdiquer en âme et conscience toute attitude qui ne cadre pas à la sainte volonté de Dieu. Ceci n'est pas de l'ascétisme, mais plutôt un sage renoncement consenti à la suite d'une prise de conscience. C'est là, à nos regards, le plus grand acte d'héroïsme : décider de bouleverser son mode de vie habituel, de devenir différent des autres, de ne plus être ce que l'on a été jusque-là. Nous appelons grands hommes, nous désignons par saints ceux qui ont été capables l'une telle transcendance et qui ont été mis à mort pour ce motif. Les héros meurent jeunes, entend-t-on souvent dire. Ceci est d'autant plus vrai que tous ceux qui ont pris sur eux de prêcher l'Evangile de la croix ont dû être traités de la pire manière. Peut-on encore trouver des chrétiens animés d'une telle témérité aujourd'hui ?

En définitive, l'homme peut être parfait ; il suffit d'y croire et prendre la décision. Il s'agit d'un choix fatal, de mettre sa vie en péril pour la cause de Christ. Acceptes-tu de prendre ta personnalité, ta dignité d'homme et tous tes intérêts pour gagner Christ ?

LE MYSTERE DE LA FOI

Comme nous l'avons annoncé dans les débuts, le but ultime des investigations des hommes, de toutes les sciences sociales ou expérimentales, est l'amélioration des conditions de vie de l'homme, la satisfaction de ses besoins vitaux. Le but secret est de combler l'être humain dans le triple domaine physique, matériel et psychologique. Ainsi l'expérience que fait l'homme de sa puissance créatrice est d'une valeur spirituelle inexprimable. Il est fier de ce monde qui devient, au fil des jours, l'œuvre de ses mains. Mais voilà que ce monde lui échappe, se dérobe à son emprise de manière inexplicable. Il n'arrive plus à faire le compte exact de ses propres démarches, à être maître de l'addition, à jouir de cette synthèse. L'homme ainsi ne se suffit plus à lui-même, toujours il devra se tourner vers autre chose, vers beaucoup d'autres choses, se trouvant obligé de se reconnaître lui-même une simple matière galvaudée qu'il est de son devoir de parfaire sans cesse, mais dont les contours s'élargissent et se perdent au fur et à mesure qu'il progresse. C'est au travers d'une telle expérience que l'homme découvre le vrai visage de Dieu, l'être infini. Ce ne sont ni les changements écologiques ni les mutations du système social, qui empêcheront l'homme de se savoir voué à la mort, de buter contre cette réalité qui remet en question toute son existence. Comment interdire à l'homme de se poser les questions suprêmes qui se ramènent à celles-ci : mais enfin, que suis-je, considéré dans la plénitude de mon être ? Quel est le sens de l'existence qui est la mienne ? Pourquoi suis-je ceci plutôt que cela ? Et que l'homme n'aille pas dire qu'il n'a là-dessus aucune réponse, ni tenter peut-être d'échapper à la question en disant qu'elle ne l'intéresse pas, qu'elle n'a aucun sens. Car nul n'empêchera qu'elle ne se pose et continue à se poser, en ce sens tout au moins que ses négateurs devront toujours recommencer à expliquer pourquoi à leurs yeux elle est dépourvue de sens. Qu'on l'accepte ou pas, estime Karl Rhaner dans <u>Est-il encore possible de croire aujourd'hui ?</u>, il y aura toujours des hommes assez courageux pour demander aux Saintes Ecritures la réponse à une telle question. Or, pour délivrer l'homme de ses inquiétudes, légitimes, de la pulsion épistémophile, il ne suffit pas d'une sensibilisation morale ou d'une transformation écologique. Le mal, nous dit Danielou, est quelque chose qui ne peut s'arranger par des moyens humains. Ce n'est pas un problème, c'est un mystère. Un problème est ce que nous pouvons résoudre, ce qui s'arrange. Or la mystification des systèmes modernes, du marxisme ou du laïcisme, c'est de croire que le mystère de l'homme peut se résoudre par des préceptes ou par des révolutions. Quelle analyse superficielle ! L'homme n'a pas besoin d'être conseillé. Il a besoin d'être sauvé, que dis-je délivré. Et seul Jésus peut le faire.

Il me semble légitime que l'on doive se demander si l'idéologie que l'on voudrait embrasser requiert véritablement de fondement, si le Dieu à qui l'on veut s'ouvrir est réellement capable de résoudre nos problèmes, s'il peut subvenir à nos besoins vitaux tout en répondant à notre curiosité sur les mystères universels. La réponse une fois de plus, se trouve dans les Saintes Ecritures. « *Et mon juste vivra par la foi ; mais s'il se retire, mon âme ne prend plus plaisir en lui.* » (Hébreux 10, 38).

La foi, nous l'avons dit, n'a rien de rationnel. Elle découle des profondeurs de l'être, du très fond du cœur, puis s'extériorise de façon lente et progressive sous forme d'attitudes plus ou moins justifiables. Il est toujours difficile de savoir que le Seigneur agira dans telle ou telle circonstance, cela parce que l'Eternel Dieu agit à merveille et par surprise. Ce qu'il faut éviter à tout prix c'est de se laisser prendre dans cette erreur d'appréciation très courante chez nous croyants et souvent responsable de nombre de nos difficultés, c'est de penser que la foi nous met à l'abri des combats ou nous dispense de l'effort. Il faut le dire ; Dieu ne nous promet pas un voyage sans difficulté ni sans périls, mais plutôt un voyage sain et sauf. Certes le Seigneur est un grand pourvoyeur, capable de transformer les pires situations de notre vie. Mais il faut remplir certaines conditions préalables : se remettre entièrement à la disposition du Seigneur. Es-tu disposé à quitter ton emploi à l'instant, si d'aventure tu tombais sur un verset biblique qui te l'exige ? Peux-tu accepter voir ton foyer brisé, tes biens ôtés et tes projets déstabilisés si le Seigneur te le réclamait ? Si tous tes amis te lâchaient à l'instant ou que le Seigneur te demandait d'aller vivre en ermite dans un coin retiré et dénudé de tout confort, serais-tu prêt à le faire ? Si tu ne peux répondre par l'affirmative, demande-toi si tu as cru en Jésus-Christ. Abraham a fait confiance au Seigneur. Il s'est entièrement remis entre ses mains, aussi cela lui fut-il imputé à justice. Qu'on aille donc se représenter un vieillard de soixante quinze ans qui reçoit la promesse d'un enfant qui lui naîtra vingt-cinq années plus tard alors que sa femme n'est plus dans les dispositions de procréation (elle avait déjà atteint la ménopause). Vient-il à naître, ce fils qui représentât l'ultime bonheur d'Abraham qu'il lui est à nouveau demandé de mettre fin à ses jours, et de sa propre main de surcroît (Génèse 22). Abraham ne résiste pas ; c'est Dieu qui donne et c'est lui qui retire. Toutefois il a cette ferme conviction que le Seigneur qui dit de ne pas commettre d'homicide ne permettra pas qu'il tue son enfant. Le Seigneur attendra jusqu'au moment fatidique avant d'intervenir (Abraham avait déjà levé le couteau).

J'avais été fasciné par un témoignage du Pasteur Toukea. Il sortait, à moto, d'un long voyage au cours duquel il avait beaucoup prêché la Parole de Dieu. La jauge de carburant oscillait au rouge, puis finalement il tomba en panne sèche à plus de quatre-vingt kilomètres de la station service la plus proche. Abattu, il gara la moto en bordure de route puis s'assit de l'autre côté de la rigole lorsque soudain il se rebiffa : "Eternel Dieu, n'est-ce pas pour ton œuvre que je souffre ainsi ? Où sont les miracles, où sont toutes les promesses contenues dans ta parole ?..." A la fin de la prière il prit de l'eau plate dans un ruisseau de fortune et fit le plein du réservoir puis démarra sa moto, comme si de rien n'était. Il put mystérieusement ainsi poursuivre son voyage, jusqu'à destination.

C'est le lieu de le dire, le mystère de la foi s'accomplit dans l'obéissance aveugle à la Parole de Dieu. Dans le miracle de l'huile de la veuve (2 Rois 4), il faut relever que c'est pendant qu'elle était en train d'obéir que le miracle s'est accompli. Elysée lui avait dit d'aller emprunter des récipients dans le voisinage, de fermer la porte sur elle et ses enfants et de transvaser la vase d'huile dans tous les récipients. Mécaniquement elle a obéi, sans se demander comment une tine d'huile remplirait les récipients. Dieu agit le plus souvent en dernière instance. C'est à l'intérieur de la fournaise que les trois compagnons de Daniel et lui furent délivrés par l'ange du Seigneur, pas avant. Pierre a marché sur la mer en réagissant promptement à l'appel du Seigneur.

Le frère E. Eyengue, alors étudiant en troisième année de Licence à l'Université de Yaoundé. A la délibération, son nom ne figurait pas dans la liste des admis. Il était donc établi qu'il avait échoué. Ce qui plongea tous les frères dans une grande affliction. Car c'était un zélé. Abattu, le frère dut se retirer en prière. Puis priant, gémissant et pleurant, il présenta toute sa misère au Seigneur. ''Souviens-toi, disait-il à Dieu, que je n'ai pas caché ton nom à mes camarades étudiants. Tu as dit que nous serons la tête et non la queue... A cause de toi j'ai refusé de tricher alors que j'en avais la possibilité. J'ai refusé les passions de la jeunesse, tous ces plaisirs auxquels se livraient mes camarades''.

Il demandait donc a Dieu de changer cette décision. Comique n'est-ce pas ? Quelques jours plus tard on vint lui apprendre que le jury avait subitement décidé de reprendre les délibérations, au niveau de sa série exclusivement. Dans la nouvelle liste, figurait en très bonne place le nom du jeune frère. Ainsi Dieu a vu ses larmes et l'a réhabilité. Il a fait droit à sa démarche. La foi est un mystère.

Même lorsqu'il n'est plus possible d'espérer, le chrétien ne perd pas courage. Dans le livre d'Esther, nous voyons deux individus dans une situation de combat ; il s'agit du conflit entre Mardochée esclave juif mais croyant et Haman favori du roi, en quelque sorte Directeur du Protocole d'Etat ou du Cabinet civil. C'était un combat inégal ; et dans tous les cas Mardochée partait défavori dans un tel combat. Cependant, il avait une arme secrète mais très redoutable : la foi en Dieu, la prière. Haman avait déjà préparé un bûcher pour pendre Mardochée et rien n'empêchait plus son accomplissement. Mardochée convaincu qu'il ne pouvait pas affronter ce géant, ne voyait plus qu'une seule issue ; parler à Dieu dans l'humiliation. Finalement la situation s'est renversée de manière spectaculaire. Haman se trouvera bizarrement en train de concevoir de sa propre intelligence le texte gouvernemental qui va élever son ennemi Mardochée. C'est lui qui prononcera sa bénédiction. Plus tard il est pendu sur son propre bois, cédant ainsi la place à Mardochée. Il serait intéressant de lire entièrement cette histoire à partir du chapitre 3 du livre d'Esther. Même à la toute dernière minute, Dieu peut renverser la situation. Parfois des collègues peuvent te livrer une guerre sans merci et, à grand renfort de calomnies, de délation, parvenir à te mettre dans une position inconfortable. Ils donnent de l'argent et on les propose à des postes importants. Le texte est rédigé et actualisé ; mais à la toute dernière minute l'on procède à un remaniement ministériel et finalement tout reste en suspens, à la grande confusion de tous les détracteurs. C'est une activité hasardeuse que de s'associer au grand groupe pour offenser un homme qui a la faveur de Dieu. J'ai personnellement constaté que tous ceux qui m'ont outragé, parfois même à dessein, Dieu les a traités avec une telle rudesse que j'en éprouve moi-même de l'effroi. Souvent ils sont morts un jour si je viens à m'amuser avec la foi, il peut me frapper avec autant de sévérité. Dieu est redoutable !

Pour l'homme de foi, rien n'est présumé irréalisable d'avance. Il faut d'abord obéir, mettre la main avant de s'apercevoir que l'on ne peut pas. Le mystère de la foi, disons-le, s'accomplit au travers de l'obéissance à la parole de Dieu, dans l'observation intégrale de ses instructions. Je voudrais bien dire qu'il faut obéir comme un automate, sans réfléchir sur les possibilités d'une telle expérience, sur ce qu'il en résulterait si jamais l'ont échouait. Il est cependant un équivoque qu'il convient de lever ; Dieu ne se manifeste que pour assister celui qui a observé sa Parole, qui est attentif à ses commandements. Rappelons-nous, l'obéissance vaut mieux que les sacrifices, et l'observation de sa parole vaut mieux que la graisse des béliers. Que des fois n'avons-nous pas préféré nous acquitter de nos deniers du culte, de nos dîmes et de nos offrandes plutôt que d'obéir à la Parole de Dieu. Nous sommes prêts à tout offrir pourvu qu'il ne nous soit pas demandé de changer notre vie, de bousculer nos habitudes, d'abdiquer nos fréquentations pour la cause de Dieu. Et nous fondons notre désobéissance à Dieu sur la bonté de Dieu, le très miséricordieux comme on nous le présente dans certains milieux.

Je m'entretenais un jour avec un prêtre, vicaire de diocèse. Mon but était d'éveiller sa conscience sur l'urgence et l'importance de la sanctification. J'avais ainsi passé déjà trois séances de discussion avec lui, m'employant de tout mon mieux à lui faire voir le danger qu'il encourait de demeurer dans l'hypocrisie. En fin de compte il dut reconnaître que tout ce que je lui avais dit était pertinent, que le corps de Marie n'avait pas été porté au ciel par les anges comme prétendu, qu'elle n'avait pas conservé sa virginité après la naissance de Jésus, que les prières adressées aux morts initiées par l'Eglise Catholique n'étaient pas de Dieu, que le culte des idoles, du chapelet, encens et autres n'étaient pas loin de la magie. Il m'avoua que l'Eglise Catholique pratiquait la nécromancie, encourageait la débauche par le vœu de chasteté et contrefaisait la Parole de Dieu écrite dans la Bible par de nombreuses pratiques. Mais (et c'est là le comble) il n'était pas disposé à changer. Seulement s'il voyait encore un jour l'un de ses fidèles venir se joindre à nous, il se garderait bien de l'en empêcher comme auparavant, et ne lui dirait plus que c'est une secte. Toutefois, me confia-t-il, il ne saurait jamais se placer à l'autel un dimanche pour dire à ses fidèles que la vérité n'était pas efficiente chez eux, sinon il serait sanctionné par la congrégation. Car il tenait bien à son pain. Alors je lui adressai cette question : si un évêque s'aperçoit, à sa soixante – dixième année d'apostolat, qu'il s'était trompé de voie et qu'il a été dans l'erreur depuis son jeûne âge ; que doit – il faire, continuer dans cette voie pour finir un jour en enfer, ou bien abandonner cette religion pour devenir réellement chrétien, au risque de subir quelques représailles ? Il me renvoya pour un autre jour. Et lorsque je revins le voir il me fît comprendre qu'on lui a appris depuis sa tendre enfance que Dieu était miséricordieux et d'une bonté ineffable et que par conséquent il préférait demeurer où il était. Et Dieu, qui est tendre le pardonnerait certainement, d'autant plus qu'il n'aura pas fait que le mal sur terre. Dieu tiendra sans doute compte de ses œuvres de bienfaisance, du temps passé dans sa fonction ecclésiastique. Je lui fis mes adieux, non sans lui avoir fait connaître que nous nous retrouverions lors du jugement dernier, et que je témoignerais devant le trône de Dieu que je l'avais averti. Je lui donnai alors le texte d'Hébreux 10,26 –27 :

> *Car, si nous péchons volontairement après avoir eu la connaissance et la vérité, il ne reste plus de sacrifice pour les péchés, mais une attente terrible du jugement et l'ardeur d'un feu qui dévorera les rebelles.*

Je ne t'empêche pas de cogiter comme tu veux, toi qui lis cet ouvrage et qui défends si chèrement ta religion. Crois ou ne crois pas, sache que tu es déjà averti toi aussi, pour avoir eu l'occasion de lire et que par conséquent tu es inexcusable. Le ciel et la terre ont enregistré. Tu peux te convaincre plus tard que tout cela n'existe pas, que ce n'était qu'un coup d'émotion, mais un jour tu réaliseras toute la gravité de la situation et tu regretteras longuement de n'avoir pas su gérer ces bons moments que le Seigneur t'accorde librement pour te repentir. Je te conseille de déposer le livre. Tu peux le faire à l'instant même ; fermer la porte ou te retirer de la foule, puis mets-toi humblement à genoux et présente ta misère à Dieu. Présente-lui ta condition. Dis-lui tout ce que tu as fait de mal sur terre, avec tous les détails possibles. Parle de la bouche et non simplement du cœur. Reconnais que tu as été ignorant de la gravité du mal que tu faisais, que tu as méprisé sa grandeur, que tu as été rebelle, ingrat vis à vis de Dieu. Ne parle pas dans le cœur, laisse sortir les paroles, même à voix basse. Aie soin de lui dire, avec toute la honte, les efforts vains que tu as consentis pour éviter de pécher et n'empêche pas ces larmes qui montent à tes yeux de couler. Dieu, ton Père, te les essuiera. Promets-lui de ne plus t'y laisser prendre et achève tes paroles au nom de Jésus-Christ.

Tu as honte, tu te sens peut-être confus ; ne t'en embarrasse pas ; celui qui afflige sait consoler, la main qui humilie relèvera. Et souviens-toi que Jésus est en train de plaider présentement ta cause auprès du Père, qui ne manquera pas de pardonner, si tu te montres sincère. Et alors ta vie changera tout d'un coup.

Dieu est-il logique ?

Les plus grandes prières que les hommes ont adressées à Dieu ont été produites dans un moment d'angoisse, lorsque, pressés par l'adversité et traqués de toutes parts, ils n'entrevoyaient plus aucune issue, alors se sont-ils abandonnés à Dieu et lui ont parlé avec larmes. Il arrive toujours un moment où la souffrance quitte le cadre des sensations légères pour devenir une réalité existentielle, insupportable, poussant l'homme à dépasser les litanies et à jeter le masque de la pondération et de la réserve. L'homme intérieur se révèle dans une relation de transfert avec le Créateur. C'est de là que vient la délivrance. Il faut prier jusqu'à se confondre à l'objet, il vaudrait mieux se représenter la souffrance de Christ sur le calvaire, la grandeur de Dieu dans les lieux très élevés, l'immensité de l'univers. Se prosterner devant un objet matériel c'est se réduire au monde physique, c'est de l'idolâtrie. De préférence il faut prier les yeux fermés (fermés au monde) après avoir lu la bible. Représentez-vous Dieu tel qu'il est décrit dans la bible, et ce sera le vrai Dieu. Il est possible que pendant qu'on prie pour que son enfant guérisse, l'on trouve en ouvrant les yeux, que l'enfant est rétabli, à notre grand étonnement. C'est cela le miracle. En priant il faut surtout éviter de se demander comment ça se fera. Il faut tout simplement sentir sa misère, sa faiblesse. Car il faut bien mentionner que dans la plupart des cas Dieu agit dans nos moments de faiblesse, lorsqu'on se trouve au bout du rouleau, dépassé par la situation et peut-être même prêt à renoncer. Plutôt que d'abdiquer, il vaut mieux continuer, parce que c'est à ce moment souvent qu'il agit. Renoncer c'est échouer au concours de passage à une classe supérieure. Il est difficile à un tel chrétien de continuer à croire en les promesses de Dieu. Il ne restera plus que dans la religion. Chaque fois que l'on tient Dieu jusqu'à obtenir l'exaucement, l'on se sent plus proche de lui. Une prière exaucée pour un cas désespéré raffermit la foi et fait grandir spirituellement. C'est l'une des raisons pour lesquelles certains préfèrent attendre la guérison de Dieu, plutôt que de prendre les médicaments ; et cela est difficile à comprendre pour ceux qui n'ont pas fait une certaine expérience avec Christ. Je vous invite à méditer ce passage : « *c'est pourquoi je vous dis : tout ce que vous demanderez en priant, croyez que vous l'avez reçu, et vous le verrez s'accomplir »* (Marc 11, 24).

Il a souvent été fastidieux d'avoir à justifier, par le langage scientifique, la latitude dont dispose l'être humain à réfuter le répréhensible ou l'aptitude à opérer des miracles. ''Nous sommes automates autant qu'esprit, souligne Pascal ; de là vient que l'instrument par lequel la persuasion se fait n'est pas la seule démonstration. Combien y a-t-il peu de choses démontrées'' ! Les preuves ne convainquent que l'intelligence. Tous les psychologues connaissent la fameuse relation psychosomatique : tout ce qui touche l'esprit (psyché) d'un individu a des répercussions sur le physique ; et tout ce qui affecte le corps (soma) a des répercussions sur le psychisme. Les deux sont étroitement liés et intimement dépendants. Disposez par exemple des hommes en rang en file indienne. Vous faites avancer le premier, puis d'un coup de sable vous le décapitez, sous le regard des autres. Ensuite le deuxième. Il est prévisible qu'avant de toucher à la troisième personne, celle-ci se mette à trembler, prise de peur, à transpirer, à s'évanouir et même rendre l'âme. On n'a pas touché à son corps mais à son esprit, et le corps a cédé. Plusieurs médecins rendent témoignage des condamnés à mort qui ont succombé à la potence avant le coup de feu. Ceci illustre parfaitement le frêle courant vital qui lie le corps à l'esprit. Si donc la peur, qui n'est qu'une projection, parvient ainsi à soumettre le corps, il est fort compréhensible que la prière ou la Parole de Dieu, puisse atteindre le même résultat, ce qui explique aisément la pratique de la psychothérapie.

Voici ce que m'apprit un jour le Dr Ntone concernant la guérison par la prière ''Vous pratiquez la prière, vous voyez la personne debout, mais vous ne comprenez pas ce qui s'est passé sur le plan biologique et sur le plan psychologique chez la personne qui se met debout. Je souhaiterais que vous ayez l'humilité de reconnaître que ça ne réussit pas à tous les coups, parce qu'il faut qu'il y ait une communion intense entre vous en tant que thérapeute et l'autre que vous soignez en tant que sujet. Ce n'est qu'à ce moment que vous pouvez induire un soulagement chez l'autre. La prière est donc le processus mental qui permet au sujet inhibé par plusieurs facteurs d'être désinhibé. Une inhibition psychologique entraîne des inhibitions physiques. Lorsqu'il y a la culpabilité, cela entraîne des désordres psychologiques, mais également des désordres biologiques importants. Le traitement de ces désordres physiques et psychologiques passe par l'annulation de la culpabilité. Ces désordres disparaîtront lorsque la culpabilité sera levée. Nous savons très bien que le processus de la prière est une demande de pardon généralement adressée à Dieu. La prière réduit l'angoisse. Généralement vous priez dans une situation d'insécurité, et vous vous sentez en sécurité. Ce n'est plus vous qui priez pour le sujet, mais c'est la disposition du malade à être réceptif à ce que vous faites. A ce moment un mot dit par l'un ou l'autre va avoir du retentissement, parce que la personne adhère au processus... Lorsqu'une mère, dans un environnement culturel donné, se déshabille devant son fils en proférant des paroles de menace, ce garçon est pris de malédiction et va souffrir d'un certain nombre de désordres qui ne peuvent être soignés par aucun comprimé de la médecine. La démarche consiste à annuler cette violence mentale (le péché) par la prière (confession des péchés). J'adhère sur ce que la prière est le langage à partir du métaphysique. Je sais que la prière guérit parce que je comprends ce qui se passe, et je ne doute pas. Le scientifique dit que le mystère c'est ce qui s'exprime au-delà de notre savoir''.

Pour comprendre le processus de la guérison par la prière, il faut au préalable comprendre le système du stress. Le Canadien Hans Selye, en 1930 avait mis en évidence que des événements désagréables produisent des modifications organiques considérables, qu'il appelle ''syndrome général d'adaptation'', plus connu sous le nom de stress. En clair, tout changement brusque provoque une émotion violente susceptible de déclencher d'importants désordres psychiques mais aussi biologiques. Rappelons que le système nerveux est composé de deux grands systèmes : le système nerveux central avec le cerveau et la moelle épinière (il conduit les informations du cerveau vers les muscles à travers les nerfs. C'est l'activité volontaire). Le second système est appelé autonome, composé lui-même de deux voies, le système sympathique ou orthosympathique et le système parasympathique ou corticosurrénalien (il n'est pas contrôlé par la volonté humaine et intervient donc de manière autonome). L'hypothalamus ou organe principal du stress, agit comme un véritable ordinateur. Il réagit aux situations d'alarmes en déclenchant des hormones qui vont mobiliser les réserves énergétiques pour les muscles, accélérer le débit sanguin, afin de faire face à l'émotion. L'hypothalamus programme les composantes physiologiques de la faim, de la soif, de la sexualité, de l'ovulation, les rythmes de base du sommeil, etc. Il est en étroite relation avec d'autres centres dans un système général appelé système limbique.

> *L'axe parasympathique ou corticotrope sert principalement aux fonctions végétatives : mise en réserve d'énergie de l'organisme, salivation, sécrétions gastro-intestinales, rythme cardiaque et fonction d'évacuation (vessie, rectum). Alors que l'axe sympathique agirait plutôt comme régulateur (par exemple, maintien contre le froid) et serait actif dans les "circonstances critiques" ; exercice violent, peur, colère etc... ce qui est actuellement appelé "stress"* (Lieury, 1997 : 274).

L'axe sympathique agit par l'intermédiaire des nerfs passant par la moelle épinière et libère au niveau des terminaisons nerveuses des neurotransmetteurs, l'adrénaline et la noradrénaline. En cas d'agression de l'organisme par une émotion forte (mauvaise nouvelle par exemple, scène d'horreurs etc.) il libère les réserve énergétiques du foi, augmente le rythme cardiaque et dilate les vaisseaux sanguins, pour préparer en quelques secondes les muscles à l'action, dans la colère, dans la peur, dans la joie ou dans l'acte sexuel. Toutes les substances libérées par la l'hypothalamus, en général les peptides corticolibérines, sont appelées *"Releasing Factors"*. Elles agissent à travers l'hypophyse (chef d'orchestre des glandes hormonales). Ces releasing factor permettent les défenses immunitaires. Mais il faut bien souligner que de fortes doses de corticoïdes, telles que l'ACTH « tuent » les neurones, réduisant ainsi les capacités de mémoire. Le système du stress est donc un système de réserve d'énergie de la dernière chance, car il détériore l'organisme. Lorsque l'organisme réussit à résister à l'agression émotionnelle, il retrouve son équilibre, et l'on parle d'homéostasie. Cannon en physiologie, Lorenz en éthologie et Freud en psychologie, ont pensé qu'il excite une certaine régulation des besoins, une "sagesse du corps" de sorte que lorsqu'il y a manque, l'organisme développe une grande énergie pour combler se manque et on atteint la satiété (homéostasie).

Que retenir de cet aperçu scientifique ? Le péché et la peur du châtiment provoquent de l'émotion. Or toute émotion constitue une menace pour l'organisme, elle le trouble par les désordres qu'elle crée. Mais il y a des émotions positives, c'est-à-dire agréable. Elles créent aussi des désorganisations psychiques et somatiques, et peuvent de la sorte agir sur les fonctions biologiques. Une parole prononcée dans la prière, peut rappeler la rudesse ou la miséricorde de Dieu et susciter l'émotion convenable. Ceci affecte le corps par le biais de l'hypothalamus qui demande à l'hypocampe de réagir. Celui-ci commande aussi à la glande hypophyse ou aux amygdales de faire sécréter les molécules (hormones) qui donneront les larmes, la salive, les urines, les matières fécales ou le suc pancréatique permettent l'accélération du rythme cardiaque (battement du cœur), afin de défendre celui-ci (cœur) de s'arrêter devant le choc. La même émotion peut faire lâcher les muscles sphincters et libérer sans contrôle certains gaz ou les matières fécales ; elle peut subitement agir au niveau des ovaires chez les femmes et provoquer la menstruation de manière inattendue. L'on comprend donc pourquoi la peur précipite dans le coma, que le péché provoque la maladie et que la prière des miracles. La parole de Dieu guérit les affections physico-organiques ; elle tue les microbes. La foi soulève les montages. Ce sont des réalités scientifiques.

Paul Clément Jago dans Le pouvoir de la volonté sur soi-même, sur les autres, sur le destin des Editions DANGLES affirme : « *Toute représentation mentale nous aimante vers son objet, ou bien aimante celui-ci vers nous* ». Vous avez besoin

Chapitre VI "Tout est possible à celui qui croit.

d'une voiture ; alors vous mettez vous à méditer tout en vous figurant en train de l'acquérir. Vous vous voyez même en train de circuler dessus, convaincu que vous la posséderez bientôt. Cet effort mental a deux portées ; soit il vous porte de façon inexplicable vers l'acquisition de cette voiture, soit il rapproche la voiture de vous. On peut vous l'offrir. La Parole de Dieu dit que tout est possible à celui qui croît (Marc 9, 23).

Vous êtes assis sur la véranda en train de penser à votre père qui se trouve dans une ville éloignée. Subitement vous le voyez arriver. A quoi cela est-il dû ? Tout simplement parce qu'il y a un courant magnétique qui vous lie à votre père, de sorte que son approche puisse exercer une influence sur votre système vital et vis versa. Il est même possible que vous lui communiquiez vos pensées à distance, par le même moyen. Cela s'appelle la télépathie, souvent encore désignée par télé suggestion. Si donc l'on est lié à ses proches de cette manière, il n'y a plus de doute qu'on puisse influencer sinon téléguider ses actions à distance, au moyen d'une méditation dirigée. Il est dix-sept heures, tout à coup vous recevez une sensation bizarre qui vous fait frémir. Quelque temps après vous apprenez qu'à la même heure exactement votre fils avait été victime d'un accident mortel quelque part ailleurs. Ceci prouve que vous êtes lié à votre fils par une force indicible, de sorte que vous pouviez aisément intervenir sur son cas à partir de là où vous vous trouvez si vous aviez des connaissances, et peut-être lui sauver la vie.

L'on désigne par télékinésie ou lévitation, la capacité de faire bouger les objets à l'aide de processus psychiques seulement. Par exemple faire renverser un verre posé sur la table à distance sans avoir à le toucher ; juste la volonté. Ainsi la volonté humaine, la force mentale, peut agir sur les êtres. Si l'on peut donc faire bouger un objet de cette manière, il est aussi évident que l'on puisse attirer cet objet à soi par le moyen de la prière de foi. La prière agit, pour être clair comme une télécommande. Vous manipulez les touches ici et les images se meuvent ailleurs. Ainsi l'on peut contrôler la conduite d'une personne à distance, lui faire des suggestions, et elle se met à exécuter, croyant que cela émane de sa propre volonté. Précisons toutefois que la lévitation et la projection astrale font partie de la magie et ne sont guère usitées par les chrétiens. Ce sont les mauvais esprits qui agissent, Jésus-Christ n'en étant pas le médiateur.

Pavlov a pu mettre au point ce que l'on a appelé les réflexes conditionnés. Il a pu faire saliver le chien au son de la cloche. Ainsi le conditionnement a une grande portée dans la vie spirituelle, parce qu'il permet d'éteindre certaines pulsions du corps autrement appelés désirs. Prenez un jeune garçon suffisamment viril. Mettez-le devant une jeune fille dévêtue. L'on note tout de suite qu'il éprouve beaucoup de peine à contrôler ses sens. Autant de fois que l'on le mettra dans ces conditions, c'est le même tableau. Contre toute attente l'on introduit sa sœur, dévêtue de la même manière et aussi désirable que les précédentes filles. Cette fois le résultat n'est plus le même. Rien ne réagit en lui. Comment expliquer cela, qu'il soit subitement devenu impuissant ? Mais non ; c'est parce que c'est sa sœur. Dans sa représentation, il sait que la norme sociale la lui interdit. Son esprit en étant affecté, commande à l'hypothalamus de ne pas produire des *"releasing factors"*, ce qui ira jusqu'à l'organe effecteur ; d'où l'inertie. Freud dans sa deuxième topique, a structuré l'appareil psychique en trois instances : le Ça, le Moi et le Surmoi. Le Ça englobe le système inconscient et les archétypes. Il cherche la satisfaction inconditionnelle et immédiate de tous les désirs (manger, boire, plaisir sexuel, etc.). Il cherche à satisfaire tous les besoins biologiques. C'est le siège des instincts et des pulsions. Il ne connaît pas les normes sociales. Le Moi quant à lui représente la partie consciente de la personnalité. Il cherche à satisfaire les besoins biologiques mais en tenant compte des exigences de la société. Il tient compte de la réalité sociale, des besoins des autres, de leurs désirs. Il cherchera comment satisfaire ces désirs de la manière qui lui évite les désagréments, c'est-à-dire sans porter entrave aux normes sociales. Il dirige donc la personnalité de l'individu. Le Surmoi, lui agit en tant que conscience sociale ou autorité morale, pour dire au Moi ce qui est bien ou mal du point de vue de la société. Il représente la loi, la norme sociale. Disons pour être clair que le Ça fonctionne sous le principe du plaisir, tandis que le Moi fonctionne sous le principe de réalité, parce qu'il reconnaît les conditions et les exigences du monde réel et cherche les méthodes de satisfaction du Ça qui sont acceptables par l'environnement. Il joue donc (le Moi) son rôle négociateur pour évaluer par rapport à la tension exprimée par le Ça, le type et l'importance du désir, et en même temps il apprécie les conditions de l'environnement. Le Surmoi est autoritaire et se présente comme le gendarme de la conscience pour dicter la norme, ou comme un policier dans un carrefour qui nous indique la direction obligatoire qu'on doit prendre afin d'éviter des désagréments. Il faut savoir développer le Surmoi et taire le Ça. ''Comment puis-je faire ça ? Je suis Pasteur, Ancien de l'Eglise, Directrice de la chorale, chrétien né de nouveau. Ce coup d'œil coupable sous la jupe de la paroissienne est-il digne de celui qui prêche l'Evangile ?'' Notons qu'on peut résoudre ce conflit entre la pulsion sexuelle et la norme sociale par certains mécanismes de défense du Moi tels que le refoulement. On peut adopter la sublimation, c'est-à-dire développer en soi d'autres valeurs qui vont annihiler le vilain désir (méditation de la Parole de Dieu, prière, rendre témoignage, chanter, etc.). Ainsi lorsque le jeune garçon voit apparaître sa sœur dévêtue, son Surmoi intervient pour dire : ''non, tu ne dois pas avoir des rapports sexuels avec ta sœur ; c'est interdit par la société''. La pulsion sexuelle est annihilée, parce que le centre nerveux commandera à l'organe effecteur de ne pas réagir devant ce stimulus.

Pourquoi ne pas admettre que la Parole de Dieu puisse avoir le même effet sur l'individu ? Tu es conscient que les Saintes Ecritures disent : tu ne commettras point d'adultère, et tu en connais les conséquences. Lorsque tu te trouves en présence d'une jolie femme, qui n'est pas ta femme et avec qui tu ne devrais avoir de relation déplacée, il naît en toi un vilain désir. Mais au même instant (parce que tu es déjà chrétien repenti et converti et en qui la Parole de Dieu demeure) une contre-réaction se déclenche du fond de ton être et commande au corps de ne pas obéir à l'appel, à la pulsion de ne pas s'extérioriser, et tout est étouffé à priori. La possession de la Parole de Dieu nous empêche de pécher. Aussitôt que la pulsion tente d'émerger, la Parole de Dieu appropriée sort également pour la contrer, ceci à l'insu de la volonté et de la sensibilité conscientes. *« Faites donc mourir les membres du péché, nous dit la Parole de Dieu »*. Nous l'avons dit, lorsque quelqu'un pose un acte de foi, il perd la nature humaine pour revêtir une dimension spirituelle. L'Apôtre Pierre marche sur l'eau. Il avait dit : '' Seigneur, si c'est toi ordonne que je marche''. Pendant qu'il marche, il n'est pas homme, mais dieu. La physique rationnelle demande qu'un corps qui a une certaine masse pondérale ne puisse se poser sur un liquide quelconque que si certaines contions préalables sont réunies. Au bout de quelques minutes, Pierre réalise qu'il perd la foi, puis il redevient homme et commence à se noyer. Par ailleurs en prison il en sort délivré par l'ange, traversant murs et portes fermés. Il croyait avoir une vision. Cela est contraire aux lois physiques. Il y a donc une différence entre un individu qui agit sous la dimension surnaturelle ou divine et celui qui agit sous la dimension rationnelle ou humaine. Nous pouvons, selon notre degré de sanctification et de spiritualité, opérer des actions humaines ou divines. La différence entre le chrétien et le scientifique est que le chrétien dispos d'une arme supplémentaire : la prière. Il s'en sert dans des situations critiques, au moment où toutes les démarches rationnelles ont montré leurs limites, alors il fait appel à une intervention surnaturelle. Et le scientifiques appelle cela phénomène paranormal, parce qu'il ne parvient pas à expliquer rationnellement le processus. L'on peut soulever une maison tant qu'on croit. Ce n'est pas la maison qui se soulève, mais notre psychisme qui est en action. Il faut rester spirituel pour conserver la guérison qu'on a eue de manière miraculeuse. Dès qu'on redevient homme (plaisirs charnels), on perd sa nature divine et les maladies humaines reviennent. Il y a peu de personne qui demeurent dans cet état spirituel. Certains chrétiens, guéris du sida par le Seigneur, préfèrent prendre les antirétroviro en prévision à leur retour à la nature humaine. Une telle démarche peut paraître sincère et même sage, mais c'est la meilleure façon de révéler son incrédulité. C'est cela le doute. Or, sans la foi il est impossible d'être agréable à Dieu (Hébreux 11, 6). C'est pour cela qu'il est écrit : « *Et mon juste vivra par la foi ; mais s'il se retire, mon âme ne perd pas plaisir en lui* » (Hébreux 10, 38). Avec Dieu il faut miser définitivement. Et toi qui as cru, ne cours pas le risque d'imaginer tant soit peu, la possibilité d'un retour en arrière. Tout compte fait, la prière de foi est une puissance ; c'est la force agissante du chrétien sanctifié. Demandez et vous recevrez. Tout est possible à celui qui croit.

ET MON JUSTE VIVRA PAR LA FOI

Nous allons avancer là un point de vue tout à fait discutable et beaucoup de chrétiens pourront rejeter tout net ce que nous allons dire, parce que nous n'avons pas cru devoir résister au Saint-Esprit. Ce n'est pas à travers la bénédiction matérielle que l'on reconnaît un Serviteur de Dieu. Toute fortune comporte des débris du monde : orgueil, rivalités, fraude, égoïsme. Tu peux avoir un bon emploi et Dieu te retire tous les avantages s'y rapportant. C'est pour cela que lorsque certains enfants de Dieu se retrouvent en difficulté, l'on voit le péché et pense alors qu'ils ont mené une mauvaise vie. C'est là disons-le, une bien grave erreur. L'on connaît mieux Dieu dans la souffrance ; cela nous permet de gémir, de nous rapprocher de lui. Nos larmes réjouissent le cœur de Dieu. Lorsque le chrétien se trouve dans l'affliction, lorsqu'il prie dans un cœur brisé, Dieu se sent infiniment plus élevé. C'est ce genre de prières qui est rapporté dans la Bible et que certains n'hésitent pas de rabâcher fastidieusement. Elles ont été prononcées par Daniel aux prises avec la mort, par David traqué par les ennemis, par le Seigneur Jésus devant l'épreuve de la mort... elles délivrent, par la paix qu'elles procurent (et qui n'est pas tout de suite l'objet sollicité), mais cette paix est profonde ; elle élève l'homme vers la spiritualité, vers Dieu. Quand nous aurons quitté la matérialité, nous serons parfaits, nous serons grands. Tous les grands Serviteurs de Dieu ou presque sont passés par là. Dieu peut te donner le matériel puis t'empêcher d'en jouir ; tu contemples des yeux et tu ne peux consommer, parce que tu es dans l'affliction, parce que tu jeûnes. Il peut envoyer une nouvelle âme, un malade hideux chez toi pour t'indisposer ou bien une horde d'indigents à nourrir, afin de souiller le confort de ta maison. Tu peux être éprouvé par la persécution (toujours au tribunal à cause de l'Evangile quand tu n'es pas tout simplement emprisonné). Tout le monde peut s'accorder à mentir, pour souiller ta réputation. Quand règne déjà la paix, bientôt un combat. Après une prouesse, attends-toi à une frasque de l'ennemi pour vilipender ton exploit (destitution, calomnie des frères, désaveu, incompréhension, maladie). *"Et mon juste vivra par la foi, mais s'il se retire, mon âme ne prend plus plaisir en lui"* (Hébreux 11, 38). La paix du racheté n'est pas dans la jouissance, mais davantage dans l'espérance. L'espoir d'une amélioration imminente de la situation, et qui peut tarder. Elie en était arrivé jusqu'à demander la mort (1 Rois 19), après avoir pourtant montré un zèle et une témérité remarquables devant les quatre cent cinquante prophètes de Baal et d'Astarté. Pendant la sécheresse, Dieu l'envoya vivre en solitaire près du torrent de Kerith, et les corbeaux venaient lui donner du pain et de la viande. Il était seul dans la brousse, ne pouvant se déplacer et ne parlant à personne. Il guettait chaque matin l'arrivée du corbeau. A quel rythme les corbeaux venaient-ils ? Tu peux être aussi aujourd'hui, toi qui lis, en train d'attendre le corbeau qui t'apportera de quoi survivre, qui débloquera ta situation. Peut-être désespères-tu déjà. Moïse, après tout ce qu'il a fait, n'est pas entré dans le pays promis, Dieu l'ayant trouvé coupable. Il l'a pourtant vu de loin, avec larmes perché sur une montagne, ce beau pays où devaient couler le lait et le miel, parce que sa mission était terminée. Son bonheur se trouvait au ciel. D'autres sont entrés à Canaan, ceux qu'il avait conduits. Dieu peut permettre aux autres de récolter ce que tu as semé avec peine, de jouir du bonheur que tu as préparé et te le refuser. Tu peux emmener les autres à Christ et les voir prospérer pendant que tu trimes. Ce n'est pas assez de savoir que le rédacteur de cet ouvrage n'aura pas connu beaucoup de bonheur sur la terre.

L'auteur de la Bible s'est intentionnellement gardé de nous dire pendant combien d'années Job a dû souffrir ; deux, quatre ou dix ans ? Depuis combien d'années attends-tu un enfant ? Tu es rempli de soucis à cause des dettes. Voici la quatrième fois que tu échoues à l'examen et les gens maugréent partout au campus à ton passage ; tes ennemis te combattent sans répit. Tu as attendu sept ans et ta maladie ne guérit pas ; ton mari devient plus insupportable. Tu as gardé ta virginité au milieu de rudes épreuves, et te voilà en train de vieillir sans mari. Paul a dû subir les mêmes épreuves. *« Et pour que je ne sois pas enflé d'orgueil, à cause de l'excellence de ces révélations, il m'a été mis une écharde dans la chair, un ange de Satan pour me souffleter et m'empêcher de m'enorgueillir. Trois fois j'ai prié le Seigneur de l'éloigner de moi, et il m'a dit : Ma grâce te suffit, car ma puissance s'accomplit dans la faiblesse »* (2 Corinthiens 12, 7-9). Son seul mouchoir guérissait pourtant les malades, mais lui-même souffrait. Il fallait que Paul aille prêcher l'Evangile à l'empereur romain en prisonnier mains et pieds liés. C'était là ce que Dieu avait choisi pour lui, et cela était bon. Etant en prison, le Seigneur lui apparaît ; au lieu de le délivrer de la prison, il lui dit : *« Prends courage ; car, de même que tu as rendu témoignage de moi dans Jérusalem, il faut aussi que tu rendes témoignage dans Rome »* (Actes 23,11). Lui-même dit :

> *Et maintenant voici, lié par l'Esprit, je vais à Jérusalem, ne sachant pas ce qui m'y arrivera ; seulement, de ville en ville, l'Esprit-Saint m'avertit, que des liens et des tribulations m'attendent. Mais je ne fais pour moi-même aucun cas de ma vie, comme si elle m'était précieuse, pourvu que j'accomplisse ma course avec joie, et le ministère que j'ai reçu du Seigneur Jésus, d'annoncer la bonne nouvelle de la grâce de Dieu »* (Actes 20,22-24).

Pierre, Luc, Syllas et le reste étaient obligés de laisser leurs biens. Billy Graham nous fait observer dans <u>Un monde en flammes</u> que Jésus était né dans une étable et couché dans une crèche destinée aux animaux. Il n'eut pas de domicile qui lui appartint en propre tout le long de sa vie. Il passait la nuit à la belle étoile et vivait des subsides que lui fournissaient certaines ouailles. Il entre à Jérusalem monté sur un âne emprunté. Il prend son dernier repas dans une chambre d'hôtel louée et il est inhumé dans la tombe d'un autre. Aussi dit-il lui-même : *"les renards ont des tanières, les oiseaux ont des nids, mais le fils de Dieu n'a pas où reposer sa tête"* (Matthieu 8, 20).

Marie était très belle et même beaucoup sollicitée de son temps. Elle a tout de même accepté sinon contrainte par le Seigneur de prendre pour époux un indigent sans aucune référence. Elle sera par la suite pliée à une vie de nomade, fréquemment en fuite pour défendre son fils menacé de mort ; toujours à la recherche d'un fils à problèmes et qu'elle devra retrouver un après midi dans un état grotesque, c'est-à-dire suspendu nu dans tout son séant sur une croix. Elle verra tous les outrages que les soldats faisaient subir à son fils. Elle verra comment les soldats percent ses côtes avec une lance, incapable du moindre geste, parce que son mari n'avait pas un rang social important, ce pauvre menuisier qu'elle a accepté d'épouser. Peut-on encore le faire aujourd'hui au nom de Dieu ? C'est sur nous (la petite poignée de ceux qui ont cru en Jésus-Christ) que Dieu compte sur la terre. C'est nous qu'il peut affliger sans crainte, sachant que nous ne lui ferons pas honte. C'est sur nous qu'il fait ses mises. Et si nous le décevons, voyez combien Jésus peut être malheureux.

De même que nous avons l'habitude de jouer avec notre enfant à qui nous apprenons la marche, et que lorsqu'il approche du jouet, jusqu'à le frôler de la main, nous l'éloignons davantage, question de l'obliger à faire un pas de plus. Tu n'as juste qu'à te trouver au niveau du virage là au bout de cette ruelle et tu verras le cabinet médical. Arrivé au virage on dit : fais encore cinq cents mètres, ainsi de suite jusqu'à te faire parcourir les irréalisables huit kilomètres à pieds. Voici ce que dit l'Ecriture :

> *C'est par la foi qu'Abraham, lors de sa vocation, obéit et partit pour un lieu qu'il devait recevoir en héritage, et qu'il partit sans savoir où il allait. C'est par la foi qu'il vint s'établir dans la terre promise comme dans une terre étrangère, habitant sous des tentes, ainsi qu'Isaac et Jacob, les cohéritiers de la même promesse. Car il attendait la cité*

> *qui a de solides fondements, celle dont Dieu est l'architecte et le constructeur [...] c'est par la foi qu'ils sont tous morts, sans avoir obtenu les choses promises ; mais ils les ont vues et saluées de loin, reconnaissant qu'ils étaient étrangers et voyageurs sur la terre* (Hébreux 11, 8-13).

Le véritable bonheur du chrétien se trouve au ciel. Cette vie, crois moi, n'est qu'un transit. Peut-être cette année ne s'achèvera-t-elle pas que Dieu ne mette un terme à ta mission. Tu verras réellement ton corps couché ; tes collègues, tes amis et les membres de ta famille tout autour en train de pleurer, te faisant leurs adieux. Ta voiture restera garée. Tu n'auras peut-être pas eu l'occasion d'habiter ta nouvelle maison en finition, ni de savourer le succès de ton nouvel album encore en studio. Ta thèse de Doctorat sera suspendue, tes fiançailles aussi. Tu t'en iras probablement ainsi sans avoir pu percevoir les per diem du récent Conseil d'Administration et les frais de mission du dernier séminaire effectué en Indonésie. Alors les premières poussières de terre commenceront à tomber sur ton cercueil au milieu des chants funèbres. Et tout le monde quittera le cimetière ; chacun se retirera chez soi les larmes aux yeux. Toi, aussi bien sûr, non plus pour rentrer à la maison retrouver tes enfants, tes amis ou tes parents ; mais pour une autre destination inconnue. Et tu comprendras à cet instant fatidique que tu as eu tort d'accorder de l'importance aux choses matérielles, aux biens terrestres qui ne vaudront plus rien à tes yeux. Tu rejoindras de la sorte les rangs de ceux dont on évoque le souvenir avec tristesse *"in memoriam"* en disant qu'ils sont morts. Et une nouvelle génération d'hommes paraîtra après toi. Cette vie est précaire.

Pourrais-tu accepter de sacrifier ta vie en empruntant ce chemin solitaire, de perdre ton bonheur pour le salut des âmes, de souffrir pour la gloire de Dieu ? Acceptes-tu maintenant de te séparer de ceux que tu aimes pour suivre Christ ? Renouvelle ton engagement, mets-toi à genoux maintenant et prie. Tiens-y ferme. J'en suis certain, Dieu t'assistera, il t'orientera et te suscitera pour le peu de temps qui te reste, des frères et sœurs avec qui le servir dans cette nouvelle voie. Dans toute ma faiblesse, crois-moi, je prie pour toi. Si je ne suis plus vivant, ne t'en fais pas, nous nous retrouverons au Paradis. Voici mon adresse :

Elaver60@yahoo.fr

REFERENCES BIBLIOGRAPHIQUES

Barker R.C. (1985) La science du succès, Genève : Editions Dangles. 160 p.

Bibles et Publications chrétiennes(2002) *La Bonne Semence*, 30, rue château vert BP. 335/26003 Valence Cedex.

Bosc E. (1977) *L'aither*, Paris : Editions Jacques Bersez. 120 p.

Brown R. (1996) *Il est venu libérer les captifs*, Paris : Parole de vie. 320 p.

Buican D. (1987) *Darwin et le darwinisme*, Paris-PUF.

Castellan Y. (1987) *Le spiritisme,* Paris: PUF Que sais-je ?

Clancier P.S. (1972) *Freud, Psychothèque*, Paris : Ed. Universitaires.

Cuvillier A. (1954) *Cours de Philosophie 2*, Paris : Armand Colin, Brodard et Taupin.

Descartes R. (1979) *Méditations métaphysiques*, Paris : Flammarion.

Durozoi G. et Roussel A. (1997) *Dictionnaire de la philosophie*, Nathan.

Eglise Adventiste 7e jour (divers) *Avertir ou messager de paix*.

Givaudam A. et Meurois D. (1966) *De mémoire d'Essénien ou l'autre visage de Jésus*, Paris : Edition Arista Plazac – Rouffignac. 400 p.

Gossot H. (Ras) *Les hommes communiquent*, Editions (Ras).

Graham B. (1988) *La paix avec Dieu*, Génève : Les GM. 110 p.

Guilhem et Maguères (1977) *Eduquer, Enseigner*, Paris : Edition Nathan. 420 p.

Hebga M. (1973) *Croyance et guérison*, Yaoundé : Editions CLE.

Huisman D. et Vergez A. (1996) *Histoire des philosophes illustrée par les textes*, Paris : Editions Nathan. 285 p.

Jagot P.C. (1987) *Le pouvoir de la volonté sur soi même, sur les autres, sur le destin*, Paris: Editions DANGLES 198 p.

Kahn J.F. (1991) *L'Evènement du jeudi*, (10-16 Oct.) Paris Cedex 06.

Kahn J.F. (1992) *L'Evènement du jeudi*, (07-13 Mai) Paris Cedex 06.

Kapena Cibwabwa (1990) *Va à Béthel*, Codognan : Parole de vie.

Korda M. (1998) *Le pouvoir: comment on se l'approprie, comment on s'en sert*, Paris : Collection Marabout 200 p.

Kamin, L.J., Lewontin, H.C., & Rose, S. (1985) *Nous ne sommes pas programmes-Genetique, heredite, ideologie*, Paris : Editions La Decouverte, 387 p.

Le Coree et Dinard (1988) *La kinésithérapie*, Que sais-je ? , PUF

Lieury, A (1997) *Manuel de psychologie Generale 2e Ed.*, Paris DUNOD, 187 p.

Machiavel, N. (2000) *Le Prince, 4e Ed.*, Paris : Le livre de poche, Librairie Generale Francaise, 188 p.

Mantoy, J. (1969) *Recueil de textes philosophiques*, Paris: Ed. de l'Ecole. 287 p.

Marx et Engels (1986) *De l'Etat*, Moscou: Editions du Progrès.

Moreau J. (1986) *Spinoza et Le spinozisme*, Paris: Que sais-je. PUF.

Moscovici S. (1984) *Psychologie sociale*, Paris: PUF

Nesbitt J. (Ras) *Création et évolution*, Edition (Ras).

Omram Mikhael Aivanov (Ras) *Les trois arbres du jardin*, Ed (Ras).

Oriol, T. (1979) *Histoire de la philosophie*, Paris: Fernand Nathan, 203 p.

Roussel et Durozoi (1985) *Philosophie; notions et textes- Tome 2*, Fernand Nathan.

Sciences et Avenir (2001) *Magazine*.

Sciences et vies (divers) *Magazine*.

Tanee Fomum Z. (1998) *Prier avec puissance*, Christian Publishing House - Yaoundé.

Tapah A. (1997) *Retraite de la consécration*, VEDC Obili - Yaoundé.

Témoins de Jéhovah (divers) *Tour de garde/Réveillez-vous*.

Toukea N. (1998) *Le Serviteur accompli*, CEPER – Yaoundé

Voltaire (Ras) *Les lettres Philosophiques*, Edition (Ras).

Vraie Eglise de Dieu du Cameroun *La foi en marche*. Magazines

Wachtturn – Gesellschaft (1985) *La vie : comment est-elle apparue? Evolution ou ou création ?*, Selter/ Taunus, RFA, 255 p.

Watchman Nee (1975) *Le vrai Serviteur de Dieu*, France : CLC Editions.

White H. G. (1954) *Le conflit imminent*, USA: Malibert Georgia Editors.

Wurmbrand, R. (1976). *Karl Marx*, Paris: Mediaspaul. 6e éd. 127 p.

Wurmbrand, R. (1988). *L'Eglise du silence torturée pour le Christ*, Paris: Mediaspaul. 200 p.